刑罚学

主　编 ◎ 曲伶俐

副主编 ◎ 逯　星　景年红　刘　晔

中国财经出版传媒集团

经济科学出版社

Economic Science Press

·北 京·

图书在版编目（CIP）数据

刑罚学/曲伶俐主编；逯星，景年红，刘晔副主编
. -- 北京：经济科学出版社，2024.1
ISBN 978 - 7 - 5218 - 5541 - 8

Ⅰ.①刑… Ⅱ.①曲…②逯…③景…④刘… Ⅲ.
①刑罚 Ⅳ.①D914

中国国家版本馆 CIP 数据核字（2024）第 005698 号

责任编辑：杨 洋 卢玥丞
责任校对：隗立娜
责任印制：范 艳

刑 罚 学

主 编 曲伶俐

副主编 逯 星 景年红 刘 晔

经济科学出版社出版、发行 新华书店经销

社址：北京市海淀区阜成路甲 28 号 邮编：100142

总编部电话：010 - 88191217 发行部电话：010 - 88191522

网址：www. esp. com. cn

电子邮箱：esp@ esp. com. cn

天猫网店：经济科学出版社旗舰店

网址：http://jjkxcbs. tmall. com

北京季蜂印刷有限公司印装

787×1092 16 开 18.5 印张 335000 字

2024 年 1 月第 1 版 2024 年 1 月第 1 次印刷

ISBN 978 - 7 - 5218 - 5541 - 8 定价：65.00 元

（图书出现印装问题，本社负责调换。电话：010 - 88191545）

（版权所有 侵权必究 打击盗版 举报热线：010 - 88191661

QQ：2242791300 营销中心电话：010 - 88191537

电子邮箱：dbts@ esp. com. cn）

编委会成员

目 录
CONTENTS

绪　论

一、刑罚学的概念

刑罚学作为一门独立的部门法学，简言之，就是研究刑罚的科学。

刑罚学的研究对象是刑罚。刑罚的历史可谓源远流长。刑罚产生的经济基础是公有制的解体、私有制的产生；刑罚产生的阶级根源是统治阶级与被统治阶级的斗争；刑罚产生的过程是原始社会的复仇习惯向刑罚进化的过程。自刑罚产生后，刑罚经历了复仇时代、威吓时代、博爱时代与科学时代四个阶段。复仇时代的刑罚具体表现为：血亲复仇以"集体负责"的方式构成适用刑罚的根据，同态复仇是刑罚的主要原则，以及刑罚不惩罚私人的复仇行为。威吓时代的刑罚主要表现为滥用死刑、广施体刑、轻罪重罚、株连无辜和法外用刑。博爱时代的刑罚以刑罚法定、刑罚对等和刑罚人道为其显著特点。科学时代的刑罚则注重刑罚个别化和对犯罪人的教育改造[①]。随着国际社会人权运动的蓬勃发展，世界各国的刑罚已向轻刑化发展，突出表现在刑罚体系的中心已从死刑、肉刑转向自由刑和财产刑，以及废除死刑、严格限制死刑的适用。

刑罚的发展历程表明，目前，人们对犯罪与刑罚已经有了理性的认识。犯罪现象已经伴随着人类阶级社会存在了数千年，它是阶级社会的固有现象和必然结果。只要人类社会还存在着阶级对立、还存在着利益冲突，就不能从根本上消灭犯罪，那么，作为犯罪主要法律后果的刑罚也有其存在的必要性。刑罚的必要性表明，在人类社会没有探寻到控制犯罪的有效方法之前，刑罚仍然是应对犯罪的主要手段，这就仍需动用国家的刑罚权。另外，刑罚也具有有限性，正如意大利著名刑法学家菲利所说："我纠正一个一直被滥用的古老比喻，犯罪一直被比喻为是应当被刑罚的堤围在中间的激流，否则，文明社会就会被这种激流所淹没。我不否认刑罚是围堵犯罪的堤坝，但我断言这些堤坝是不会有多大的力量和效用

---

① 邱兴隆、许章润：《刑罚学》，中国人民公安大学出版社 1999 年版，第 12～25 页。

的。每个国家都会从其长期的令人悲痛的经历中发现，它们的刑罚之堤不能保护其免遭犯罪激流的淹没；而且，我们的统计资料表明，当犯罪的萌芽已经生成时，刑罚防止犯罪增长的力量特别弱。"[①] 由此，菲利强调刑罚只是抑制犯罪的次要方法，更应重视预防性和社会性的补救方法。的确，刑罚的效力很有限是我们不得不承认的事实。如果刑罚果真那么灵验，人类社会或许早已消灭犯罪，至少犯罪数量不会有增无减。刑罚的有限性表明，刑罚只是一种治标不治本的方法，这就要求必须破除刑罚万能思想，积极探寻刑罚以外的治本的方法，标本兼治，合理有效地控制犯罪。

值得说明的是，刑罚是刑罚学的研究对象，但这里的刑罚具有广义性，不仅指刑罚规范，而且包括刑罚哲理。详言之，刑罚哲理、刑罚种类、刑罚裁量、刑罚执行和刑罚消灭均是刑罚学的研究对象，据此，刑罚学是研究刑罚哲理以及刑罚规范的检视与适用的科学。

二、刑罚学与相关学科的区别

关于刑罚学是否为一门独立的学科曾存在分歧。在西德著名犯罪学家孔德·凯塞尔所著的《犯罪学》[②] 一书中，认为刑罚学只不过是犯罪学的一个组成部分，没有其作为一门学科的独立性。而早在 1899 年，刑事社会学派的奠基人之一李斯特则将刑罚学作为一门独立的学科，他是在说明刑事科学的任务时，对刑法学与刑罚学的任务作了如下区分：刑法学——为在实践中揭露犯罪训练刑法领域的专职人员；刑罚学——解释刑罚的原因[③]。就国内而言，刑罚学还称不上一门显学，学者们对刑法学、犯罪学的研究较多，近些年加强了刑事政策学、监狱学的研究，而对刑罚学的研究关注得较少，但是刑罚学作为一门独立学科的地位应不容忽视。

作为专门研究刑罚的刑罚学，与刑法学、犯罪学、刑事政策学和监狱学在研究对象上有一定的交叉。这说明这些学科之间具有密切的联系，即均归属于刑事法学，终极目标都是惩罚犯罪、保护人民、保障人权。但是刑罚学与这些相关学科也存在明显的区别，其最大的区别就在于研究的着眼点不同。质言之，刑法学是研究犯罪、刑事责任与刑罚的科学。刑罚虽然是刑法学研究的主要对象之一，但是刑法学中关于刑罚的研究只是从注释学的角度单纯研究刑罚规范，并不探究

---

① ［意］菲利：《犯罪社会学》，郭建安译，中国人民公安大学出版社 1990 年版，第 76 页。
② ［西德］孔德·凯塞尔：《犯罪学》，赵可等译，西北政法学院 1976 年版。
③ 邱兴隆、许章润：《刑罚学》，中国人民公安大学出版社 1999 年版，第 3、第 4 页。

隐藏在刑罚规范背后的刑罚哲理。而刑罚学探究的是刑罚哲理，关注的是现行刑罚规范的检讨以及具体适用。犯罪学是研究犯罪现象、犯罪原因以及犯罪预防的科学。其中的犯罪预防部分包含了刑罚对犯罪的预防作用，而即使在犯罪预防中，刑罚也不是唯一的预防手段，而是与其他预防措施共同发挥作用。可见，犯罪学所涉及的刑罚问题具有局限性，并不是从总体上一般地研究刑罚问题。刑事政策学是研究合理地抗制犯罪的对策的科学。刑罚问题在刑事政策学中也是作为一种控制犯罪的手段来研究的。而刑罚学是系统地研究刑罚的一切问题，包括刑罚哲理、刑罚种类、裁量、执行与消灭等。监狱学是研究自由刑的执行，以及对罪犯的教育、改造的科学。在自由刑的执行问题上，监狱学与刑罚学之间存在着交叉内容，但是刑罚学除了研究自由刑的执行，还研究其他刑罚的执行，同样，刑罚哲理、刑罚种类、裁量和消灭等问题，也是其研究的重点。

三、刑罚学的体系

刑罚学的体系是将刑罚学的研究对象，依照一定的标准加以排列组合而形成的理论上的结构形式。就广义而言，关于刑罚学体系的建立，目前有两种方法。其一，从刑法学角度建立刑罚论的体系，这种刑罚论体系的建立标准是以我国刑法总则"第三章刑罚"和"第四章刑罚的具体运用"的规定为基础，加之有关的刑罚理论与具体运用内容。其二，从刑罚学角度建立其体系，这种刑罚学体系的建立标准是根据刑罚理论以及刑罚发展过程进行排列组合。

从不同的角度、依据不同的标准可以将刑罚学设置为不同的体系。我们认为，刑罚学的体系是以我国刑法所规定的刑罚规范为基础而建立起来的，刑罚学的体系不可能脱离刑罚规范的体系，但也不能囿于刑罚规范。刑罚学作为一门独立的法律科学，它既要参照刑罚规范体系，又要顾及刑罚理论及刑罚的发展过程，从而建立自身的科学理论体系。据此，本教材除绪论外，从刑罚概论、刑罚种类、刑罚裁量、刑罚执行与刑罚消灭五个方面设置了十五章内容。

四、刑罚学的学习意义

（一）有助于系统掌握刑罚理论

自 20 世纪八九十年代开始，学者们开始了刑罚理论的研究，收获了一批可喜的成果，例如，《刑罚学》《刑罚通论》《刑罚价值论》《关于惩罚的哲学——刑罚根据论》《刑罚理性导论——刑罚正当性原论》《刑罚理性评论——刑罚理性四部曲之二》《刑罚结构论》等，步入 21 世纪，学者们对刑罚理论的研究更加深入和广泛，又出现了《刑罚政策研究》《刑罚执行问题研究》《行刑社会化研究》《社区刑罚研究》《刑罚消灭制度研究》《刑罚目的的建构与实现》等著作，还有专门研究西方国家的刑罚制度、价值与功能的专著，刑罚理论方面的论文也如雨后春笋般大量涌现。与刑罚理论研究的繁荣相比，普通高等院校的法学专业并没有独立设置《刑罚学》课程①，在核心课程《刑法学》中的刑罚论部分，刑罚理论内容亦由最初只论及刑罚目的，发展到现今的刑罚功能与目的。而学习《刑罚学》课程，可以系统掌握刑罚本质、刑罚功能、刑罚目的、刑罚权根据等刑罚理论，并运用这些理论检视现行刑罚制度，完善刑罚立法，并有效指导司法实践。

（二）有助于检视现行刑罚制度

从实然看，我国现行的刑罚制度规定在刑法总则"第三章刑罚"和"第四章刑罚的具体运用"中，现行的刑罚制度是刑事司法的法律依据，发挥了惩罚犯罪、保护人民的积极作用，因此，要理解和把握现行的刑罚制度。另外，受制于立法者的立法水平和认识能力，立法的滞后性和漏洞性是其天然的不足，故而，检视现行刑罚制度的不足，提出完善建议，也是学习《刑罚学》的应有之义。例如，我国现行刑罚制度在刑罚结构上属于重刑罚结构，在刑罚种类上偏少，生命刑、自由刑、财产刑、资格刑还存在许多值得完善之处，有关的刑罚裁量制度、执行制度和消灭制度也有不足之处，这些都是刑罚学应予关注的。

（三）有助于指导刑事司法实践

理论的最大价值在于指导实践。刑罚学对司法实践的指导作用主要体现在两个方面：一是刑罚学以其刑罚哲理考察司法工作，发现既存司法活动中存在的问题，提出相应的对策；二是针对现行的刑罚制度规定，尤其是刑罚裁量和刑罚执行等，在司法实践中如何适用，提出贯彻的原则和方法，从而发挥理论对实践的指导作用。

---

① 目前只在监狱学专业中开设了《刑罚学》课程。

五、刑罚学的学习方法

刑罚学是一门社会科学，因此，刑罚学与其他社会科学在学习方法上有共通之处。

（一）分析法

分析的方法就是对刑罚理论和刑罚的规定作出阐述和解释。刑罚理论中的刑罚目的、刑罚功能、刑罚本质等在不同的国家有不同的样态，需要考察和分析；在涉及刑罚的有关概念、术语、原则、制度等具体内容时，也需要分析的方法；在刑罚的适用过程中遇到复杂、疑难的问题时，需要根据立法精神，阐明其客观的真实含义，以便有针对性地加以运用。可见，分析的方法始终是学习刑罚学的一个基本方法。在运用分析方法学习刑罚学时，还要尽可能把定性分析与定量分析结合起来。定性分析法主要是运用演绎与归纳的方法，对刑罚学的理论与刑罚规定作静态的研究。但是，只有定性分析，难免使其结论失之空泛，又易招致争议，因此，定量分析法应运而生。而要科学地进行定量分析，就必须进行实地调查研究，实证研究是定量分析法的前提和基础。定量分析法在当代刑罚学中，正发挥着日益重要的作用。例如，在死刑的存废问题上，自从贝卡利亚振聋发聩地提出废除死刑以来，死刑的存废之争存续了 200 多年，至今肯定说与否定说并存。存废的理由自起初关注定性分析到后来引入定量分析，有的学者定量分析的结论是死刑具有无与伦比的遏制力，主张死刑应予保留；有的学者定量分析的结论是废除死刑后并没有导致犯罪率的急剧提高，死刑并不具有威慑力，主张死刑应废除。尽管定量分析的结论也会相异①，但定量分析法作为一种重要分析方法的作用不应否定。再如，在刑罚裁量方法中，层次分析法、数学模型法、电脑量刑法等都是定量分析法的典型适例。在刑罚的效果上，定量分析法也更具说服力。当然，纯粹的定量分析，也会使刑罚学的体系处于杂乱无章的状态，故而，定性分析法和定量分析法必须兼行并用。

（二）比较法

有比较才能有鉴别，有鉴别才能有发展。人们总是在不同程度上运用比较的

---

① 之所以会出现相异的结论，受制于初步的假定（命题）、实证研究的资料（取材）、时空因素、评估的方法、研究者的价值判断等多种因素的影响。

方法来认识事物。通过比较，才能将一事物区别于其他事物，才能寻找出它们之间的共性与个性，确定各自的特征，因此，比较法也是学习刑罚学的一个重要方法。这里的比较法包括横向比较和纵向比较。横向比较可以是把可比的刑罚规定或刑罚理论置于不同的国家或地区进行比较，剖析各自的是非优劣，评述利弊得失，吸取经验教训，拓宽我们的思路，推动我国刑罚理论的发展，进而完善我国的刑罚立法和司法实践；也可以是在涉及本国刑罚具体内容的学习上，对相关概念之间、相关刑罚制度之间进行比较，以便准确理解和把握立法精神，全面、系统地掌握刑罚学的基本理论。纵向比较也称历史的方法，就是从历史的发展过程考察有关刑罚问题的发生、发展与演变态势。学习刑罚学的诸问题，也必须坚持纵向比较法。例如，在刑罚结构上，人类社会不同历史时期的刑罚结构不同。从过去到未来，刑罚结构可能有五种类型：死刑在诸刑罚中占主导地位；死刑和监禁共同在诸刑罚方法中为主导；监禁在诸刑罚方法中占主导地位；监禁和罚金共同在诸刑罚方法中为主导；监禁替代措施占主导地位。第一种已成为历史，第五种尚未到来，中间三种在当今世界中存在[①]。在此基础上，不仅对不同历史时期的刑罚专题探讨，予以纵向考察，而且对我国各个历史时期的刑罚思想，刑罚立法，刑罚制度的产生、发展和演变情况均应进行系统的考察研究，唯有如此，才能找出其中规律，实现"古为今用"。

（三）理论联系实际的方法

刑罚学是一门理论性、实践性都很强的法律科学。它来源于实践，受实践的检验。学习刑罚学就是为了科学地适用刑罚规定、应用刑罚理论。刑罚理论也只有在具体运用中才能得到检验、丰富和发展。因此，理论联系实际就要求：第一，要根据党的二十大精神学习刑罚学。党的二十大报告指出，坚持全面依法治国，推进法治中国建设，强调公正司法是维护社会公平正义的最后一道防线，努力让人民群众在每一个司法案件中感受到公平正义。要深刻领会党的二十大报告精神，并切实贯彻到刑罚裁量和刑罚执行过程中。第二，要联系我国国情学习刑罚学。任何国家的法律都深深地根植于其赖以生存的土壤中，带有强烈的民族性、地域性，任何简单、机械的"拿来主义"，只会带来南橘北枳的苦果。因此，在刑罚学的学习上，适当借鉴国外先进的刑罚理论和刑罚制度是必要的，但是必须尊重本国的文化传统、风俗习惯，维护民族意识，适应本国的政治、经济制

① 储怀植：《论刑法学若干重大问题》，载《北京大学学报（哲社版）》1993 年第 3 期。

度。例如，在死刑的存废问题上，截至 2021 年底，已有 108 个国家在法律中废除了对所有罪行判处死刑，有 144 个国家在法律或实践中废除了死刑①。我国根据犯罪的态势以及经济发展状况，明确指出目前废除死刑不现实，但应当严格限制死刑的适用，这一对待死刑的态度也得到了理论界的尊重和民众的认同。第三，要联系我国的刑罚立法学习刑罚学。要吃透立法精神，并予以充分的阐述；同时要善于发现问题，提出进一步完善刑罚立法的建议。第四，要联系我国的司法实践学习刑罚学。我国的刑事司法实践积累了丰富经验，在刑罚裁量方法、刑罚执行等方面都形成了较为成熟的做法，可以对这些做法进行概括，提升为刑罚理论，并以此解决司法实践中的新情况、新问题。第五，要运用典型案例学习刑罚学。一方面运用刑罚理论去分析典型案例；另一方面通过对典型案例的分析，发现现有刑罚理论的不完善之处，引起刑罚学界的重新思考、论证，以便形成新的理论，进而指导刑事立法与刑事司法。

① 胡云腾：《论中国特色死刑制度的"三个坚持"》，载《中国法律评论》2023 年第 4 期。

刑罚与刑罚权

 学习要点

刑罚是由国家制定并以国家名义适用、执行的对犯罪人实行剥夺性惩罚的最严厉的强制方法，与其他强制方法具有明显的区别。刑罚权是国家基于统治权依法对犯罪人实行刑罚惩罚的权力，包括制刑权、求刑权、量刑权、行刑权等内容。刑罚权的根据可以分为前提根据、形式根据、实质根据、目的根据等四个方面。

 重点问题

1. 刑罚的概念及特征
2. 刑罚权的内容
3. 刑罚权的根据

第一节 刑罚的概念及特征

一、刑罚的概念

刑罚，是由国家制定并且以国家名义适用、执行的对犯罪人实行剥夺性惩罚的最严厉的强制方法。刑罚是犯罪人承担刑事责任最主要、最基本的一种方式。

刑罚是一种社会现象，同时也是一种历史现象。刑罚作为阶级社会的产物，是同犯罪相伴而生的，经历了漫长的发展、演变过程。对犯罪人判处刑罚，是行使国家统治权的重要组成部分，也是国家赖以存在的重要条件。

二、刑罚的特征

我国刑罚应从以下几个特征加以把握。

(一)刑罚是由刑法明确规定的

根据罪刑法定原则的要求,刑罚必须由刑法加以明确规定。我国刑法明确规定了刑罚的种类,将刑罚分为主刑和附加刑。主刑有管制、拘役、有期徒刑、无期徒刑和死刑五种;附加刑有罚金、剥夺政治权利、没收财产和对犯罪的外国人适用的驱逐出境四种。但应指出,刑法除了规定刑罚外,还规定了赔偿经济损失、训诫、具结悔过、赔礼道歉、赔偿损失等强制方法,这些均不属于刑罚。只有在刑法中被赋予"刑罚"名称的强制方法才是刑罚。

(二)刑罚是用以惩罚犯罪人的

刑罚是因犯罪而产生,以犯罪为前提,所以刑罚只能对犯罪人适用,无罪的人绝对不受刑事追究。同时必须指出,刑法之所以设立刑罚,就是为了对犯罪人进行惩罚。刑罚与惩罚具有不可分离的关系,没有惩罚,也就没有刑罚。这是刑罚这一强制方法与刑事诉讼过程中采取的拘留、逮捕等强制方法的明显区别。被采取刑事诉讼强制方法的只是犯罪嫌疑人,不一定都是犯罪人;对他们采取这类强制措施是为了保证诉讼程序的正常进行,而不是对犯罪人的惩罚。

(三)刑罚是最严厉的强制方法

刑罚的严厉性是其他任何强制方法所没有的。就整个刑罚体系而言,刑罚不仅可以剥夺犯罪人的财产、政治权利,而且可以剥夺其人身自由甚至生命。其他强制方法,如行政处罚中的警告、罚款、拘留等强制措施,均不涉及政治权利和生命;有的虽然涉及人身自由,但时间较短。究其原因,刑罚是惩治犯罪行为的,犯罪行为的社会危害性重于其他违法行为,所以刑罚比惩治其他违法行为的强制方法都要严厉。

(四)刑罚是我国最高立法机关制定的

规定刑罚的刑法是国家的基本法律,世界上大多数国家都是由国家最高立法机关制定。由最高立法机关行使刑罚的创制权,可以保证刑罚制度的严肃性和统一性。在我国，只有全国人民代表大会及其常委会，才有权制定、补充、修改刑法和其中的刑罚，其他任何国家机关如国务院及其各部委、地方人民代表大会及其常委会等，虽然可以制定行政法规、规章和地方性法规，以及在这些法规、规章中规定行政处罚和行政处分等强制方法，但都不能制定刑法及规定刑罚。

（五）刑罚是由人民法院依法适用的

定罪量刑权是刑事审判权的重要组成部分。根据我国现行法律，刑事审判权统一由人民法院行使。这就决定了刑罚只能由人民法院依法适用，其他任何国家机关包括检察机关和公安机关以及个人都不能适用。人民法院适用的刑罚必须以刑法的明文规定为根据；同时，适用刑罚时必须依照刑事诉讼法规定的诉讼程序进行。

（六）刑罚是由专门机关执行的

这里所说的专门机关，主要是指监狱和其他劳动改造机关，同时也包括人民法院和公安机关。根据刑法和刑事诉讼法的规定，死刑（立即执行）、罚金和没收财产由人民法院执行，死刑缓期二年执行、无期徒刑和有期徒刑由监狱和其他劳动改造机关执行，拘役和剥夺政治权利由公安机关执行。

上述诸特征中，第1个特征指明了刑罚的载体，第4、第5、第6个特征点明了刑罚制定、适用、执行主体的专门性，这四个特征表明了刑罚的法律特征。第2个特征指出了刑罚的本质属性及刑罚适用对象的特定性，第3个特征则指出了刑罚这一强制方法和其他强制方法在强制程度上的差别。综合以上特征，我国刑罚是我国最高立法机关制定的刑法明确规定的，用以惩罚犯罪人的，由人民法院依法适用并由专门机关执行的最严厉的强制方法。

三、刑罚与其他强制方法的区别

一个国家的法律体系通常包含多种强制方法，如除了刑罚之外，还有民事强制方法、行政强制方法等。刑罚与其他强制方法具有一定的联系，如都属于国家法律规定的强制方法、都会对被强制人产生不利影响等。但刑罚与其他强制方法具有明显的区别。

（一）确立机关不同

刑罚只能由国家最高立法机关确立，即只能由全国人民代表大会及其常委会规定刑种与刑度，而其他强制方法可能由其他有关机关确立。如行政法规可以设立除限制人身自由以外的行政处罚，地方性法规可以设立除限制人身自由、吊销企业营业执照以外的行政处罚，但行政法规和地方性法规的制定机关无权规定刑罚。

（二）适用机关不同

刑罚只能由国家刑事审判机关适用，在我国只能由人民法院适用。而民事强制方法由国家审判机关中的民事审判部门适用，行政强制方法一般由行政执法机关适用。如罚金与罚款都表现为被适用者向国家缴纳一定数额的金钱，但前者是刑罚方法，由人民法院判决；后者作为一种行政处罚，由行政执法机关裁决。

（三）适用对象不同

刑罚只适用于违反刑法构成犯罪的人，对其他违法者不得适用刑罚。其他强制方法主要适用于仅有一般违法行为但尚未构成犯罪的人，同时在一定条件下也可以适用于犯罪人。换言之，在犯罪行为同时违反其他法律的情况下，对犯罪的人既可以判处刑罚，同时也可以适用其他强制方法。如犯罪分子的犯罪行为给被害人造成经济损失，人民法院对犯罪分子除依照刑法、刑事诉讼法给予刑罚处罚外，还可依照民法典、民事诉讼法的规定，判处犯罪分子给予被害人一定的经济赔偿。而对于仅有一般违法行为的人，则只能适用刑罚以外的强制方法。

（四）适用依据不同

刑罚只能由人民法院依照刑法、刑事诉讼法予以适用，而其他强制方法则分别依照民法典与民事诉讼法、行政法与行政诉讼法等法律、法规予以适用。

（五）严厉程度不同

刑罚处罚涉及人的生命、自由、财产和政治权利等重大权益，从整体而言是最严厉的强制方法。而其他强制方法则排除对生命的剥夺，一般也不涉及剥夺自由的问题，即使是剥夺自由（如行政拘留），时间也很短暂，其严厉程度均轻于刑罚。

（六）法律后果不同

受过刑罚处罚的人，在法律和事实上被视为有前科的人。根据有关法律的规定，受过刑罚处罚的人，有的在一定期限内甚至终身被剥夺从事某种职业的资格。如根据《中华人民共和国法官法》第13条和《中华人民共和国检察官法》第13条的规定，曾经因为犯罪受过刑罚处罚的，不得担任法官、检察官。当受过刑罚处罚的人重新犯罪时，可能要受到比初犯者更为严厉的处罚。而仅受到民事、行政等强制方法的人，在法律评价和法律后果上，将不会产生上述不利的影响。

第二节 刑罚权

一、刑罚权的概念及特征

为了维持社会秩序，刑罚对国家来说是至关重要的制度。因此，刑罚的运作过程，无论是刑事立法，还是刑事审判及刑罚执行，都是由相应的立法机关、审判机关和执行机关代表国家主持、参与的。刑罚与国家的关系问题，就是刑罚权问题。

关于刑罚权的概念，中外学者有着不同的见解。我们认为，所谓刑罚权，是指国家基于统治权依法对犯罪人实行刑罚惩罚的权力。它有如下特征。

（一）刑罚权是国家统治权的组成部分

刑罚权作为一种客观事实，是与国家的产生密不可分的。在原始氏族社会实行复仇制度时，被侵害者本人及其他人都享有对侵害者的惩罚权，这种惩罚权带有明显的本能暴力自救的性质，应当属于私刑权的范畴。随着私有制、阶级的出现，国家出现了，掌握国家政权的统治阶级为了维护本阶级的政治、经济利益，维护社会秩序，设置了对公共事务的绝对支配权力，其中就包含了对人进行处罚的刑罚权。在现代社会，无论是刑罚创制，还是刑罚裁量及刑罚执行，都是由相应的立法机关、审判机关和执行机关代表国家主持、参与的。刑罚的这种运作过程，无疑是国家行使统治权的体现。

（二）刑罚权的行使要依法进行

刑罚权对于国家而言，是一项至关重要的权力，必须依法规范运行。就刑罚的创制权而言，由于规定刑罚的刑法是国家的基本法律，世界上大多数国家都是由国家最高立法机关制定。在我国，只有全国人民代表大会及其常委会，才有权制定、补充、修改刑法和其中的刑罚。就刑罚的裁量权而言，由于量刑权是刑事审判权的重要组成部分，根据我国宪法，刑事审判权统一由人民法院行使。这就决定了刑罚只能由人民法院依法适用。人民法院适用刑罚必须以刑法的明文规定为根据；同时，适用刑罚时必须依照刑事诉讼法规定的诉讼程序进行。就刑罚的执行权而言，相关的执行机关执行刑罚也必须依照刑法、刑事诉讼法以及监狱法等法律的规定来执行。

（三）刑罚权是国家应对犯罪的需要

国家之所以需要或者拥有刑罚权，究其根本，是打击犯罪、维护统治的需要。犯罪与刑罚是一对矛盾，就国家而言，犯罪是孤立的个人反抗现行统治关系的需要，是藐视社会秩序最明显、最极端的表现，是对统治秩序的严重威胁和破坏，而刑罚不外乎是社会对付违反它的生存条件的行为的一种自卫手段。对犯罪人判处刑罚，是行使国家统治权的重要组成部分，也是国家赖以存在的重要条件。

（四）刑罚权是国家惩罚犯罪人的权力

刑罚是因犯罪而产生，以犯罪为前提，刑罚权只能对犯罪人本人行使，如果犯罪人死亡，刑罚权失去行使的对象，就会随之消灭。

二、刑罚权的内容

刑罚权不是空洞的，必然要通过一定的方式表现出来。以国家运用刑罚的刑事活动的特点与刑罚运用的特有逻辑为依据，可以将刑罚权分为制刑权、求刑权、量刑权与行刑权四个方面的内容。

（一）制刑权

制刑权，是指国家立法机关在刑事立法中创制刑罚的权力。制刑权解决的是刑罚在法律上的存在问题，着眼于刑罚规范体系的构建。按照其属性，制刑权是国家立法权的重要组成部分。党的二十大报告指出："推进科学立法、民主立法、依法立法，统筹立改废释纂，增强立法系统性、整体性、协同性、时效性。"[①]这一重要论述指明了刑罚立法的原则和要求，对于制刑权的运作具有极为重要的指导意义。

制刑权具有以下几个特点。

1. 制刑权在立法权限上属于国家立法权，这项权力只有国家立法机关才能行使

在我国，根据宪法和立法法的规定，制刑权由全国人民代表大会及其常委会行使。由于刑罚涉及公民的基本权利：生命权、自由权、财产权、政治权利等，由最高立法机关行使制刑权，既体现了国家对于公民的基本权利的尊重，也显示了国家对创制刑罚的重视。

2. 创制的刑罚在刑事法律中加以规定

19 世纪德国著名刑法学家李斯特率先提出了"全体刑法学"的概念，它综合了刑事关系的各个部分，其内容包括刑事政策学、犯罪学、刑罚学、行刑学等。在我国，储槐植教授提倡大刑法的观念，首先提出了刑事一体化思想。在这里，我们用"刑事法律"一词，是指制刑权所涉及的刑罚制度规范的渊源，既包括刑法，也包括刑事诉讼法、监狱法等，涵盖实体法、程序法、执行法的范围。

3. 制刑权的运作涉及刑罚制度规范的确立、修改、废除等方面的内容

具体而言，主要包括：（1）确立刑罚体制，即在刑事法律中规定刑种和刑罚体系，规定量刑的原则和情节，规定刑罚执行方法和制度，规定刑罚权消灭的事由，规定对各种具体犯罪的法定刑等。（2）修正刑罚规范，即对既存的刑罚方法、制度、法定刑等，予以修改、完善。（3）废除刑罚规范。刑罚不是一成不变的，必须符合客观形势发展的需要。因此，及时删废不适合客观形势发展需要的刑罚规范，也是制刑权的一项重要内容。（4）增补刑罚规范。增补刑罚规范与删废刑罚规范，是一对彼此对应的范畴。制刑主体不但应根据客观形势的需要删废不必要的刑罚规范，而且也应根据客观形势的需要增补必要的刑罚方法与制度。（5）解释与刑罚有关的问题。为了确保刑罚的正确适用与执行，对刑法、刑事诉讼法以及其他法律中与刑罚有关的某些规定或用语，制刑主体有必要进行恰当的解释。[②]

---

① 习近平：《高举中国特色社会主义伟大旗帜　为全面建设社会主义现代化国家而团结奋斗——在中国共产党第二十次全国代表大会上的报告》，中国政府网，2022 年 10 月 25 日。

② 邱兴隆、许章润著：《刑罚学》，中国政法大学出版社 1999 年版，第 57 页。

（二）求刑权

刑罚创制以后，还要适用于具体的刑事案件和犯罪人，这就产生了由谁通过何种方式请求对犯罪人适用刑罚的问题。这种请求对犯罪人处以刑罚的权力，就是求刑权。求刑权一般以起诉权的形式表现出来。

求刑权可以从以下几个方面进行把握。

1. 行使求刑权的主体

就当今各国对刑事案件求刑权或起诉权的行使情况而言，主要有两种做法：一种是起诉独占主义，即起诉权只能由国家专设的专门机关和官员独占（通常是检察机关和检察官），不存在自诉形式，如美国、法国、日本等；另一种是公诉和自诉并存，公诉为主，自诉为辅的做法。俄罗斯、德国、奥地利等都是公诉和自诉并用，我国也采用这种方式。

2. 行使求刑权的目的是发动审判程序，启动量刑权

现代刑事诉讼程序的一个基本要求是贯彻"不告不理"，即审判以起诉为前提和基础，没有起诉人的起诉，法院不能主动追究犯罪。起诉人起诉以后，受诉法院才获得对起诉案件进行审判的权力，才能启动量刑权。

3. 行使求刑权的前提是犯罪的存在

刑罚是作为犯罪的法律后果出现的，没有犯罪，也就无所谓刑罚，犯罪是适用刑罚的必要条件。因此，没有犯罪的存在，也就没有请求对犯罪人处以刑罚的权力行使的基础。

4. 行使求刑权的内容是对犯罪人科处刑罚

刑罚作为实现刑事责任的主要方式，只能由犯罪人承担。求刑权，顾名思义，只能以请求法院对犯罪人适用刑罚为内容。刑罚以外的其他请求，如赔偿损失、赔礼道歉、行政处分等，都不属于求刑权的范畴。

（三）量刑权

所谓量刑权，是指代表国家的审判机关在认定有罪的基础上对犯罪人是否判处刑罚和判处什么刑罚的权力。行使量刑权，将法定的罪刑关系转变为实在的罪刑关系，将一般犯罪的法定刑转变为具体犯罪的宣告刑，是启动行刑权的先决条件。

根据以上定义，量刑权具有以下几个特征。

1. 行使量刑权的主体是审判机关

在我国，量刑是人民法院根据犯罪分子罪行大小和刑事责任轻重，依法对其

裁量决定刑罚的一种活动。量刑权是国家刑罚权的重要内容之一，从属于刑事审判权。根据宪法及有关法律规定，刑事审判权专属人民法院行使，其他任何机关、团体或个人均不能行使。

2. 被量刑的对象只能是犯罪分子

行为构成犯罪是行为人承担刑事责任的唯一根据，量刑是对犯罪分子具体落实刑事责任的唯一途径。未经人民法院认定为有罪的人，不能对其追究刑事责任，因而无罪的人不是量刑的对象。

3. 准确行使定罪权是恰当行使量刑权的前提

刑事审判权可以分为定罪权和量刑权。只有准确行使定罪权，才能确定犯罪人的犯罪性质，才能找准对犯罪人适用的法定刑。定罪错误通常导致法定刑适用的错误，错误地适用法定刑往往造成量刑偏差，所以准确定罪是适当量刑的基本保障。

4. 行使量刑权的原则

行使量刑权的原则是《中华人民共和国刑法》（以下简称《刑法》）第5条关于"刑罚的轻重，应当与犯罪分子所犯罪行和承担的刑事责任相适应"和第61条关于"对于犯罪分子决定刑罚的时候，应当根据犯罪的事实、犯罪的性质、情节和对于社会的危害程度，依照本法的有关规定判处"的规定。

5. 行使量刑权的内容是裁量刑罚

具体而言，首先是决定是否对犯罪人判处刑罚；其次在决定了判处刑罚的前提下，进一步决定判处何种刑罚（选择刑种）、判处多重的刑罚（确定刑度）和是否立即执行（抑或缓期执行）。在一人犯数罪的情况下，量刑还包括如何并罚的内容。

（四）行刑权

所谓行刑权，是指特定的司法机关依法将生效的裁判对犯罪人确定的刑罚付诸实施的权力。行刑权是量刑权的延伸，没有刑罚的执行，刑罚的裁量就无法落实。所以有的学者将行刑权称为现实的刑罚权。

行刑权的特点如下。

1. 行使行刑权的主体是特定的司法机关

目前我国有权执行刑罚的机关是公安机关、人民法院、监狱、未成年犯管教所以及社区矫正机构等。检察机关虽然负责对刑罚执行的监督，但本身不是刑罚执行机关。

2. 行使行刑权的依据是发生法律效力的刑事裁判

发生法律效力的刑事裁判包括：已过法定期限没有上诉、抗诉的判决和裁定；终审的判决和裁定；最高人民法院核准的死刑判决和高级人民法院核准的死刑缓期二年执行的判决。

3. 刑罚执行的对象是受刑人

受刑人，即因实施犯罪行为受到刑罚处罚的人。没有犯罪的人、被免除刑罚处罚的犯罪人以及给予非刑罚方法处理的犯罪人都不是刑罚执行的对象。

4. 行使行刑权的基本内容是将有效刑事裁判所决定的刑罚内容予以实现

在实施过程中，要贯彻惩罚与教育相结合的方针，遵循人道主义、行刑社会化等原则，以期实现对犯罪人的教育改造，达到预防犯罪的目的。另外，刑罚执行还要解决刑罚变更的问题，如减刑、假释、监外执行等。

应当指出，制刑权、求刑权、量刑权与行刑权不是彼此独立，而是相互联系、相互制约的，它们共同组成刑罚权这一整体。只有制刑权、求刑权、量刑权与行刑权运行协调、配合默契，才能实现刑罚的最佳效益。

三、刑罚权的根据

（一）刑罚学根据学说简述

刑罚事关公民的财产、自由，甚至生命。国家为什么具有科处刑罚的权力，它从何而来？或者说国家科处刑罚的权力的合理依据是什么？这是自古以来人们一直在思索的一个问题，即刑罚权的根据问题。

刑罚权关系到刑罚之根本，是刑法哲学中的一个重要问题，历来受到人们的重视。但目前在我国，刑罚权的研究还是比较薄弱的。围绕这一问题，国外学者展开了旷日持久的争论，提出了许多不同的见解，形成了不同的学说。归结起来，可以分为如下几种：（1）神授说。神授说又称神权说、神意说，认为刑罚权系神所授予。该说是人类历史上最为古老的一种对刑罚权的解释。（2）契约说。契约说，也称社会契约说，认为刑罚权的根据在于人们共同订立的社会契约。（3）正义说。正义说，又可称为人权要求说、自由意志决定说，认为刑罚权来自犯罪人的自由选择，国家行使刑罚权是正义的要求。（4）必要说。必要说认为，刑罚权是由于社会的利益或源于社会的必要而存在的。（5）强力意志说。强力意志说认为，国家刑罚权来自国家统治者的"强力意志"。（6）命令说。命令说认为刑罚权的根据在于主权者的命令。这些学说在今天看来，都不能真正说明刑罚权的根据。

（二）马克思主义的刑罚权根据观

那么，刑罚权的根据究竟何在呢？从马克思主义经典著作家的有关论述中，我们可以找到这一问题的答案。

马克思在《政治经济学批判》一书中指出："法的关系正像国家的形式一样，既不能从它们本身来理解，也不能从所谓人类精神的一般发展来理解，相反，它们根源于物质生活关系。"① 所谓"物质生活关系"，就是法所存在的社会的具体条件。因此，探求刑罚权的根据，离不开社会的政治经济具体条件。恩格斯在谈到国家的起源时指出：国家是社会在一定发展阶段上的产物。国家是表示：这个社会陷入了不可解决的自我矛盾，分裂为不可调和的对立面而又无力摆脱这些对立面；而为了使这些对立面，这些经济利益互相冲突的阶级，不致在无谓的斗争中把自己和社会消灭，就需要有一种表面上凌驾于社会之上的力量，这种力量应当缓和冲突，把冲突保持在"秩序"的范围以内。这种从社会中产生但又自居于社会之上并且日益同社会脱离的力量，就是国家。马克思与恩格斯前述关于法和国家起源的分析，完全适合刑罚权的起源。据此，刑罚权的根据分为以下四个方面。

1. 刑罚权的前提根据

刑罚权的前提根据，是指刑罚权产生的前提条件，也就是具体的社会物质生活条件。既然刑罚权是国家主权的一种形式，那么，它和国家主权产生的前提根据完全相同。如果说阶级是私有制的必然结果，那么国家便是阶级分化、社会矛盾冲突的产物。而人们之所以联合起来组成国家，就是要依靠国家的权力来解决日益激烈的利益冲突，以免在无谓的斗争中把自己和社会消灭。刑罚就是国家解决这种利益冲突的重要方法。国家运用这种方法的力量便是刑罚权。如果说国家的权力首先是占统治地位的阶级以暴力攫取并加以维持的话，那么刑罚权的最初来源也是如此。但是，正如国家权力必定受到社会的经济基础及各阶级政治实力的制约一样，刑罚权也必定受到国家政治与经济因素的限制。所以，不同的国家其刑罚权的具体内容各不相同，就是因为其各自具有不同的上层建筑与不同的经

---

① 中共中央马克思恩格斯列宁斯大林著作编译局：《马克思恩格斯选集》第 2 卷，人民出版社 2012 年版，第 2 页。

济基础。因此，一国的政治结构与经济结构形成的物质生活条件便是该国刑罚权的前提根据。

2. 刑罚权的形式根据

刑罚权的形式根据，是指从外在形式上来看，刑罚权根据何在。现代社会早已不是那种弱肉强食、自然竞争的野蛮与蒙昧时代，自然界中生物进化的规则不能照搬进人类社会生活领域。无论是国家权力的取得和运用，还是个人权利的行使与放弃，人们更多的是理性的选择。因此，国家权力的取得和行使须有法定程序。作为国家权力重要组成部分的刑罚权，其形式根据就是国家通过立法程序形成的有关宪法和法律性文件。例如，我国现行宪法第三章第一节确立了由全国人大及其常委会行使国家的制刑权，第三章第八节确立了由人民法院行使国家的量刑权，监狱法又确立了由监狱管理部门行使国家的行刑权。在民主与法治观念日益深入人心的当今世界，刑罚权的形式根据十分重要。一般认为，如果没有合理合法的形式根据，国家便不能取得刑罚权，否则便是非正义的。

3. 刑罚权的实质根据

刑罚权的实质根据，是指从本质上来看，刑罚权的根据何在。根据马克思主义的历史唯物论原理，可以把刑罚权的实质根据归结为：国家刑罚权产生于解决社会"自我矛盾"的需要。这种需要表现在两个方面：一是国家政治统治的需要——根据主权在民的原则，最终可归结为公民自由的需要；二是国家经济基础秩序的需要——可泛化为社会秩序的需要①。无论是公民自由的需要，还是社会秩序的需要，都是以解决社会生活中存在的犯罪问题作为出发点和归宿的。国家动用刑罚权来惩罚犯罪，可以归结为正义的需要，这也体现了刑罚的本质特征。

4. 刑罚权的目的根据

犯罪作为一种社会现象，严重危害社会秩序。为防患于未然，使社会免遭犯罪的侵害，国家有必要发挥主观能动性，采取一定的措施预防与减少犯罪的发生。而在预防与减少犯罪发生的措施之中，刑罚不但是必不可少的，而且还具有举足轻重的作用。国家动用刑罚权，其目的一方面是想通过立法的规范作用和通过对犯罪分子适用刑罚，惩罚改造犯罪分子，预防他们重新犯罪；另一方面国家也想通过立法的昭示及对特定的犯罪人运用刑罚，而对社会上不特定的非犯罪人发生影响，以达到防止社会上不特定人实施犯罪的目的。由此可见，国家行使刑罚权，最终是为了预防犯罪，使社会免遭犯罪的侵害。因此，预防犯罪可以说是

———————

① 赵秉志主编：《刑罚总论问题探索》，法律出版社 2003 年版，第 75～77 页。

刑罚权的目的根据。

　　刑罚权的以上四个根据是一个相互联系的有机整体。刑罚权的前提根据说明了刑罚权赖以产生的社会物质基础，没有这一前提条件，刑罚权便成了无源之水。刑罚权的形式根据对于说明刑罚权的正义性具有极其重要的意义，如果缺少这一形式根据，刑罚权就失去了法律依据；刑罚权的实质根据揭示了刑罚权是国家惩罚犯罪的需要，正义是国家刑罚权的本质所在；刑罚权的目的根据则说明了基于发挥主观能动性、预防犯罪是国家行使刑罚权的目的所在。

 思 考 题

1. 刑罚的概念及其特征。
2. 刑罚与其他强制方法的区别。
3. 刑罚权的概念及其特征。
4. 刑罚权的内容。
5. 如何理解马克思主义的刑罚权根据观？

 案 例 分 析

　　张某、李某系大学同学，两人参加完毕业10周年聚餐饮酒后，分别驾车回家，在路上分别被查处。张某因饮酒后驾驶机动车，被公安机关处以暂扣6个月机动车驾驶证，并处2000元罚款的处罚。李某因醉酒后驾驶机动车，除被公安机关吊销机动车驾驶证外，还被移送审查起诉。检察机关起诉后，被法院判处拘役3个月，并处罚金5000元。

　　试分析张某和李某所受处罚的性质有何差异？造成这种差异的原因是什么？

第二章

刑罚的本质

学习要点

刑罚的本质体现于刑罚本身，也体现在刑罚与其他强制方法的关系上。对犯罪的惩罚性作为刑罚的本质，是任何刑罚都具有的内在属性，也是刑罚所特有的、区别于其他强制方法的内在属性。

重点问题

1. 刑罚本质的概念及特征
2. 刑罚本质的合理定位

第一节 刑罚本质的概念及特征

一、刑罚本质的概念

"本质"属于一个哲学概念，要了解刑罚本质，应当首先了解什么是本质。根据马克思主义哲学，"本质是事物的内部联系。它由事物的内在矛盾构成，是事物的比较深刻的、一贯的和稳定的方面。……本质从整体上规定事物的性能和发展方向。"[①] 根据马克思主义哲学上关于"本质"的定义，我们可以引申出刑罚本质的概念，即刑罚本质是指刑罚本身所固有的，决定刑罚性质、面貌和发展的根本属性。

---

① 《辞海》（缩印本），上海辞书出版社 1980 年版，第 1247 页。

二、刑罚本质的特征

根据上述刑罚本质的界定，刑罚本质的特征主要体现在两个方面。

（1）体现在刑罚本身，即刑罚本质是任何刑罚都具有的属性，而不论这种刑罚的外在表现形式是什么。如我国刑罚的外在表现形式就有死刑、无期徒刑、罚金等不同的表现形式。

（2）体现在刑罚与其他强制方法（如行政处罚、民事制裁等）的关系上，即这种本质是刑罚所特有的，是刑罚区别于其他强制方法的内在属性。

第二节　刑罚本质的确立

一、关于刑罚本质的争论简述

刑罚自产生以来，经历了漫长而又复杂的演变过程，表现形式也发生了巨大的变化。随着刑罚制度的不断发展、变化，古今中外的学者对刑罚本质问题展开了激烈的争论。

早在古希腊时代，人们便试图弄清楚刑罚的性质。当时，人们凭借纯经验的本能对刑罚进行思考。他们既觉得刑罚有合理存在的理由，但又感到有很多难以解释的矛盾。于是，一些思想家便开始思索刑罚的本质与作用。时至今日，学者们一般认为，西方学者关于刑罚本质的争论，主要是报应刑论与目的刑论的对立。

（一）报应刑论者关于刑罚本质的基本观点

报应刑论主要是早期刑事古典学派的主张。这种主张以正义为归宿，以意志自由和因果报应为立论依据。首先，报应刑论强调意志自由。报应刑论把犯罪人看作是具有辨别是非、选择善恶能力的"理性人"，而在明知犯罪的法律后果、能够选择犯罪与否的情况下实施犯罪，表明犯罪人对于负担刑事责任的不利后果是"自愿"的。因此，国家对其施以刑罚惩罚是正当的。其次，报应刑论主张因果报应。一般认为因果报应思想源于原始社会的"复仇"观念，其核心概念是"罪有应得"原则，主张善因有善果，恶因有恶果。报应按其根源是神、是良心还是国家，可分为宗教的报应、道德的报应、法律与国家的报应等。报应刑论的报应一般被看作是国家的、法律的报应。作为危害报应的刑罚施加于犯罪者身上，是报应刑论的基本特点。因此，刑罚的科处应绝对以犯罪为其法律上的原因，此外决不应追求任何目的。"因为有犯罪而科处刑罚"是报应刑论理念的经典表述。

总之，在报应刑论者看来，刑罚本质是对犯罪的报应，刑罚就是为了实现正义；强调个人本位，认为犯罪人不应该承受任何超出其应得报应之外的惩罚，反对将人作为社会控制的手段。

（二）目的刑论者关于刑罚本质的基本观点

目的刑论属于新派（刑事人类学派和刑事社会学派）的理论，以意大利的龙勃罗梭和德国的李斯特为代表，认为刑罚从原始冲动的反动到国家刑罚的发展，不是基于个人的复仇，而是对社会侵害的社会反动。所以，刑罚具有社会的性质；刑罚是社会集团的社会反动，和表示判断价值的道德无关而独立存在；刑罚国家化实现以后，刑罚成为"法律刑罚"，刑罚就适应了观念目的并为保护法律利益的目的服务[①]。也就是说，刑罚本身并没有什么意义，只有在为了实现一定的目的即预防犯罪、保护法律利益的意义上才具有价值。这样，目的刑就可以解释为以保护法律利益为目的的保护刑。因此，目的刑论也被称为保护刑论。"为了没有犯罪而科处刑罚"是目的刑论理念的经典表述。

目的刑论者基于功利主义的立场，认为刑罚只有在实现了一定的目的（即预防犯罪）才具有价值。其以社会为本位，强调为预防犯罪而实施刑罚，罪犯可以作为国家预防犯罪的工具。

（三）并合论者关于刑罚本质的基本观点

并合论，又称折衷论、综合论或相对报应论。并合论者认为刑罚一方面是为了满足恶有恶报、善有善报的正义要求，同时也必须是防止犯罪所必需并且有效的，应当在报应刑的范围内实现一般预防与特殊预防。"因为有犯罪并且为了没有犯罪而科处刑罚"是并合论理念的经典表述。

西方学者对刑罚本质的研究是从刑罚的正当性角度加以阐释的，为我们理解

---

① ［日］木村龟二主编：《刑法学辞典》，顾肖荣、郑树周校译，上海翻译出版公司1991年版，第407页。

刑罚本质提供了有益的参考，但与我们对刑罚本质的理解是有所不同的。

（四）我国学者关于刑罚本质的观点

在我国刑罚理论中，对于刑罚本质问题的论述不多，具有代表性的观点有两种。一种观点认为，刑罚的本质在于惩罚的严厉性；另一种观点认为，惩罚与教育都是刑罚的内在属性。

我们认为，刑罚本质应当是任何刑罚都具有的属性，将惩罚的严厉性作为刑罚本质的观点仍值得商榷。刑罚的惩罚性是一个历史性概念，严厉程度则是一个相对概念。历史地看，刑罚的前身是报复。因此，就刑罚的本体存在而论，只有严厉的制裁措施，才能够成为刑罚方法，只有严刑才能体现对于犯罪的强烈伦理谴责。但是，刑罚并不等同于报复，而是起源于禁止报复。刑罚意味着人类对于报复的限制以至禁止，意味着惩罚活动被理性地加以控制，刑罚的严酷性受到自觉或者不自觉的控制。总的来说，随着人类文化的进步，刑罚发展的总趋势是，惩罚性的严厉程度由严酷到缓和。就目前而言，惩罚的严厉性不宜视为全部刑罚种类的本质特征，而只是刑罚的部分刑种所具有的内在属性。有的刑种如死刑，其惩罚的严厉性是无可置疑的；但有的刑种如一些附加刑，其惩罚的严厉程度仅大致与治安处罚相当。

对于认为教育也是刑罚本质的观点同样是值得商榷的。首先，教育只是某些刑罚方法的内在属性，并非一切刑罚方法所具有。如死刑，很难说其具有教育性；没收财产、罚金等财产刑的教育性也很难得到考证。其次，刑罚本质应当是刑罚所特有的，是刑罚区别于其他强制方法的内在属性，而教育并不具有这一特征。我国目前具有教育性的强制方法，除了有期徒刑、无期徒刑这些具有教育改造内容的刑罚方法外，作为行政制裁措施的工读教育等，也都以教育为主要内容。再次，犯罪与刑罚有着内在的规定性：两者构成被惩罚与惩罚的关系。把刑罚的本质说成是教育，把犯罪与刑罚的关系定位为受教育与教育的关系，必然会动摇二者的这种内在规定性。最后，即使是某些刑罚所具有的教育性，也是以刑罚的惩罚性作为前提的。如对有期徒刑犯的教育，是建立在剥夺人身自由为内容的惩罚基础上的，离开刑罚的惩罚性，教育性则无从谈起[1]。

---

[1]　邱兴隆、许章润著：《刑罚学》，中国政法大学出版社 1999 年版，第 56 页。

二、刑罚本质的定位

在我们看来，刑罚的本质是对犯罪的惩罚性。这是因为以下几点因素。

1. 对犯罪的惩罚性是任何刑罚都具有的属性

刑罚的惩罚性主要体现为刑罚的内容是对公民所拥有的重要权益的剥夺。总体而言，在一个社会当中，只有大多数人感到重要并为人们所普遍拥有的有价值的东西，才可能成为刑罚剥夺的内容。一般而言，刑罚剥夺的内容即人们所拥有的重要的、珍贵的东西主要是人的生命、健康、自由、财产等。剥夺重要权益为惩罚内容的惩罚性以及由刑罚惩罚所引起的痛苦性是刑罚的内在本质属性。不具有惩罚性和痛苦性的制裁措施不可能是也不应该成为刑罚。刑罚与惩罚、惩罚与痛苦应当是同义的，惩罚意味着痛苦，痛苦的才是惩罚。所谓惩罚，就是有意地施加痛苦；所谓痛苦，乃是因为被惩罚者所拥有的可以满足需要的、有价值的东西被强制剥夺而产生的不快。所以，人们有时说惩罚性是刑罚的基本属性之一，有时说痛苦性是刑罚的基本属性之一。在"对犯罪分子予以刑罚惩罚"这样的语境中，惩罚是指刑罚的动态存在；痛苦乃是惩罚的实际结果。惩罚与痛苦是刑罚的两个方面，二者统一为刑罚。我们说刑罚是一种惩罚，那是对于刑罚的施加者而言的；我们说刑罚是一种痛苦，那是对于刑罚的承担者而言的。刑罚的惩罚性和痛苦性可强制人们遵循刑法规范，一旦有人违背刑法规范，惩罚与痛苦便随之而来。刑法规范的有效性必须以刑罚威胁为保证，因为在许多情况下，不可能采取复原性与赔偿的制裁措施来保障法律规范的遵守，或者仅仅使用这些措施来保障法律规范的效力。

2. 对犯罪的惩罚性是刑罚所特有的，是刑罚区别于其他强制方法的内在属性

这不仅将刑罚与行政处分、纪律处分等相区别，而且使刑罚同其他法律强制方法区分开来。在其他法律强制方法中，民事制裁是复原性、赔偿性的，民事法律要求违法者以恢复原状、赔偿损失、强制履行义务等方式，对民事违法行为所造成的损害进行恢复或者补偿，消除违法行为所造成的经济上的不平衡性，因而不具有惩罚性[①]；行政拘留、罚款等行政处罚虽然与刑罚同属于实体性惩罚措施，但行政处罚则是针对行政违法行为和违法者适用的，而刑罚体现出的是对犯罪的

---

① 曲新久：《论刑罚的惩罚性》，载《山东审判》2004 年第 1 期。

惩罚性。刑事诉讼过程中采取的拘留、逮捕等强制方法与刑罚也具有明显的区别：被采取刑事诉讼强制方法的只是犯罪嫌疑人，不一定都是犯罪人；对他们采取这类强制措施是为了保证诉讼程序的正常进行，而不是对犯罪的惩罚。

　　因此，综上所述，对犯罪的惩罚性作为刑罚的本质，是任何刑罚都具有的内在属性，也是刑罚所特有的、区别于其他强制方法的内在属性。

 思 考 题

1. 如何界定刑罚本质？

2. 如何理解报应刑论、目的刑论以及并合论对于刑罚本质的争论？

3. 为什么说对犯罪的惩罚性作为刑罚本质是一种合理的定位？

 案 例 分 析①

　　《中华人民共和国刑法修正案（九）》增加了犯贪污罪、受贿罪"被判处死刑缓期执行的，人民法院根据犯罪情节等情况可以同时决定在其死刑缓期执行二年期满依法减为无期徒刑后，终身监禁，不得减刑、假释"的规定。2016 年 10 月 9 日，河南省安阳市中级人民法院公开宣判全国人大环境与资源保护委员会原副主任委员白某某受贿案（受贿共计折合人民币 2.46764511 亿元），对被告人白某某以受贿罪判处死刑，缓期二年执行，剥夺政治权利终身，并处没收个人全部财产，在其死刑缓期执行二年期满依法减为无期徒刑后，终身监禁，不得减刑、假释，成为适用这一规定的"第一人"。

　　试从刑罚本质角度分析对白某某适用这一规定的意义。

---

① 赵秉志：《终身监禁第一案之观察》，人民法院报，2016 年 10 月 10 日，第 2 版。

第三章

刑罚的功能

 学习要点

　　刑罚功能是指刑罚在社会中可能发挥出来的积极作用，具体表现为：对犯罪人的剥夺功能、个别威慑功能、改造功能、感化功能；对社会的一般威慑功能、教育功能、鼓励功能；对被害人的安抚功能。

 重点问题

　　1. 刑罚功能的概念及特征
　　2. 刑罚对犯罪人的功能
　　3. 刑罚对社会的功能
　　4. 刑罚对被害人的功能

第一节　刑罚功能的概念及特征

一、刑罚功能的概念

　　功能，即效能，是指事物或方法所发挥的有利的作用①。功能概念作为一个学术语言，尽管内涵差异较大，但基本要求是一致的。首先，功能概念反映了一种关系，即一事物现象与其相联系的整体之间的关系。正是通过事物现象与其整体的关系，体现出该事物现象的功能作用。其次，功能概念是客观事物作用的潜

―――――――――

　　① 中国社会科学院语言研究所词典编辑室编：《现代汉语词典》，商务印书馆 2012 年版，第 453 页。

在反映，具有客观可能性。

根据功能概念的上述要求，刑罚功能的概念可以界定为：刑罚在社会中可能发挥出来的积极作用。

二、刑罚功能的特征

具体而言，刑罚功能具有以下特征。

1. 刑罚功能是刑罚对于社会产生的作用

刑罚不仅对犯罪人，而且对被害人及社会上其他人产生作用。所以，考察刑罚的功能，不能仅限于考察刑罚对犯罪分子本身的作用，而应当将刑罚置于社会这个大环境、大系统中，通过刑罚在社会中的地位或承担的作用来解释、确定其功能。这样，才能全面认识刑罚的功能，进行科学的评价。

2. 刑罚功能是刑罚对社会产生的积极作用

作为人类社会最为常见的犯罪控制措施，刑罚既有积极作用，也有消极作用。刑罚的积极作用表现为对犯罪人的个别预防功能和对社会上一般人的一般预防功能。刑罚的消极作用有的来源于刑罚本身：如死刑错判难纠，短期自由刑威慑力不大且容易交叉感染，长期自由刑使犯罪人复归社会困难等；有的来自用刑不当：刑罚过轻会导致放纵犯罪，刑罚过重则难言人道等。将刑罚功能定位为刑罚产生的积极作用，即对社会产生的有利作用，不仅是因为"功能"一词的含义是"有利的作用"，而且这样有利于研究如何更好地发挥刑罚应有的效能。

3. 刑罚功能是刑罚可能产生的积极作用

刑罚功能是刑罚属性在发挥过程中的表现，对应属性而言，刑罚功能有其内在的依据。只要刑罚具有这种属性，刑罚功能就有其基础。在此意义上，刑罚功能的发挥具有客观的现实可能性，不能因某种原因未产生积极效果而否定刑罚功能的存在；同时，刑罚功能只是处于一种可能的潜在状态之中，还不是客观现实的存在，从这种可能状态进入或转化为现实状态，必须具备足够的必要条件。

三、刑罚功能与刑罚效果、刑罚本质的关系

刑罚功能与刑罚效果是两个不同的概念。刑罚功能是刑罚所具有的可能作用，而刑罚效果是刑罚已发挥出来的现实作用或者说，刑罚功能是尚待实现的刑罚效果，刑罚效果是实现了的刑罚功能。刑罚功能与刑罚效果是可能性与现实性

的关系。

　　刑罚功能与刑罚本质有着密切的关系：（1）二者都是刑罚本身所固有的，因而都属于刑罚这一社会制度的客观范畴。（2）刑罚的本质决定了刑罚的功能。刑罚的本质在于对犯罪的惩罚性，对犯罪人而言，其实质就是一种痛苦。只有给犯罪人造成一定痛苦才能发挥刑罚改造犯罪人的作用。（3）刑罚的本质与刑罚的功能出发点不同。刑罚本质是针对刑罚自身而言的。而刑罚的功能则是针对刑罚的对象而言的，它指的是刑罚对其对象能产生何种影响、作用。（4）刑罚的本质仅仅表示自身的根本属性，其内在的巨大能量只能通过刑罚功能才能释放出来。作为刑罚本质的惩罚给犯罪人所带来的痛苦是一种促使犯罪人改造的潜在力量，它有赖于刑罚功能的发挥。当刑罚在贯彻执行中发挥了改造、教育等作用，促使其对象发生预想的改变时，刑罚的潜在力量才能现实地显示出来[1]。

第二节　刑罚功能的确立

一、关于刑罚功能的争论简述

　　对于刑罚的功能，中外学者提出了各种不同的主张，大体上有以下几个方面。

　　（1）刑罚功能可分为赖以实现特殊预防的刑罚功能和赖以实现一般预防的刑罚功能。前者包括限制、消除再犯条件的功能，个别预防功能以及教育感化功能；后者包括一般威慑功能，法制教育功能，安抚、补偿功能以及强化规范意识功能[2]。

　　（2）刑罚的功能可分为个别预防功能和一般预防功能两类。个别预防功能是指刑罚对犯罪人的剥夺或限制再犯能力功能、鉴别功能、感化功能、威慑功能与改造功能。一般预防功能可以分为刑罚对潜在犯罪人的作用、刑罚对受害者的作用、刑罚对其他违法者的作用等三种[3]。

　　（3）刑罚的功能可分为对一般社会的功能、对犯罪人的功能以及对被害人的

　①　谢望原：《论刑罚本质、机能、目的的相互关系》，载《法律科学》1997年第5期。
　②　张明楷：《刑法学》，法律出版社2021年版，第683～684页。
　③　邱兴隆、许章润：《刑罚学》，中国政法大学出版社1999年版，第66～89页。

功能三种①。

（4）刑罚在社会现实生活中具有四种功能：即平息报复感情的功能、预防的功能、保障社会安全的功能、赎罪的功能②。

（5）刑罚具有八种功能：即剥夺功能、矫正功能、感化功能、威慑功能、鉴别功能、补偿功能、安抚功能、鼓励功能③。

以上诸观点，视角不同，有繁有简，均有可取之处，也有可商榷之处。二分法看到了刑罚功能与刑罚目的的联系，但过分强化这种联系，易造成二者的混淆；四分法虽揭示了刑罚的多种功能，但有些功能，如改造功能、鼓励功能，未能论及；八分法对刑罚功能论述较全面，但将物质补偿作为刑罚功能似显牵强。

二、我国关于刑罚功能的通说

按照我国刑罚功能理论的通说，一般根据对象的不同，刑罚的功能从以下三个方面进行分析。

（一）对犯罪人的功能

犯罪人作为刑罚的实际承担者，刑罚首先会对犯罪人发挥作用。刑罚对犯罪人的功能，可分为如下几种。

1. 剥夺功能

刑罚的内容主要体现为对犯罪人的某些权益予以剥夺或限制。某些权益的剥夺或限制会使得犯罪人丧失再次实施犯罪的能力与条件，从而无法继续危害社会。刑罚的这种积极作用就是所谓的剥夺功能，亦被称为限制再犯的功能。剥夺功能是刑罚其他功能发挥作用的前提，是刑罚的首要功能。

刑罚的剥夺功能是共性与个性的统一。剥夺功能是任何刑罚都具有的功能，这是刑罚的共性；不同的刑罚具有不同的剥夺功能，这体现了刑罚的个性。具体而言，死刑剥夺犯罪人的生命，使其无法再有机会危害社会，此种功能被称为淘汰功能。无期徒刑、有期徒刑、拘役剥夺犯罪人的自由，犯罪人被监禁于监狱或其他执行场所，与社会隔离，服刑期间无法危害社会，此种功能被称为隔离功能。管制限制犯罪人的自由，犯罪人处于社区矫正机构的监督之下，大大降低了

---

① ［日］吉川经夫：《改订刑法总论》，顾肖荣等译，法律文化社1974年版，第288～290页。
② ［日］西原春夫：《刑法的根基与哲学》，上海三联书店1991年版，第30～31页。
③ 陈兴良：《本体刑法学》，商务印书馆2001年版，第630～636页。

其再次犯罪的可能性；罚金与没收财产剥夺犯罪人一定的财产，削弱了犯罪人重新犯罪的物质条件；剥夺政治权利使得犯罪人失去原有的一定权利，可以防止其重新利用该种权利实施犯罪——这几种刑罚的剥夺功能限制了犯罪人再次危害社会的能力，可称之为限制功能。无论是淘汰功能，还是隔离功能、限制功能，无疑是基于预防理念，是防卫社会的需要。

剥夺功能的发挥还应当体现报应理念。基于报应理念，对犯罪人的权益予以剥夺，是犯罪人实施犯罪的当然后果，是惩恶扬善、伸张正义的需要；也正是基于此种理念，在刑罚的剥夺功能中，剥夺的权利与利益应当尽可能地类似于犯罪侵犯的客体所遭遇的，这是现代世界各国刑罚种类设置的一条重要的原则。例如，我国刑法中对于故意剥夺他人生命的犯罪人，像故意杀人的犯罪人、杀害被绑架人的犯罪人、抢劫致人死亡的犯罪人等，可以适用死刑；像盗窃、逃税等财产犯罪、经济犯罪的犯罪人大多规定财产刑，剥夺其财产。因此，剥夺功能应当实现预防与报应的统一，既要运用该功能防卫社会，又要体现公正。

2. 个别威慑功能

刑罚的个别威慑功能是通过对犯罪人权利的剥夺、限制而得以发挥的，是指刑罚对犯罪人所产生的威吓遏制作用。

刑罚的本质在于对犯罪的惩罚性。对犯罪人而言，由于犯罪，对于其至关重要的一些权利或利益遭到剥夺，本人也因此受到政治上、法律上及道德上的消极评价与谴责，因此，无论在肉体上还是精神上，都会产生巨大的痛苦。刑罚的惩罚性、痛苦性可以使犯罪人今后不敢以身试法，重受痛苦之遇，从而产生个别威慑功能。按照费尔巴哈的心理强制说，人的本性都是趋乐避苦、趋利避害的，犯罪人通过服刑，承受刑罚、感受痛苦之后，就会考虑出狱后改变行为选择模式，不去实施犯罪以避免再次遭受类似的痛苦，从而产生抑制重新犯罪意念的效果。因此，在讲求刑罚人道的同时，保持刑罚的惩罚性、痛苦性是必要的。如果犯罪人遭受刑罚处罚，感受到的不是痛苦，而是感到生活上同社会上普通人一样，甚至优于社会上普通人，则刑罚就失去了其存在的意义，不仅无助于预防犯罪，还可能会鼓励犯罪。因此，充分发挥刑罚对犯罪人的个别威慑功能，是实现刑罚特殊预防目的的重要条件。

需要指出的是，刑罚的个别威慑功能并非对所有犯罪人都有效。犯罪人承受刑罚痛苦的感受是因人而异的，这种差异会进而影响犯罪人抑制重新犯罪意念的效果。一般而言，对于初犯、偶犯及其他主观恶性小的犯罪人，刑罚的个别威慑功能比较明显；对于累犯及其他主观恶性大的犯罪人，刑罚的个别威慑功能可能就会大打折扣。

3. 改造功能

所谓改造功能，是指刑罚具有改变犯罪人的价值观念和行为方式，使其适应正常的社会生活，顺利回归社会的功能。改造功能又可称为回归功能或矫正功能，主要是自由刑的功能；由于自由刑在现代刑罚体系中的核心地位，刑罚的改造功能在刑罚的功能体系中的地位无疑是非常重要的。

与刑罚的剥夺功能、惩罚功能和刑罚同时产生不同，刑罚的改造功能是西方近代刑法思想的产物。德国学者李斯特倡导目的刑，主张对有改善可能的犯罪人施以自由刑，对其进行教育改造，使其逐渐适应正常的社会生活，最后转变为普通人而复归社会。法国刑法学者安塞尔更是提出，犯罪人有复归社会的权利，使犯罪人改造为新人、复归社会是社会与国家的义务。

刑罚的改造功能是一种与近代意义的监狱制度密切联系的刑罚功能。改造功能要求通过监禁犯罪人，对犯罪人进行再教育、再社会化，进行社会培训，这样不仅使犯罪人无害于社会而且使其有利于社会、有利于其自身的社会生活。在这其中，监狱承担的不仅是隔离者、惩罚者的角色，更重要的是要承担教育者、改善者的角色，要重塑犯罪人健康的人格，教给犯罪人必要的生存技能，出狱后能够从事维持生存的职业，顺利回归正常的社会生活[1]。如果犯罪人被改造成功，那么，无论对于社会还是对于犯罪人本人都是有利的。由此可以看出，这种功能理论具有非常浓厚的功利主义色彩。

我国刑罚的改造功能，可分为以下两个方面。

（1）教育改造功能。教育具有使人们增长知识，转变观念，学会技能的作用。因此，对犯罪人的改造而言，教育的地位是非常重要的。需要指出的是，对服刑犯罪人的教育与社会上的教育是有所不同的，它是以刑罚的剥夺功能、惩罚功能为基础的。按照内容的不同，改造服刑犯罪人的教育可以分为思想道德教育、文化教育、形势教育、法制教育、职业技能教育等。在教育改造中，应当贯彻刑罚个别化的原则，分类教育、因人施教，以收到良好效果。

（2）劳动改造功能。根据我国刑法及监狱法的规定，服刑的犯罪人只要具有劳动能力的，都必须参加劳动，实行劳动改造。在我国监狱服刑人员中，财产犯罪的犯罪人占有相当的比重，对犯罪人实行劳动改造，使他们逐步养成劳动习惯，改变他们好逸恶劳的习性，是重塑犯罪人格的需要。同时，在劳动中使他们

---

① 杨春洗主编：《刑法基础论》，北京大学出版社 1999 年版，第 387 页。

学会生产技能，掌握一定的谋生本领，为释放后就业创造条件，以便复归社会，成为社会上的有用之才。

在正确处理以上二者的关系问题上，应当坚持教育改造与劳动改造相结合的原则。教育改造与劳动改造是改造服刑犯罪人的两个基本手段，两者互为补充，但应以教育改造为主，劳动改造为辅。为此，必须防止在改造中片面追求生产和经济效益的做法，而应当把思想道德教育摆在重要位置，从根本上改变服刑犯罪人错误的世界观、人生观、道德观，使其转变为新人而重新融入社会。

4. 感化功能

所谓感化功能，是指通过区别对待、宽大处理等措施，使刑罚对犯罪人产生心理上的感受与影响。刑罚的感化功能体现了刑罚这一刚性制度"柔"的一面。

感化功能是建立在犯罪人也是人这样的命题之上的。犯罪人既然也是人，也会具有人的理智与情感，就不会对外界的刺激无动于衷。因此，对犯罪人的宽大措施常常可以解除其敌对情绪，促使其自觉改造，变"他律"为"自律"。在我国封建社会的法律中，受"德主刑辅"思想的影响，非常重视刑罚的感化性，即所谓"攻心为上"，如历代法律均规定了自首从宽的原则。

刑罚的感化功能首先体现为我国刑法中一系列体现宽大精神的制度规定。我国现行刑法依据"惩办与宽大相结合""宽严相济"的刑事政策，广泛借鉴吸收古今中外刑事立法经验，确立了自首、缓刑、假释制度，规定了犯罪中止从宽、未成年人犯罪从宽、盲人及聋哑人犯罪从宽等从宽情节，还独创了死刑缓期二年执行、减刑等刑罚执行制度。这些制度从实践来看，激励了犯罪分子认罪服法，不少受到宽大处理的犯罪人为了感激国家的宽恕、社会的谅解，积极接受教育改造，获释后能够弃恶从善，成为对社会有用的人。

刑罚的感化功能还应当体现在刑罚执行期间给犯罪人以人道的待遇。根据我国劳动改造法规，在犯罪人服刑期间，应当保证其必要的衣食温饱，罪犯的劳动时间应该限制在合理的范围内，应该提供基本的医疗卫生保障。同时，监管机关与监管人员应当切实关心服刑人员的生活，帮助他们解决实际问题，满足他们的正当要求[①]。通过人道的待遇和真诚的关心，使他们消除顾虑，化解对立情绪，切身感受到国家和社会对他们的关心与帮助，从而促使他们自觉地进行改造。

---

① 邱兴隆、许章润：《刑罚学》，中国政法大学出版社1999年版，第71~72页。

（二）对社会的功能

刑罚虽然是对犯罪人适用的，但它同时是防卫社会的手段。因此，刑罚不仅对犯罪人发生作用，而且也会对社会产生影响。刑罚对社会的功能，主要表现为以下三个方面。

1. 一般威慑功能

一般威慑功能是相对于个别威慑功能而言的。所谓一般威慑功能，是指刑罚的惩罚性、痛苦性产生的对潜在犯罪人的威吓、慑止作用，使他们心存畏惧，不敢以身试法。

我国古代思想家对刑罚一般威慑功能的思考通常建立在对用刑轻重的效果对比上，认为重刑是震慑民众、维护统治最切实有效的方法①。近代西方学者对于刑罚的一般威慑功能存在不同的认识：刑事古典学派代表人物费尔巴哈肯定刑罚的一般威慑功能，刑事人类学派创始人龙勃罗梭以及刑事社会学派代表人物菲利则对刑罚的一般威慑功能予以否认②。

我们认为刑罚的一般威慑功能是客观存在的，但是其发挥需要一定的条件。例如，刑罚的不确定、做不到有罪必罚，即使刑罚非常严厉，人们仍然会去犯罪，因为人们具有侥幸心理，自认为能够逃脱法律的制裁，这就极大地抵消了刑罚的一般威慑功能。另外，刑罚的一般威慑功能是以假定犯罪人是理性人为条件的。理性人的假定认为，行为人在犯罪之前会进行利害权衡，然后两害相权取其轻，从而不去犯罪。但是在现实生活中有相当一部分犯罪人不是理性人，有些人受激情支配，犯罪时不考虑刑罚后果；有些人属于亡命之徒，犯罪时不惧怕刑罚后果。因此，既不能将刑罚的一般威慑功能绝对化，也不宜全然否定刑罚的一般威慑功能。

刑罚的一般威慑功能可以分为立法威慑与司法威慑。立法威慑是指国家以立法的形式将罪刑关系确定下来，通过刑法规定犯罪是应受刑罚惩罚的行为，并具体列举各种犯罪应当受到的刑罚惩罚，使潜在的犯罪人畏而却步。司法威慑是指司法机关对犯罪分子适用和执行刑罚，使意图实施犯罪的人因目击他人受刑之苦，而从中得到警示和感悟。立法威慑与司法威慑紧密联系，不可分割，没有立法威慑，就不可能有后来的司法威慑；而没有司法威慑，立法威慑也不可能产生

---

① 邱兴隆：《威慑刑的理性反思》，载《法律科学》1993 年第 1 期。
② 马克昌主编：《刑罚通论》，武汉大学出版社 1999 年版，第 50 页。

应有的效果①。充分发挥刑罚对潜在犯罪人的一般威慑功能,打消其冒险侥幸心理,迫使其遵纪守法,是实现刑罚一般预防目的的重要条件。

2. 教育功能

所谓刑罚的教育功能,是指对于犯罪规定一定的刑罚,对犯罪人判处刑罚和执行刑罚,使广大人民群众了解犯罪行为的法律后果,了解犯罪之后刑罚的不可避免,从而提高遵守法律的自觉性。

犯罪应受刑罚惩罚,既是对犯罪行为的否定,也是对守法行为的肯定。因此,对犯罪科处刑罚,可以使守法者不断形成肯定守法价值的正反馈,稳固其守法意识②。这种守法意识的养成,正是刑罚教育功能的体现。

需要注意的是,刑罚的教育功能固然可以通过有意识的法制宣传而得以发挥,但更重要的是通过刑罚的实际运作过程加以实现。在刑罚的实际运作过程中,要注意做到刑罚公正,避免畸轻畸重;要注意做到刑罚公开,兼顾程序正义;要注意做到刑罚及时,对犯罪必须及时侦查、起诉、判决和执行刑罚。通过刑罚良好的实际运作,使广大人民群众由对过程的信服转变为对法律的信仰,从而自觉、能动地去学法、守法。

刑罚的教育功能与刑罚的威慑功能关系密切。实践中的公判大会、对特定职业人群的"警示教育"等,其意义既在于震慑潜在犯罪人,也在于教育广大人民群众,教育整个社会。

3. 鼓励功能

在我国,依靠全社会的力量,进行多渠道的综合治理,是预防犯罪的极其重要的措施。刑罚作为保护守法者权益的重要手段,可以起到鼓励守法者为保护自己或社会的利益而自觉地与犯罪作斗争的作用。刑罚的鼓励功能对社会秩序的维持是非常重要的。

首先,对于犯罪规定一定的刑罚,对犯罪人判处刑罚和执行刑罚,可以加强广大人民群众对犯罪的社会危害性和惩罚犯罪必然性的认识,消除同违法犯罪行为作斗争的后顾之忧,鼓励广大人民群众大胆揭发、检举违法犯罪行为,勇敢地同一切违法犯罪行为作斗争,以维护宪法和法律的尊严。

其次,对于犯罪规定一定的刑罚,对犯罪人判处刑罚和执行刑罚,可以使正义得到伸张,有利于弘扬社会正气,培养公民的法律信念和法律情感,鼓励广大

---

① 陈兴良:《刑法哲学》,中国政法大学出版社1992年版,第319页。
② 邱兴隆、许章润:《刑罚学》,中国政法大学出版社1999年版,第80页。

人民群众自觉抵制歪风邪气，同违法犯罪行为作斗争，以维护良好的社会风气和社会秩序。

（三）对被害人的功能

被害人的特殊地位决定了刑罚对其具有特殊的作用。刑罚对被害人的功能，实际上指刑罚对被害人的安抚功能，即报复感情平息功能。被害人包括犯罪行为直接受害人及其亲友。

犯罪行为的实施，不仅侵害了被害人的人身、财产或名誉，而且往往破坏了被害人及其亲友的心理平衡。犯罪带来的切肤之痛、强烈的复仇意识使他们处于高度激愤状态，对犯罪人感到憎恶、愤怒、仇恨。因此，如果国家不及时依法给予犯罪分子应得的惩罚，使犯罪分子在权益上遭受一定的损失，在生理和心理上也造成必要的痛苦体验，就难以树立起国家法律的公平正义和惩恶扬善的形象，这就会使被害人及其亲友对司法机关乃至国家感到失望，甚至激化矛盾产生私力救济、法外报仇的心理。国家对已经发生的犯罪行为，及时进行追究，依法给予必要的惩罚，则能使被害人及其亲友从刑罚的威慑力和必然性中，感受到法律对自己安全的保护和合法权益的维护。犯罪分子受到不可避免的、必要的刑罚惩罚，能够抚慰被害人及其亲友愤懑的心情，满足他们本能的复仇需要，平息其仇恨，避免私自报复。报应刑的存在，很大程度上正是为了满足被害人复仇的愿望。于是，安抚被害人就成为刑罚所不可缺的一大功能[1]。

刑罚的安抚功能，不仅能够抚慰被害人的精神创伤，使其尽快从犯罪所造成的痛苦中解脱出来，另外，通过对犯罪人适用刑罚，还可以平息民愤，满足社会公正的复仇要求，恢复被犯罪行为破坏了的社会心理。

 思考题

1. 如何准确把握刑罚功能的含义？
2. 刑罚功能与刑罚效果以及刑罚本质等的区别。
3. 如何能够在实践中最大限度地发挥刑罚对于犯罪人的改造功能？
4. 如何理解刑罚对于被害人的功能？

---

[1] 高铭暄、马克昌主编：《刑法学》，北京大学出版社、高等教育出版社2017年版，第222页。

案例分析[①]

2006 年，李某某担任广东省中山市市委副书记和代理市长，她利用职务之便，得到了中山公用科技公司即将重组上市的内幕消息。得到这个消息以后，李某某如获至宝，她与丈夫以及弟媳共同筹集资金 677 万元，以弟弟的名义开立了证券交易账户。李某某及其家人在中山公用科技公司重组上市之前购买了 89.68 万支股票，在中山公用科技公司重组上市后再将股票卖出，共获利 1983 万元。

2011 年 10 月 27 日，广州省中级人民法院对此案作出宣判，李某某犯内幕交易、泄露内幕信息罪，判处有期徒刑 6 年 6 个月，并处罚金 2000 万元。

试从刑罚功能角度谈一谈上述判决对有期徒刑和罚金的适用。

---

① 最高人民法院刑事审判第一至第五庭：《刑事审判参考（总第 93 集）》，法律出版社出版 2014 年版，第 735 页。

第四章

刑罚的目的

 学习要点

刑罚目的是指国家通过制定、适用、执行刑罚所期望达到的目标或取得的效果。预防犯罪是我国刑罚的目的，包括特殊预防与一般预防。

 重点问题

1. 刑罚目的的概念及特征
2. 刑罚目的与刑罚本质、刑罚功能的关系
3. 我国关于刑罚目的的通说

第一节 刑罚目的的概念及特征

一、刑罚目的的概念

一般而言，目的属于主观的范畴，刑罚作为一种客观事物，本身应当是没有目的可言的，但这并不妨碍刑罚的发动者在适用刑罚时，具有其所追求的目的。刑罚的发动者发动刑罚所希望取得的社会效果，就是我们通常所说的刑罚目的。

关于刑罚目的，学者有着不同的见解。有的认为，刑罚目的是指人民法院代表国家对犯罪分子适用刑罚所要达到的目标或效果，此为狭义的刑罚目的说；有的认为，刑罚目的是指制定和适用刑罚的目的，即指国家制定刑罚和人民法院对犯罪分子适用刑罚所要达到的目的，此为中义的刑罚目的说；也有的认为，刑罚目的不应仅仅局限于刑罚的制定和适用阶段，而应当包括刑事法律活动的所有阶

段，是指国家通过制定、适用、执行刑罚所期望达到的目的，此为广义的刑罚目的说。

上述三种观点的共同之处在于，都是从动态的角度去考察并揭示刑罚目的的内涵，所不同的是，他们对于刑罚目的的外延的界定存在着差异。我们认为，第三种观点将刑罚目的界定为国家运用刑罚的目的，把刑罚目的置于整个刑罚活动的有机整体中去加以考察，具体包括立法机关制定刑罚、司法机关适用刑罚、行刑机关执行刑罚所要达到的目的，思路全面，视野开阔，符合实际。所以，我们赞同在广义上界定刑罚目的的概念，即国家通过制定、适用、执行刑罚所期望达到的目标或取得的效果。

二、刑罚目的的特征

从广义概念出发，刑罚目的具有以下几个特征。

（1）刑罚目的贯穿于刑罚的制定、适用和执行的全过程，而不是局限于某一阶段。

首先，刑罚目的制约着刑事立法。刑罚目的一经确定，便必须有与之相适应的刑罚体制作为其赖以实现的手段。所以，在刑事立法中，从刑罚体系的确立，到刑罚制度的设置，乃至具体犯罪法定刑的选择，无不与刑罚目的紧密相关。其次，刑罚目的决定着刑罚的适用。不同的法官，出于对刑罚目的的不同理解，对同一犯罪人，可能处以截然不同的刑罚。把刑罚目的理解为特殊预防者，总是立足于犯罪人再犯可能性的大小来决定刑罚的轻重；把刑罚目的理解为一般预防者，则可能会置犯罪人再犯可能性的大小于不顾，一味地因应犯罪态势来适用刑罚。最后，刑罚目的指导着刑罚的执行。为了收到满意的刑罚执行效果，刑罚执行的方式、内容、制度等都应当与刑罚的目的相吻合。

（2）刑罚目的是预先设立的，存在于制定、适用、执行刑罚之先或之际。

刑罚目的的设置，不是自发的，而是自觉的。

（3）刑罚目的是希望取得的效果，是一种主观愿望，这种愿望可能变为现实，也可能与现实有相当的距离。

刑罚目的的实现还需要借助其他许多条件的配合。

总之，刑罚目的在刑罚运作过程意义重大。如果刑罚目的设置得当，可以使国家的刑事立法、司法和执行三个阶段配合默契，运作协调；反之，则会导致上述三个阶段的国家刑事活动运行不畅、各行其是，降低国家刑事资源的配置效率。

三、刑罚目的与刑罚本质、刑罚功能、刑罚效果的关系

刑罚目的理论是整个刑罚理论体系的基石，刑罚目的与刑罚本质、刑罚功能、刑罚效果等概念既有密切的联系，又有明显的区别。

（一）刑罚目的与刑罚本质的关系

关于刑罚目的与刑罚本质二者的关系，我们可从以下几个方面加以认识：第一，刑罚的本质决定了刑罚的目的。例如，惩罚能给人以痛苦，当犯罪人感受到刑罚的痛苦，从而产生悔悟，为避免这种痛苦，以后不再犯罪，这就达到了刑罚预防犯罪的目的。显然，刑罚目的的实现建立在刑罚的本质基础之上。第二，刑罚的目的又将影响其本质。例如，如果把刑罚的目的仅仅当作威慑，就可能把刑罚的惩罚属性提高到不恰当的严厉程度；如果把刑罚目的仅仅当作教育，则会使刑罚的惩罚属性宽缓到不恰当的程度。第三，刑罚本质与刑罚目的具有明显的内在差异性。从前述本质与目的概念可知，刑罚本质是指刑罚自身固有的、决定其性质、面貌和发展的根本属性；而刑罚目的则是指国家权力机关制定刑罚、司法机关对犯罪分子适用刑罚、执行刑罚所要得到的结果。前者表明刑罚的客观属性，后者则显示主体活动的主观意图。第四，刑罚本质与刑罚目的具有一定的统一性。这种统一性表现在：刑罚作为一种人为之物，是基于主体想要利用其本质属性得到某种结果才创造出来的一种获取结果的手段。因此，在人们创制刑罚之初，便已赋予刑罚若干目的性因素。也就是说，在刑罚的本质属性之中，已经不可避免地包含了若干目的性因素。从此意义上讲，刑罚本质与刑罚目的具有某种统一性[①]。

（二）刑罚目的与刑罚功能的关系

刑罚功能源于刑罚本身所固有的客观属性，是刑罚在运作过程中可能产生的积极社会作用。换句话说，刑罚功能是刑罚本质的外在表现，刑罚本质是刑罚功能的客观基础。因此，刑罚功能具有客观性，是不以立法者和司法者的主观愿望为转移的。而刑罚目的则是主观设定的，是国家通过刑罚运行所希望达到的目标。刑罚目的与刑罚功能的关系表现为：其一，刑罚目的科学与否，决定着刑罚

---

① 谢望原：《论刑罚本质、机能、目的的相互关系》，载《法律科学》1997 年第 5 期。

功能由可能性转化为现实性的程度。惩罚式的刑罚目的使刑罚的改造功能难以实现；偏重特殊预防的刑罚目的则可能会大大削弱刑罚的威慑功能。其二，刑罚功能的全面发挥将会促进刑罚目的的实现程度。改造功能的充分发挥使刑罚特殊预防的目的得以实现；威慑功能的充分发挥则会使刑罚一般预防的目的变为现实。

（三）刑罚目的与刑罚效果的关系

如果说刑罚功能是一种可能性的客观存在，那么刑罚效果则是一种现实性的客观存在。从刑罚目的与刑罚效果的关系看，一方面，刑罚目的是衡量刑罚效果的基本准则。刑罚目的作为立法者在创制刑罚时预先设定的一种价值取向，是观念化的刑罚效果，而刑罚效果则是刑罚实施后的实际结果。只有将刑罚的实际效果与预先设定的刑罚目的进行比较，才能对刑罚效果的好坏作出评判。另一方面，刑罚效果又总是在刑罚目的的指导下，通过刑罚的具体运作过程而产生的一种实际结果，借助刑罚效果的具体化，刑罚目的部分或全部体现于被刑罚调整的社会关系中[1]。

第二节　关于刑罚目的的争论

从犯罪与刑罚产生之日起，刑罚目的便为统治者所重视，思想家所关注。基于不同的政治、经济、文化等历史背景，先后出现了许多关于刑罚目的的思想和学说。

一、我国古代的刑罚目的学说

刑始终是我国古代法律的主题，社会生活各个领域的违法犯罪行为，统称犯罪，处以刑罚。刑罚目的问题始终是我国传统法律思想文化的一个重要话题。

（一）报应说

在我国奴隶社会时期，即夏商周时期，将刑罚目的理解为天意报应的思想较为普遍。进入封建社会后，刑罚目的的天意报应观转变为道德报应观。战国末期

---

[1]　杨春洗主编：《刑法基础论》，北京大学出版社 1999 年版，第 410～411 页。

的荀子主张罪刑相称，功赏相当，在其看来，刑罚是对犯罪这种恶害的报应，如同庆赏是对功绩的一种善的报应。

报应说反映了我国古人朴素的正义观念，在我国社会影响深远，"杀人偿命"的观念得到社会公众的广泛认同就是极好的例证。

（二）预防说

1．"刑期于无刑"思想

所谓"刑期于无刑"，是指用刑的目的，不是为惩罚而惩罚，而是为了消除犯罪，不再适用刑罚。《尚书·大禹谟》中记载，帝舜曾称赞皋陶"汝作士，明于五刑，以弼五教，期于予治。刑期于无刑，民协于中时，乃功懋哉。"[1]《尚书·大禹谟》疏注进一步解释道："以刑辅教，当于治体"，"虽或行刑，以杀止杀，终无犯者，刑期于无刑。"[2]

由此可见，"刑期于无刑"思想实质是把刑罚看作"弼教""辅教"的手段，最终的目的是"无刑"，也即没有犯罪。这显然是把预防犯罪，最终无刑可用作为刑罚的目的。"刑期于无刑"思想体现了辩证法的观点，展现了先人的远见卓识。

2．特殊预防思想

我国古代的一些刑罚措施的设计，是以防止犯罪人再犯为目的的。例如，"亡者刖足""盗者截手""淫者割其势"[3] 等，无疑体现了特殊预防的观念。当然，以现在的观点来看，这些刑罚措施皆属肉刑，是极不人道的。

3．一般预防思想

我国古代法、儒两家对于刑罚目的的主张，主要体现了一般预防思想。

法家强调通过发挥刑罚的威慑功能实现犯罪预防。他们认为，通过颁布和适用严刑峻法，可以达到威吓人们不敢以身试法、慑止人们作奸犯科的效果。商鞅认为严刑是去除犯罪的根本，主张"以杀去杀，虽杀可也；以刑去刑，虽重刑可也。"[4] 韩非子进一步发挥了商鞅的观点，提出了"重刑者，非为罪人也"[5]，也就是说，刑罚的轻重不以已然的犯罪为转移，刑罚设置的目的不是为了惩罚犯罪

[1][2]　周密：《中国刑法史纲》，北京大学出版社1998年版，第39~42页。
[3]　《晋书·刑法志》，转引自张国华：《中国法律思想史新编》，北京大学出版社1991年版，第193页。
[4]　《商君书·画策》，转引自张国华：《中国法律思想史新编》，北京大学出版社1991年版，第142页。
[5]　《韩非子·六反》，转引自张国华：《中国法律思想史新编》，北京大学出版社1991年版，第170页。

的人，而是为了威吓社会上的其他人，以收到"杀一儆百"的效果。法家的这种以重刑威慑实现犯罪预防的刑罚目的观，对后世的刑事政策产生了深远影响。

儒家重视通过发挥刑罚的教育功能实现犯罪预防。孔子反对"不教而诛"，主张对臣民加以教育，使他们自己约束自己。孟子也反对"杀人以政"，主张"教以人伦"[1]。荀况则认为刑罚的适用具有引导人们循礼守法的作用；此外，荀况还主张通过公布成文法，教育一般百姓。董仲舒主张"德主刑辅"[2]，重视教化。唐高宗时的《永徽律疏》更是提出："德礼为政教之本，刑罚为政教之用"的主张[3]。不过，儒家的这种刑罚思想虽然得到了统治者形式上的认同和推崇，但实践中推行的多是法家重刑威慑防范犯罪的刑罚目的思想。

二、西方历史上的刑罚目的学说

在西方历史上，关于刑罚目的的学说可谓是源远流长，一直可以追溯到古希腊。近代随着刑法学作为一门独立学科地位的取得，刑罚目的更是成为众所关注的热点。学者们对刑罚目的问题的争论，按照中心论点的不同，可以分为以下几种。

（一）报应刑刑罚目的理论

报应刑刑罚目的理论是以绝对主义和报应思想为基础的刑罚目的理论，又称为绝对理论、正义理论。该理论认为，刑罚的目的就在于报应犯罪行为的害恶，给犯罪人以惩罚，以其痛苦来均衡犯罪人的罪责，从而实现正义的理念。除此之外，刑罚不应有别的目的，否则刑罚就不是公正的，又可以细分为以下三种报应论。

1. 神意报应论

其认为神是正义的象征，神意就是正义，犯罪系违反神意，应当受到神的惩罚。国家是神的代理者，神授予国家以刑罚权，国家对犯罪的刑罚是根据代表正义的神意而实施的报应。德国学者斯塔尔是近代神意报应论的代表人物。此说将法律与宗教混为一谈，借用虚幻世界的神意，来说明世俗世界的刑罚，让人难以赞同。

2. 道义报应论

其认为社会的道德观念，乃正义所在。犯罪是违反道德的行为，刑罚是根据

---

① 张国华：《中国法律思想史新编》，北京大学出版社 1991 年版，第 72 页。
② 蒲坚主编：《中国法制史》，光明日报出版社 2000 年版，第 98 页。
③ 蒲坚主编：《中国法制史》，光明日报出版社 2000 年版，第 171 页。

道德观念对犯罪的报应，所以它必须与犯罪人所为的罪恶相适应。该说由亚里士多德发端，由康德发展为一种系统的刑罚目的理论。此说仅仅从道德的角度来说明刑罚目的这种法律现象，得出的结论显然不能让人信服。

3. 法律报应论

其认为正义的根据在于法律，犯罪是违反法律的行为，刑罚是对犯罪的法律报应，是理性的当然要求。科处刑罚除由于犯罪的原因之外，并不追求其他目的。通常认为黑格尔是此说的代表。此说从法律角度说明刑罚的适用，是可取的；但只是从已然之罪来加以说明，否认其他刑罚目的的存在，是不科学的。

（二）目的刑刑罚目的理论

目的刑刑罚目的理论是以功利主义和预防思想为基础的刑罚目的理论，又称为相对理论、功利理论。该理论主张刑罚的目的在于通过对犯罪人的惩罚预防犯罪，保卫社会，而不是惩罚罪犯，满足抽象的社会正义观念。又可以细分为以下几点。

1. 一般预防主义

认为刑罚的目的在于预防社会上一般人犯罪的发生，因为犯罪大都由于贪欲所引起，国家制刑、判刑和行刑就是用以使人们知道受刑之苦大于犯罪所得，以至知所畏惧，不敢触犯法律。主张此说者，其立论根据又有所差异：其一，德国学者葛梅林主张刑罚目的在于通过行刑威慑，达到一般预防的目的。此说强调刑罚的残酷性，与现代刑罚日趋文明与和缓的时代精神不符，且会导致罪刑不相适应，使刑罚失去合理的界限。其二，费尔巴哈从心理强制主义的角度来说明刑罚目的在于通过制刑威慑，达到一般预防的目的。该说从抑制犯罪心理上进行分析，是有一定道理的；但是，心理强制说是以理性人为前提的，有理想主义之嫌，且该说有导致重刑主义的倾向。其三，德国学者巴耶尔认为刑罚的目的对于某些犯罪人只能是威慑，而对另外一些犯罪人则应当是教育。该说强调刑罚的警戒教育作用，这是值得肯定的，但又认为刑罚的目的仅限于此，这就不免以偏概全。

2. 特别预防主义

认为刑罚的目的在于预防被科处刑罚的犯罪人将来再实施犯罪。具体而言，刑罚是对犯罪人科处的，所以刑罚的目的不是预防社会上一般人犯罪，而是预防特定的犯罪人即被科刑的犯罪人将来再行犯罪。主张此说者，又可分为以下两种：其一，改善主义。认为刑罚的目的在于犯罪人本人，使其悔改向善，将来不再犯罪。因为国家对犯罪人有改善的责任，所以刑罚只能成为引导犯罪人向善的根据，不能成为威吓与报应的工具。德国学者路德等持此说。此说与后来的教育刑主义立场相近，确有可取之处，但不够全面。就死刑来说，对适用死刑的犯罪人就毫无改善可言。其二，防卫主义。认为国家与个人同样具有生存权，罪犯的犯罪行为是对国家生存权的侵害，国家为了防卫自己免受犯罪的侵害，因而对犯罪人科处刑罚。意大利学者龙勃罗梭等持此说。此说不仅说明了刑罚权的根据，而且说明了国家适用刑罚的根本目的，是值得称道的，但对如何使犯罪人复归社会，却并未给予论述。

3. 双面预防主义

认为刑罚的目的是一般预防和特殊预防。贝卡利亚、边沁等均持此说。主张该说的学者，有的主张一般预防为主，特殊预防为辅；有的主张特殊预防为主，一般预防为辅；也有的主张一般预防和特殊预防两者并重。此说注意到了刑罚一般预防和特殊预防的双重目的，避免了一般预防主义、特殊预防主义只注重某一个方面的片面性，对后世的刑罚目的理论产生了重大的影响。但该说对于如何正确处理一般预防和特殊预防的关系等问题，还缺乏科学、合理的说明。

4. 教育刑主义

认为犯罪既非犯罪人自由意志的选择，也不是天生固有的，而是不良社会环境的产物；国家不应惩罚作为社会环境牺牲品的犯罪人，而应当用刑罚来教育改造他们，使其尽快回归社会。因而，矫正、教育、改造犯罪人，以保卫社会，才是刑罚的目的。该说是在特殊预防主义的基础上进一步发展起来的刑罚目的理论，代表人物是意大利的菲利和德国的李斯特。教育刑论使刑罚目的理论发生了质的升华，并对 20 世纪前半叶西方的刑事实践产生了巨大影响[1]。

（三）折衷主义刑罚目的理论

折衷主义是综合报应刑主义和目的刑主义、融正义观念与目的思想于一体的理论。此说认为刑罚是由于有了犯罪而科处，将刑罚的原因归之于报应主义；同时承认刑罚的目的，主张刑罚的目的是预防犯罪。主张该说的学者，有的主张以正义报应为主，预防犯罪为辅，被称为绝对的折衷主义；有的主张以预防犯罪为主，正义报应为辅，被称为相对的折衷主义；也有的主张正义报应和预防犯罪两

---

[1]　赵秉志主编：《刑罚总论问题探索》，法律出版社 2003 年版，第 10～12 页。

者并重，被称为真正的折衷主义。折衷主义既肯定刑罚的报应本质，又主张刑罚的预防目的，应当说是可取的。但该说或主张报应和预防并重，或偏重某一方面，未能妥善地解决两者的关系问题；同时，该说也混淆了刑罚本质与刑罚目的的关系。

三、我国学者对刑罚目的的主张

我国大陆地区学者对刑罚目的的研究始于 20 世纪 50 年代，但当时尚未形成规模。1979 年，在刑法制订过程中，有人主张规定刑罚目的，但未被立法者采纳，其主要理由之一就是刑罚目的究竟如何表述，在理论上还有争论。进入到 20 世纪 80 年代以后，刑罚目的研究成为众多学者关注的热点，学者们对此提出了许多不同的见解。

（一）教育改造说

认为刑罚目的是教育改造犯罪人。这是由我国社会主义性质决定的，同时，这一性质还决定了我们应绝对排斥旧时代的报应、威吓观念。惩罚只是手段，刑罚目的只能是通过惩罚和制裁犯罪人来教育和改造他们。我们认为，教育改造是刑罚的功能，将其作为刑罚目的，是概念的混淆。

（二）惩罚改造说

认为刑罚具有教育改造犯罪人的目的，同时又具有惩罚犯罪人的目的。我们认为，惩罚与改造也是刑罚的功能，将二者作为刑罚目的，亦属概念的混淆。

（三）直接目的和根本目的说

此说认为，刑罚的直接目的是预防犯罪，包括特殊预防和一般预防。刑罚的根本目的在于：保护广大公民的合法权益和社会秩序，保障具有中国特色的社会主义建设的顺利进行。本教材赞同预防犯罪是刑罚的目的，但"保护广大公民的合法权益和社会秩序，保障具有中国特色的社会主义建设的顺利进行"可以说是整个刑法的目的，刑法所规定的任何制度与措施都是为了实现这一目的，所以，没有必要将刑法目的再作为刑罚目的来论述。

（四）直接目的与终极目的说

此说认为，刑罚的直接目的是惩罚、威慑、改造、安抚、教育，终极目的是保护社会主义生产力和生产关系。我们认为，惩罚、威慑、改造、安抚、教育都属于刑罚的功能，将其作为刑罚的直接目的是不合适的。而保护社会主义生产力和生产关系可以说是整个社会主义法律制度体系的共同目的，将其单说成刑罚目的也是不恰当的。

（五）报应预防统一说

认为刑罚目的是报应和预防的辩证统一。报应作为刑罚目的，是指通过对犯罪人适用刑罚，惩治犯罪，满足社会正义观念，恢复社会心理秩序。报应体现了刑罚目的中的正当原则。预防作为刑罚目的，是指之所以对犯罪人适用刑罚，是为了预防犯罪，通过惩治犯罪，实现社会功利观念，维护法律秩序。预防体现了刑罚目的中的效率原则。我们认为，报应和预防虽然都是国家适用刑罚所要考虑的因素，但通过惩罚实现报应是刑罚的本质属性，再将其作为刑罚目的是不合适的。

（六）预防犯罪目的说

认为我国刑罚目的是预防犯罪，具体表现为两个方面，即特殊预防和一般预防，前者指通过对犯罪分子适用刑罚，惩罚改造犯罪分子，预防他们重新犯罪；后者指通过对犯罪分子适用刑罚，威慑、警戒潜在的犯罪者，防止他们走上犯罪道路。预防犯罪目的说是我国刑法学界的通说，但我们认为刑罚预防犯罪的目的不应仅仅局限于刑罚的适用阶段，而应当包括刑事法律活动的所有阶段，即预防犯罪的刑罚目的贯穿制定、适用、执行刑罚的全过程。

第三节　我国关于刑罚目的的通说

按照我国刑罚目的的通说，预防犯罪是我国刑罚的目的。根据预防对象的不同，可以将刑罚目的分为特殊预防和一般预防两个方面。

一、特殊预防

（一）特殊预防的概念

所谓特殊预防，又称个别预防，是指国家通过立法的规范作用及对特定犯罪人运用刑罚，使其不再重新犯罪。

特殊预防的对象是已经实施了犯罪行为的人，即已然犯罪人。这里的已然犯罪人包括实施了危害社会的行为，达到刑事责任年龄，具有刑事责任能力的自然人以及实施了危害社会的行为，依法应当承担刑事责任的单位。

任何犯罪行为都表明行为具有敌视、蔑视、漠视或忽视刑法所保护利益的危险意向，预示着犯罪人再次危害社会的现实可能性，需要特殊预防。根据犯罪人对其实施的犯罪行为及危害后果所持的心理态度，犯罪人的心理状态可以概括为故意和过失两种基本形式。就故意犯罪人而言，他们往往通过犯罪得到了物质上、生理上、精神上的某种满足，如果不对其进行特殊预防，他们就可能为了获得某种满足而再次犯罪。就过失犯罪人而言，他们常常因为懈怠注意义务而放松对自己行为的慎重要求，如果不对其进行特殊预防，他们就可能再次犯罪。例如，刑法规定了累犯从重处罚的制度，而且对累犯不得适用缓刑、假释，明显是基于特殊预防目的的设计的[①]。通过特殊预防，使故意犯罪人一方面感受到刑法的权威，另一方面通过教育和改造，复归社会后按照法律规范调整自己的行为；使过失犯罪人认识到行为须谨慎，复归社会后能合理调整自己的行为准则。

（二）特殊预防的实现途径

刑罚的特殊预防目的，在我国刑事立法、刑事审判及刑罚执行的过程中，分别以不同的形式表现出来。

1. 刑事立法

首先，明确划分不同性质的犯罪人是实现特殊预防的前提。如根据我国刑法，在刑事责任年龄方面，犯罪人可分为未成年犯罪人和成年犯罪人，对未成年人犯罪的，应当从轻、减轻处罚；在刑事责任能力方面，对于精神病人、又聋又哑的人或者盲人犯罪，可以根据具体情况从轻、减轻或者免除处罚。其次，我国

---

① 张明楷：《刑法学》，法律出版社 2021 年版，第 676 页。

的刑罚体系要素齐备、结构合理，宽严相济、衔接紧凑，可以适应各种犯罪人特殊预防的需要。再次，我国刑法规定了管制、死缓、减刑、假释等刑罚制度，充分体现了刑罚的特殊预防目的。

2. 刑事审判

在刑事审判过程中，特殊预防主要是通过量刑活动表现出来，量刑过程即通常所说的狭义的刑罚适用过程。量刑时既要根据犯罪的性质正确选择适当的法定刑幅度，又要根据犯罪人的主观恶性和社会危害后果的具体情况选定相应的具体刑罚。我国《刑法》第 61 条规定："对于犯罪分子决定刑罚的时候，应当根据犯罪的事实、犯罪的性质、情节和对于社会的危害程度，依照本法的有关规定判处。"这一量刑原则很好地体现了刑罚的特殊预防目的。

3. 刑罚执行

刑罚的执行是特殊预防的关键环节，行刑过程是特殊预防的主要实现过程。就生命刑而言，死刑立即执行通过剥夺犯罪人的生命，使其永远不可能再实施危害社会的行为；就自由刑而言，我国行刑机关在贯彻"惩罚与改造相结合""教育与劳动相结合"原则的基础上，根据犯罪人的不同特点采取不同的管教措施，鼓励改过自新，将减刑、假释等行刑制度贯穿到犯罪人的改造过程中，使特殊预防得以具体化；就资格刑而言，通过对犯罪人适用剥夺政治权利，可以防止犯罪人利用此类权利再次犯罪；就财产刑而言，通过对犯罪人适用罚金和没收财产，可以对其贪利的思想意识起到特殊的遏制效果。

（三）特殊预防的实现效果

特殊预防目的的实现，可分为以下几种情况。

1. 通过刑罚的剥夺功能，使犯罪人"不能犯"

对极少数罪行极其严重的犯罪人，通过死刑立即执行的方式，永远剥夺其重新犯罪的能力；对绝大多数犯罪人通过适用自由刑，使其在一定时期内与社会隔离，无法继续危害社会；对经济犯罪、财产犯罪和其他贪利性犯罪的犯罪人适用财产刑，剥夺其重新犯罪的资本和条件；通过对某些犯罪人独立或附加适用资格刑，剥夺其一定的权利和资格，从而防止他们利用这些权利或资格重新进行犯罪。

2. 通过刑罚的个别威慑功能，使犯罪人"不敢犯"

刑罚可以使犯罪人在生理上和精神上产生强烈的痛苦体验和畏惧心理，充分认识到犯罪不仅得不到任何好处，反而招致剥夺和惩罚，带来痛苦和耻辱，从而抑制或消除再次犯罪的意念。

3. 通过刑罚的改造功能，使犯罪人"不愿犯"

刑罚的运用，使犯罪人在道德上、在灵魂深处得到矫正，真正认罪服法，重新做人，复归社会后成为自觉的守法公民，且能经受得住时间和空间的考验。这种情况可称为特殊预防的最佳实现效果。

4. 特殊预防的失败

不可否认，由于各种原因，实践中的确存在一些"威慑不了、改造不好"的犯罪人，世界上许多国家和我国现阶段存在相当数量的累犯和再犯，这在一定程度上宣告了特殊预防的失败。

（四）实现特殊预防须遵循的原则

1. 立法上要遵循罪责刑相适应原则

罪责刑相适应是社会公平的要求，也是犯罪人认罪服判的前提。因此，为了实现特殊预防，首先就要在刑事立法中建立起罪责刑相适应的比例关系，其次按照这种比例关系将罪行大小与刑罚轻重相协调。衡量罪行的大小，既要考虑犯罪行为的客观社会危害，又要考虑行为人的人身危险性。

2. 司法上要遵循刑罚适度性原则，兼顾刑罚个别化原则

掌握好刑罚适度性原则是实现特殊预防的关键环节，畸轻或畸重的刑罚都可能导致特殊预防的失败。如果刑罚畸轻，会强化犯罪人的犯罪动机，巩固其犯罪心理；如果刑罚畸重，则会使其产生强烈的抵触甚至敌对情绪，从而抗拒改造甚至复归社会后报复社会。另外，在刑事司法中还要坚持刑罚个别化原则。刑罚个别化要求在对犯罪人量刑时，不仅以犯罪危害结果大小作为量刑的标准，更应以行为人的社会危险性为标准，使刑罚的轻重与犯罪人的人身危险性相适应。

3. 行刑上要遵循刑罚执行个别化原则

从行刑对特殊预防目的的实现而言，其意义应该是大于立法和司法阶段。因为只有在行刑阶段，才能将所判处的刑罚施加于具体犯罪人，才能在客观上剥夺或限制犯罪人的再犯能力，在主观上对其进行矫正改造。同时，立法上的罪责刑相适应原则和司法上的刑罚适度性原则在这一阶段也可以得到检验。刑罚的特殊预防的目的要求，在行刑时应当根据罪犯的年龄、性别、性格特点、文化程度、生理状况、犯罪性质及特点、罪行严重程度及人身危险性大小等不同情况，从最有利于犯罪人改造的角度出发，实行区别对待。我国在改造实践中实行的"分

押、分管、分教"，是行刑个别化的具体落实①。

二、一般预防

（一）一般预防的概念

所谓一般预防，是指国家通过立法的昭示及对特定的犯罪人运用刑罚，而对社会上不特定的非犯罪人发生影响，以达到防止社会上不特定人实施犯罪的目的。

一般预防的对象包括所有除去特殊预防对象以外的社会上不特定的非犯罪人。具体而言，可分为以下几类：（1）危险分子，即具有犯罪危险的人。如尚未得到有效改造的刑满释放人员，多次实施违法犯罪的人员、多次受到刑罚惩罚的人员等。这些人主观恶性较深，人身危险性较大，是一般预防的首要对象。（2）不稳定分子，即具有犯罪倾向的人。这些人法制观念淡薄、自制能力不强，容易受到犯罪诱惑或被犯罪人教唆拉拢。不稳定分子主要存在于好逸恶劳、不务正业的不良群体与失业者中，他们是一般预防的基本对象。（3）被害人及其亲属。这些人虽然是犯罪的受害者，但因为往往具有报复性倾向，也容易通过犯罪手段达到报复目的。对犯罪人适用刑罚，有利于安抚被害人及其亲属的情绪，消除他们的报复心理，预防引发新的犯罪。（4）其他守法公民。除上述人员以外，社会上的其他守法公民能否成为一般预防的对象，一直是一个争议较大的问题，理论上存在否定说和肯定说。否定说认为，广大公民不但不是一般预防的对象，而且恰恰是国家预防犯罪必须依靠的力量；肯定说认为，只要把其他守法者作为一般预防的对象，就是对人民群众不信任的观点，显然是把一般预防归结为刑罚的威慑，因而得出了错误的结论。我们赞同肯定说，刑罚对守法者的预防主要不是震慑预防，而是通过对犯罪人适用刑罚，教育、鼓励广大公民守法、护法，从而预防犯罪。

（二）一般预防的实现途径

同我国刑事立法、刑事审判及刑罚执行的过程中都充分展现了刑罚的特殊预防目的一样，刑罚的一般预防目的也以不同的方式在一定程度上得到体现。

---

① 杨春洗主编：《刑法基础论》，北京大学出版社 1999 年版，第 430～437 页。

1. 刑事立法

由于刑事立法的规范作用与一般预防的对象都是不特定的社会大众，因而决定了刑事立法对刑罚的一般预防就有更为直接的意义。国家为了追求刑罚的一般预防目的，在刑事立法中一般会突出刑罚的一般威慑功能，即通过现行刑法所确定的犯罪行为及严重的法律后果，使公众确知国家对于任何破坏社会秩序的犯罪决不容忍。

2. 刑事审判

在刑事审判过程中，量刑过程要实现一般预防目的，适用的刑罚就应与社会一般人犯罪的可能性相适应。一般人犯某罪的可能性大，对该种犯罪量刑应重一些，反之应轻一些。同时，要注意避免量刑畸重或量刑畸轻两种极端。一方面，如果量刑过重，必定在公民中产生刑罚过于严酷、不人道的感觉，使人们的同情转向犯罪人；另一方面，如果刑罚过轻，则很难产生应有的威慑和教育作用。

3. 刑罚执行

刑罚的执行过程，是实现一般预防的关键阶段。只有通过刑罚执行，将刑法的规定、生效的判决落到实处，才能真正有效地对社会公众发挥威慑、教育功能，使社会公众感受到刑法的权威，自觉地调整自己的行为，避免实施危害社会的行为。同时，还要求在刑罚执行过程中的变更，如减刑、假释等，要公正、严肃，以免削弱一般预防的效果。

（三）一般预防的实现效果

特殊预防由于对象直接、针对性较强，相对来说具有较直观的司法实践效果。而一般预防的对象不特定，作用也比较间接，其实现效果较难考察判断。有学者主张以一定地区、一定时间内的犯罪率作为考查一般预防的实现效果的依据，我们认为由这样的方法得出的结果可能是不准确的。因为现代社会人员流动频繁、资讯发达，一般预防的效果很难说会局限于一定的时间和空间，而可能在时间上是继起的、在空间上是延展的。除此以外，一定地区、一定时间内的犯罪率的升降可能要受经济、政治、文化等多种社会因素的影响，很难说其只反映了刑罚一般预防的效果。因此，一般预防实现效果的准确考察判断方法、途径，有待于进一步深入研究和探讨。

（四）实现一般预防须遵循的原则

一般预防的实现也是与刑事法律活动密不可分的。刑事立法、司法及刑罚执行都对一般预防的实现有促进作用，但都应遵循一定的原则。

1. 立法上须遵循刑罚严厉性与适度性相统一的原则

一般来说，刑罚越严厉，一般预防就越能收到较好的效果，这往往导致"重刑化"的立法倾向。我们认为，理性化的刑事立法，应当既要反对严刑峻法，防止其"边际效应"，也不是认为刑罚规定越少越轻越好，而应当宽严相济、刑罚适度，重视对犯罪的综合治理，将刑罚的一般预防放在一个适当的位置。

2. 司法上必须遵循刑罚适用的必然性原则

为了实现一般预防的目的，追求最佳的刑罚效果，就要遵循刑罚的必然性原则，切实做到有罪必罚，使一切犯罪都不能逃脱刑罚制裁，以进一步巩固和强化其他公民的自觉守法意识。

3. 刑罚执行中须遵循行刑社会化原则

行刑社会化就是在行刑过程中，行刑机关将执行刑罚与社会参与密切结合起来，实行改造工作的综合治理。行刑制度的社会化，一方面，使犯罪人走向社会，促进了犯罪人的改造进程，可以强化对犯罪人的教育改造效果；另一方面，对参与教育改造的社会公众而言，可以切身体会国家刑罚的运作过程，强化自身守法观念，这无疑扩大了刑罚在公众中的影响力，有利于更好地实现一般预防目的。

三、特殊预防和一般预防的关系

党的二十大报告指出，"必须坚持系统观念。万事万物是相互联系、相互依存的。只有用普遍联系的、全面系统的、发展变化的观点观察事物，才能把握事物发展规律。"[1] 特殊预防和一般预防作为刑罚目的的两个组成部分，是相辅相成、密切联系的。正确理解二者的辩证关系，对确立和贯彻我国刑事政策具有重要意义，它在一定程度上决定着我国刑事立法的发展方向，决定着刑罚在司法实践中的正确运用。把握特殊预防和一般预防的关系，可以从以下两个方面着手。

（一）特殊预防和一般预防是对立统一的

特殊预防和一般预防的对立体现在以下几点：（1）作用对象的对立。特殊预

---

① 习近平：《高举中国特色社会主义伟大旗帜 为全面建设社会主义现代化国家而团结奋斗——在中国共产党第二十次全国代表大会上的报告》，中国政府网，2022 年 10 月 25 日。

防的作用对象是特定的已然犯罪人；而一般预防的作用对象则是不特定的未实施犯罪的人。（2）刑罚适用要求的对立。特殊预防从教育改造特定犯罪人出发，要求刑罚适用的适度化和个别化；一般预防则主要从威慑心理效应出发，要求刑罚适用的严厉性和普遍化。（3）刑罚适用目的的对立。特殊预防以阻止特定犯罪人重新犯罪为目的；一般预防则以预防社会上不特定人实施犯罪为目的。（4）所依赖的刑罚功能不同。特殊预防目的的实现主要依靠刑罚的剥夺功能、个别威慑功能及改造功能的有效发挥；一般预防目的的实现则要依靠刑罚的一般威慑功能、教育鼓励功能的有效发挥。（5）预防操作主体的对立。一般预防是立法者及刑事科研人员着重考虑的课题；特殊预防则是刑事司法实践部门在处理具体刑事案件时首先面对的问题。

特殊预防和一般预防的统一体现在以下几点：（1）特殊预防和一般预防具有同源性。无论是特殊预防还是一般预防，均来源于刑罚的本质属性——对犯罪的惩罚性，如果对犯罪人不给予一定的惩罚，特殊预防和一般预防的目的都不能达到。（2）特殊预防和一般预防具有同归性。即无论是特殊预防还是一般预防，都是出于防卫社会的需要，最终目的都是为预防犯罪和最大限度地减少犯罪。（3）特殊预防和一般预防具有互补性。特殊预防的完全发挥，使犯罪人复归社会后不再沦为潜在的犯罪人而成为守法公民，则一般预防的任务相应减轻，一般预防更容易收到好的效果；同样，一般预防效果好，犯罪率低，则特殊预防的任务减轻，完全发挥的可能性会更大一些①。

（二）特殊预防和一般预防在不同的刑罚运作阶段应当有所侧重

1. 刑事立法阶段应当以一般预防为主，兼顾特殊预防

在刑事立法阶段，由于立法的对象是不特定的社会成员，立法过程具有对事不对人的特点。因此，在这一阶段应当以一般预防为主，根据一般预防的要求来安排刑罚体系、种类、法定刑及幅度。但刑事立法也不能无视特殊预防，而应当根据特殊预防的要求，对反映犯罪人人身危险性的刑罚制度，如累犯、自首、立功等予以规定，使之在刑罚个别化方面具有法律依据。

2. 刑事审判和刑罚执行阶段应当以特殊预防为主，兼顾一般预防

在刑事审判阶段，刑罚裁量是针对具体的案件、具体的犯罪人适用刑罚，因而特殊预防的要求就跃居主导地位，应当主要根据犯罪人的再犯可能性大小判处

---

① 杨春洗主编：《刑法基础论》，北京大学出版社 1999 年版，第 449～451 页。

适当的刑罚。同时，也要考虑犯罪态势、民愤等，照顾一般预防的要求。并且，量刑所依据的法定刑，本身就是一般预防的体现。

在刑罚执行阶段，教育改造犯罪人是首要任务，因此，特殊预防应该放在主要地位。当然，也要考虑一般预防的需要。如刑罚执行中的减刑、假释，虽然主要考虑犯罪人经过教育改造，人身危险性降低，特殊预防的难度减小，给予犯罪人一定的宽大处理，但这种宽大不应是无原则、无限制的，否则就会降低刑罚的威慑作用，削弱一般预防的效果。

 思考题

1. 论刑罚目的与刑罚本质、刑罚功能的关系。

2. 试述特殊预防与一般预防的关系。

3. 在司法实践中如何能够更好地实现特殊预防？

 案例分析[①]

被告人董某某、宋某某（时年 17 周岁）迷恋网络游戏，平时经常结伴到网吧上网，时常彻夜不归。2010 年 7 月 27 日 11 时许，因在网吧上网的网费用完，二被告人即伙同王某（作案时未达到刑事责任年龄）到河南省平顶山市红旗街社区健身器材处，持刀对被害人张某某和王某某实施抢劫，抢走张某某 5 元现金及手机一部。后将所抢的手机卖掉，所得赃款用于上网。

河南省平顶山市新华区人民法院于 2011 年 5 月 10 日作出（2011）新刑未初字第 29 号刑事判决，认定被告人董某某、宋某某犯抢劫罪，分别判处有期徒刑 2 年 6 个月，缓刑 3 年，并处罚金人民币 1000 元。同时禁止董某某和宋某某在 36 个月内进入网吧、游戏机房等场所。宣判后，二被告人均未上诉，判决已发生法律效力。

试从特殊预防角度谈一谈对二被告人适用缓刑以及禁止令的意义。

---

① 最高人民法院：《指导案例 14 号：董某某、宋某某抢劫案》，中华人民共和国最高人民法院网站，2013 年 2 月 7 日。

第五章

生命刑

学习要点

　　生命刑是剥夺犯罪人生命的刑罚方法。生命刑的历史，是一个由多到少甚至消亡、由野蛮残酷到轻缓人道的过程。废除死刑的国家数量在经历了快速增长后，未来可能会保持一个相对稳定的态势。死刑存废之争延续了数百年，至今仍难以取得共识。我国刑法在总则和分则中对死刑作了相关规定，保留死刑但严格限制死刑的适用是我国当前的死刑政策。

重点问题

1. 生命刑的概念
2. 生命刑的演化趋势
3. 生命刑的存废之争
4. 我国的死刑政策
5. 我国刑法中的生命刑

第一节　生命刑概述

一、生命刑的概念

　　生命刑，是指剥夺犯罪分子生命的刑罚方法。生命刑也称为死刑，死刑作为我国刑法明文规定的五种主刑之一，较之生命刑的提法，在理论和实践中更为普遍①。由于死刑剥夺的是生命，一旦被剥夺则以生命为基础的各种权利自然归零，无疑是所有刑罚方法中最为严厉的，故又称为极刑。

在我国，狭义的死刑是指死刑立即执行；广义的死刑，除死刑立即执行外，还包括死刑缓期二年执行，即死缓。死缓是死刑的一种执行方法，不是独立的刑种，因而，也属于死刑的范畴。

二、生命刑的历史沿革

死刑是人类社会最古老的刑罚方法，源远流长，绵延不断延续至今。在人类社会相当长的历史阶段，死刑是一种重要的甚至是主要的刑罚方法。了解死刑的演进过程，明确各个历史时期死刑的不同特点，有助于我们更好地把握死刑的未来趋向。

（一）奴隶社会的死刑

随着奴隶制国家的产生，奴隶主阶级为维护其统治秩序，制定了法律，这才有了刑罚，死刑也才得以出现。在死刑的起源问题上，中西方有不同的认识：在我国，一般认为刑起于兵，刑兵贯通，刑兵交融，死刑亦是如此；在西方，一般认为包括死刑在内的刑罚，是在国家出现后由原始的复仇习俗演化而来。

奴隶制时期，死刑具有两个显著特征：一是适用广泛。这一时期，无论在我国，还是在西方，死刑一经出现，即牢牢占据了刑罚体系的核心和首要位置。据文献记载，我国远在四千年前的夏朝就有了死刑：夏刑，大辟二百②。所谓大辟即为死刑，大辟二百意味着能够适用死刑的犯罪有二百条。而随着奴隶制国家的发展，死刑的适用更为广泛。据考证，商朝能够适用死刑的犯罪多达五百条。在西方，广泛适用死刑也是这一时期的明显特点。根据古雅典立法，杀人、放火，甚至盗窃蔬菜与水果都要适用死刑③。二是行刑野蛮。以我国商代为例，死刑处决的方法很多，手段极端野蛮残酷。常见的有：斩（生杀曰斩）、戮（死斩曰戮）、炮烙（铜柱涂油，下加炭使热，令有罪者行走其上，以致落火被焚身亡）、醢（把犯罪者捣成肉酱）、脯（把犯罪者杀死后晒成肉干）、剐殄（把犯罪者本

---

① 由于体例原因，章节标题采用"生命刑"提法；其余一般称之为"死刑"，以便于行文。
② 《周礼·秋官·司刑》，转引自蔡枢衡：《中国刑法史》，中国法制出版社2005年版，第70页。
③ 陈兴良主编：《刑种通论》，中国人民大学出版社2007年版，第18~19页。

人及其后代都杀掉)① 等。古罗马时期的死刑，多采用烧死、分尸或强制犯人与猛兽决斗而死等方式，同样非常残忍。

（二）封建社会的死刑

进入到封建时代，虽然随着生产力水平的提高，经济有所发展，社会亦有所进步，但统治者维护专制统治秩序的压力仍然很大。在这一历史时期，通过对犯罪者施加重刑，以期实现刑罚最大的威慑功能，是统治者较为普遍的选择。因此，在封建社会，死刑的地位依然举足轻重，成为震慑民众的最主要手段。

封建时期的死刑具有承前启后的特点：一是延续了奴隶制时期的野蛮残酷。以我国秦朝为例，很大程度上继续沿用奴隶社会以来的刑名，死刑名目繁多且手段残酷：除了斩、戮之外，还有诸如具五刑②（肉刑与死刑并用）、车裂、定杀（投水淹死）、生埋（活埋）等。另外，死刑的适用也很广泛。如根据唐律，对于十恶之罪③大量适用死刑，而十恶之罪涉及社会生活的方方面面。在西方，同样呈现出这一特点。如这一时期的英国，不论罪行轻重，死刑的适用仍然十分广泛，每年因流浪、盗窃被处死者不计其数。另外，行刑方法也同样残酷。如根据德国1230年的《撒克逊年鉴》，当时的死刑有绞刑、斩首、焚刑、车裂，后又增加了溺死和活埋④。二是初步显露出人道的曙光。虽然有反复，虽然有法外用刑，但不能不承认，这一历史时期从纵向整体来看，死刑的种类是逐步减少的。在我国，隋代《开皇律》规定：死刑有二，有绞，有斩⑤。这一规定，后世基本沿用。《大清新刑律》进一步规定，死刑除个别重罪用斩，一律用绞。同时，死刑的限制是逐步增加。唐律规定：7岁以下90岁以上，虽有死罪不加刑。另外，虽然强调贵贱有别，如达官贵人的死刑一般不公开执行，并且能够以自缢、自刎的方式保留全尸⑥，死刑行刑的方式展现出不平等性，但从积极的角度来看，毕竟已经开始在社会中一部分人群的死刑适用上显露出人道主义，这是进步的一面，是值得肯定的。

（三）资本主义社会的死刑

资产阶级革命胜利后，资产阶级启蒙思想家所倡导的天赋人权、人道主义、

---

① 蒲坚主编：《中国法制史》，光明日报出版社2000年版，第16页。
② 包括黥、劓、笞、枭、菹等。
③ 十恶依次为谋反、谋大逆、谋叛、恶逆、不道、大不敬、不孝、不睦、不义、内乱。
④ 陈兴良主编：《刑种通论》，中国人民大学出版社2007年版，第25～26页。
⑤ 《隋书·刑法志》，转引自蒲坚主编：《中国法制史》，光明日报出版社2000年版，第165页。
⑥ 张小虎：《刑罚论的比较与建构》，群众出版社2010年版，第169页。

自由主义、平等主义等被贯彻到刑事立法。资本主义国家刑法普遍强调罪刑法定、罪刑相应、反对酷刑，死刑在这一历史时期呈现出巨大的变化。

在资本主义前期，死刑呈现出三个特征：一是适用范围大大缩减。法国大革命前的死刑罪名约为 115 种，1810 年的《法国刑法典》减少为 36 种①。英国的情形大致类似，由封建时代的上百种死刑罪名缩减至仅在杀人、强奸等几种严重犯罪保留死刑。二是死刑的执行方式讲求人道，去野蛮化、残酷化。尽可能地减少痛苦、避免公开执行成为这一时期死刑的执行原则。英国 1820 年废除了折磨性的死刑代之以绞刑；德国 1871 年刑法典规定死刑只能采用斩首的方式执行。三是限制死刑的适用对象，对未成年人、孕妇及精神病人等人群禁止适用死刑。

进入到资本主义后期，随着实证学派的兴起，刑罚理念由报应刑转向教育刑，死刑在刑罚体系中的地位逐步降低，国际范围内掀起了废除死刑运动的高潮。

纵观生命刑的整个历史发展过程②，中西方并无太大的差异，是一个由多到少（甚至在某些国家和地区逐步消亡）、由野蛮残酷到轻缓人道的过程，这是人类社会文明发展的必然结果。

三、生命刑的演化趋势

人类社会进入 20 世纪以来，特别是第二次世界大战结束以后，世界各国刑罚轻缓化的趋向非常明显，对于死刑的限制力度也在不断地加大。从范围最广的国际组织联合国的视角，我们可以选取几个时间节点进行观察。

在 1945 年第二次世界大战结束、联合国成立时，全球只有 8 个国家废除死刑。

1948 年联合国大会通过《世界人权宣言》，世界上废除死刑的国家达到 14 个。

到 1976 年《公民权利和政治权利公约》生效，全球约有 13 个国家完全废除死刑，有 9 个国家对普通犯罪废除死刑，还有一些国家虽未废除但实际上已经停止了死刑适用。

1989 年 12 月 25 日，第 44 届联合国大会通过了《废除死刑公约》，要求成员国除战时外，应当无保留地、尽快地废除死刑，以此提升人类尊严、促进人权事业的进一步发展。

截至 20 世纪末，根据联合国经济和社会理事会关于死刑的第 6 个五年报告

---

① 陈兴良主编：《刑种通论》，中国人民大学出版社 2007 年版，第 27 页。
② 社会主义社会的死刑状况以我国为代表，将在后面的章节加以介绍。

的数据，世界上完全废除死刑的国家达到74个，有11个国家对普通犯罪废除死刑，有38个国家实际已经停止了死刑适用。

步入21世纪，2007年12月18日，联合国大会在纽约总部以104国赞同，54国反对，29国弃权通过了一项关于死刑暂停执行的决议。该决议呼吁保留死刑的国家，从最终废除死刑出发，确立一种暂停执行死刑的机制。截至2007年，全球已有140个国家已经废除或停止执行死刑。

截至2021年底，已有108个国家在法律中废除了对所有罪行判处死刑，有144个国家在法律或实践中废除了死刑①。

2021年10月8日，联合国人权理事会表决通过"死刑问题"决议草案。本次投票29国赞成，包括中国、日本、印度在内的12国反对，另有5国弃权。

从2007年以来，联合国大会有关"暂停使用死刑"决议历经多次投票，尽管投赞成票的国家数量相对于投反对票的国家数量比例有所提高，但是很多人口大国如中国、日本、印度等国的态度并没有根本的改变，因此，死刑在这些国家可能还将长期存在。废除死刑的国家数量在经历了快速增长后，未来可能会保持一个相对稳定的态势。

第二节　生命刑的存废之争

死刑作为人类历史上最早出现的刑罚，不仅最为严厉，而且最具争议。死刑的存废之争最初局限在宗教的范围内，出现于16世纪后半叶的欧洲。基于基督教的原始教义，世俗社会的人类无权杀死自己的同类，因为只有上帝才有权剥夺由他创造的生命。后来，随着资产阶级启蒙思想家对人权观念的普及、社会契约论的提倡，人道主义逐渐深入人心，对死刑的批判自此开始。1764年，年仅26岁的贝卡利亚主张废除死刑，并在其著作《犯罪与刑罚》中提出了一个经典的疑问："在一个组织优良的社会里，死刑是否真的有益和公正？人们可以凭借怎样的权利来杀死自己的同类？"② 由此引发了历经两个多世纪的死刑的存废之争，使得一个原来的宗教问题演变为社会问题。其争论吸引了包括法学家、政治学家、经济学家、社会学家、哲学家、伦理学家、心理学家、生理学家甚至普通民

---

① 胡云腾：《论中国特色死刑制度的"三个坚持"》，载《中国法律评论》2023年第4期。
② ［意］贝卡利亚：《论犯罪与刑罚》，黄风译，中国大百科全书出版社1993年版，第45页。

众在内的广泛参与。观点对立的争论双方，往往基于相同的事实，得出截然相反的结论。

一、死刑废止论

支持废除死刑的代表人物主要有刑事古典学派相对主义论者贝卡利亚、边沁以及刑事实证学派中的社会学派学者菲利、李斯特等。死刑废止论的主要观点如下。

1. 死刑不符合社会契约论

国家权力来源于公民权利的让渡，而公民不可能将自己的生命权也予以让渡，因而国家没有创制、适用以及执行死刑的权力。贝卡利亚、边沁均持这一观点。

2. 死刑侵犯基本人权、违背基本伦理

生命权是人生而具有的最基本权利，这是天赋的而不是国家所赋予的，除了自然力的剥夺，不管是个人还是国家，任何人没有剥夺他人生命的权利。并且，死刑是野蛮时代血腥复仇的沿袭，与文明人类的伦理正义相悖。

3. 死刑违背宪法精神

主要是美国、日本的一些学者，基于其宪法尊重生命权，并且禁止公务人员使用酷刑的规定，认为死刑在实质上属于一种酷刑，没有体现对个人人格和生命的尊重。即使刑法中规定了死刑制度，也应当确认是违宪无效的。我国也有学者从宪法平等权的角度，认为死刑因为身份不平等、地域不平等、部分死刑罪行立法不平等导致执行的不平等，背后隐藏的逻辑是公民生命权的不平等，是对公民人格的践踏和蔑视，是违宪的[①]。

4. 死刑威慑效果不足

对于特定犯罪人，如恐怖犯基于所谓的信仰实施犯罪，对于死刑可能是藐视的；激情犯由于情绪过激实施犯罪，根本无暇考虑刑罚后果；侥幸犯认为刑罚不会加之于自身；亡命徒自知死亡无可避免可能更加肆无忌惮。而这些犯罪人往往是现实中死刑犯罪的主要实施者，对他们来说，死刑难言威慑。并且，司法统计学的研究也证明，死刑的废除并不会导致重罪发案率的上升。

5. 死刑违背罪责刑相适应原则

罪责刑相适应原则作为一项重要的刑法原则指导着刑罚的立法和适用：刑罚

---

① 刘春花：《死刑违宪新论——以宪法上的平等权为视角》，转引自赵秉志、张军主编：《刑法与宪法协调发展》（上卷），中国人民公安大学出版社2012年版，第325~334页。

的轻重，应当与犯罪分子所犯罪行和承担的刑事责任相适应。对于千差万别的刑事案件以及形形色色的犯罪人，只有区别对待，实行刑罚个别化，才能实现真正的公平。刑罚体系中，自由刑和财产刑具有可分性，轻重大小可以从长度和数量上进行调节，容易实现罪责刑相适应。但死刑以剥夺生命为内容，而生命只有一次，不具有可分性，难以实现量的调节。不同的死刑案件，仔细分析其罪行的社会危害大小、责任轻重，其实是各不相同的，但都以死刑为后果。这种适用的差异，无疑违背了罪责刑相适应原则。

6. 死刑的错误适用无法纠正

死刑的适用一贯强调慎重，但从实践来看，适用错误仍然难以避免。虽然其声誉可以被恢复，亲属可以获得经济上的赔偿，但人死不能复生，声誉恢复、经济赔偿与生命丧失性质是不能对等的。错误适用死刑的后果从根本而言是无法挽回、难以弥补的。

7. 死刑破坏人们对法律的信仰

死刑剥夺人的生命，就人道主义的观念而言，是残忍的。死刑残酷的场面给人一副铁石心肠、高高在上的样子，并不能让人悔过，反而可能唤起对罪犯的怜悯，甚至怀疑法律只不过是施加暴力的借口。

8. 死刑是可以替代的

刑罚的目的在于保护法益，但是，这种保护目的不应当影响到刑罚的谦抑性。因为，必要的刑罚才是正义的刑罚。如果国家能够有其他方法来实现与科处死刑同等的事实上的保护法益的效果，就应当肯定不得适用死刑。而能够与死刑起到相同保护法益效果的刑罚，是存在的，那就是终身监禁。我国《刑法》第383条、第386条规定，贪污、受贿"数额特别巨大，并使国家和人民利益遭受特别重大损失……被判处死刑缓期执行的，人民法院根据犯罪情节等情况可以同时决定在其死刑缓期执行二年期满依法减为无期徒刑后，终身监禁，不得减刑、假释。"这一规定，大大提高了死缓的严厉性，起到了替代死刑立即执行的作用。上述可以说就是这一理念的一种立法体现。

9. 死刑断绝了犯罪人的自新之路

一切犯罪都不外乎人类学因素、自然因素和社会因素相互作用而成的一种社会现象[①]。对一个犯罪人处以死刑，实际上是试图通过单纯从个人因素入手解决犯罪问题，忽略了社会的责任，对犯罪人是不公平的。现代教育刑思想认为，犯

---

① ［意］菲利：《犯罪社会学》，郭建安译，中国人民公安大学出版社1990年版，第41页。

罪并非犯罪人的天性，而是在后天的不良社会环境中习得；因此，也能够通过后天的改造予以改过自新。但死刑的存在，使其丧失了改恶从善的机会，牺牲了刑罚的改造功能。

10. 死刑不符合刑罚经济原则

对罪犯处以死刑，不仅给其亲属造成了物质和精神上的损失，而且使得对被害人及其亲属的赔偿难以有效落实。另外，死刑罪犯多集中于青壮年，处以死刑意味着劳动力的丧失，他们也失去了通过劳动为国家和社会创造财富来赎罪的机会。特别是世界各国普遍陷入人口低生育率和老龄化之后，由死刑导致的青壮年人口减少并不符合刑罚经济的原则，应当找寻其他的有效方法来替代死刑的适用。

二、死刑存置论

支持保留死刑的代表人物主要有刑事古典学派绝对主义论者康德、黑格尔以及刑事实证学派中的人类学派学者龙勃罗梭、加罗法洛等。死刑存置论的主要观点如下。

1. 死刑符合社会契约论

死刑存置论与死刑废止论在死刑是否符合社会契约论问题上存在尖锐的对立，分歧焦点是人们在订立契约时是否让渡了生命权。死刑存置论者认为订立契约的目的就是让超越个体的国家来维护无数个体的整体利益，为了使国家能够应对残暴的侵害，人们让渡了包括生命权在内的各种权利，这正是国家刑罚权的来源。因此，国家能够基于刑罚权对犯罪人适用死刑。

2. 死刑不侵犯人权、符合伦理正义的要求

从绝对等价报应主义出发，黑格尔认为犯罪是基于犯罪人的自由意志，表现为一种否定，刑罚是犯罪人自己同意的法，表现为否定之否定。刑罚体现着犯罪人的理性，犯罪人承认它，并从属于它[①]。因此，死刑取得了犯罪人的同意，并不侵犯人权。并且，康德认为杀人者死的报应才最符合伦理正义。死刑人权、正义的考量，关乎被害人和公众，不能只是从犯罪人的视角出发。

3. 死刑并不违背宪法

死刑废止论者认为死刑是一种酷刑，宪法禁止酷刑，因此当废。但死刑存置

---

① ［德］黑格尔：《法哲学原理》，范扬、张企泰译，商务印书馆 1961 年版，第 95～100 页。

论者认为，宪法的禁止酷刑是针对刑罚的执行方式而不是刑罚的种类和性质，否则终身监禁其残酷性丝毫不亚于死刑。从执行方式而言，现在死刑的执行方式人道且不公开，不属于宪法禁止的范畴。日本判例上一般认为，不能把执行死刑理解为残暴的刑罚①。现实世界中，也没有哪个国家的刑法因为规定了死刑而被宣布违宪无效。

4. 死刑具有最强的威慑效果

死刑带给犯罪人的痛苦指数是所有刑罚种类中最高的。根据费尔巴哈的心理强制说，趋利避害、趋乐避苦的心理本能使得许多犯罪人因为恐惧死亡而不敢实施可能被处以死刑的犯罪，这就决定了死刑具有最有效的威慑作用。同时，那些以死刑的废除并没有带来犯罪的增加来说明死刑没有威慑效果的观点是站不住脚的，因为一般而言，死刑废除总是在一国或一定地区秩序良好的时期，因此废除死刑后一段时间犯罪不会突然增加是可以理解的②。并且，死刑具有强大的威慑效果也符合大多数普通人的真实感受。

5. 死刑并不违背罪责刑相适应原则

首先，对极其严重的犯罪适用死刑这种最严厉的刑罚，本身就是罪责刑相适应的体现。例如，对杀人者处以死刑，集中体现了报应的公正性，难言罪责刑不相适应。其次，死刑罪名的法定刑就整体而言，仍然是相对确定的法定刑。法官在裁量刑罚时，可以根据案件事实有多种刑种和刑度选择以实现罪责刑相适应，死刑并不是唯一选项。最后，有的国家，如我国，在死刑这一刑种内部，设置了不同的执行方式形成轻重梯度，使之具有一定的伸缩性，能够更好实现罪责刑相适应。

6. 死刑的适用错误可以通过严格的程序避免

一方面，无论任何国家，死刑的适用都非常的慎重，无不规定了极为严格的程序、极高的证明标准。实践中出现的死刑适用错误案件，绝大多数是因为办案人员没有严格遵守程序要求或者定案时没有真正达到证明标准，甚至一些地方出现了通过刑讯逼供来侦破案件、寻找证据的现象，造成了冤假错案。这主要还是办案人的问题，不是死刑本身的问题。另一方面，应当承认，即使办案人员严守程序、勤勉谨慎，死刑的适用错误可能仍然难以避免，但这种概率可能非常小。我们不能由此因噎废食，甚至对死刑全盘否定。

---

① ［日］福田平、大塚仁编：《日本刑法总论讲义》，辽宁人民出版社1986年版，第213页。
② 陈兴良主编：《刑种通论》，中国人民大学出版社2007年版，第44页。

7. 死刑增强公众的法律确信

罪刑法定使得刑罚以其明确的内容为公众所知晓，死刑这种剥夺生命的刑罚更是如此，受到了广泛关注。可以说，死刑是公众最为了解的刑种。由于受到传统报应观念的影响并且积淀深厚，死刑仍然是公众对待极其严重犯罪的刑罚诉求，或者说死刑能够满足公众对于安全的心理需要①。"杀人偿命"，恶行终有恶报仍然是绝大多数公众的法律确信。废止死刑不符合公众的道义理念，破坏公众的法律确信，冲击国家的伦理和秩序。

8. 死刑是不可替代的

死刑以剥夺生命为内容，被称为"极刑"，有其特定的适用对象，其严厉性是其他刑罚种类难以比拟和替代的。死刑存置论者认为，虽然终身监禁在将犯罪人永久隔离这一点上，理论上似乎可以起到与死刑相同的效果，但是死刑是绝对的消除措施，而终身监禁并不是一个绝对和不可能改变的消除措施。罪犯逃跑、囚犯谋杀看守人以至特赦、大赦等，足以证明终身监禁的消除是不彻底的②。

9. 死刑犯罪人无以自新

当今，死刑的适用是谨慎的，程序和条件极为严格。从适用对象而言，不仅要求犯罪人所犯罪行极其严重，而且同时要求犯罪人的人身危险性极大，缺乏教育改善的可能性。换言之，倘若还有改善的空间和可能，也就不必适用死刑。

10. 死刑的适用简便、经济

自由刑的适用，对于国家而言，耗费巨大：需要配备相当规模的监管队伍、需要建设大量的执行场所、需要投入庞大的运行开支等。相较而言，死刑的适用是一过性的，无须为犯罪人负担长期费用。

三、死刑存废的评价

死刑存置论和死刑废止论的争论已历经数百年，直到今天仍难以取得共识，几乎在所有的观点上都是针锋相对的。这些争论反映了人们对死刑问题的关注，对死刑的认识也在不断的争论中走向深入，深刻影响了刑事立法和刑事司法。因此，我们需要对死刑存废理论进行体系化的思考和评价。

① 向准：《我国刑罚体系研究》，中国政法大学出版社 2019 年版，第 120 ~ 121 页。
② ［意］加罗法洛：《犯罪学》，耿伟、王新译，中国大百科全书出版社 1996 年版，第 333 ~ 334 页。

（一）形式上：存置论和废止论的立场选择体现出功利性

死刑的存废仅有理论和逻辑上的推理、论证，是不可靠的。实际上，赞成保留死刑的最重要依据还是死刑具有其他刑罚不可替代的优点，如极大的威慑作用，一劳永逸的预防作用等。同理，主张废除死刑的，主要是看到了死刑的一些自身无法克服的缺陷，如缺乏对生命的尊重，误判错判的可能性等①。但是，无论是一种事物，还是一项制度，其存在肯定是有利亦有弊。死刑制度也是如此，极少有人对死刑基于其利完全肯定或基于其弊彻底否定，更多的是在既肯定其利又承认其弊的基础上，作出综合评价。只不过存置论者认为利大于弊，应当保留；废止论者主张弊大于利，应当废除。对死刑利弊的权衡决定了决策者所采取的死刑政策和一国死刑制度的发展，这种立场选择体现出实用主义和明显的功利性色彩。

（二）实质上：存置论和废止论扎根于不同的刑罚根据理念

死刑存置论主要体现了报应刑理念。以刑事古典学派中绝对主义论者为代表，报应刑论者将刑罚理解为对犯罪的报应，即刑罚是对恶行的恶报，恶报的内容必须是恶害，恶报必须与恶行相均衡。就死刑而言，"杀人者死"的报应模式蕴含着平等，体现了正义，而平等和正义正是死刑存在的价值基础。死刑废止论主要体现了预防刑理念。以刑事实证学派中的社会学派学者为代表，预防刑论者将制止犯罪人再次犯罪看作刑罚最重要的任务。主张对偶发犯人使用威慑；对于不能改善的惯犯使用打击，即使之与社会隔离；对于可以改善的惯犯则可以改善的处分，即教育刑②。认为死刑并无威慑作用，对于不能改善者使用终身监禁予以隔离即可③。

实际上，无论报应刑理念，还是预防刑理念，都是重要的刑罚根据理念，二者虽然有时对立，但不存在对错的问题。只有并合报应刑论和预防刑论，才能真正证明刑罚的正当性。报应刑既可以限制刑罚的程度，以免为了追求预防犯罪的目的而滥施刑罚，也有利于刑法目的的实现。预防刑使刑罚不再是无目的的报

---

① 陈兴良：《刑种通论》，中国人民大学出版社 2007 年版，第 57、第 58 页。
② ［日］木村龟二主编：《刑法学词典》，顾肖荣、郑树周译，上海翻译出版公司 1991 年版，第 412 页。
③ ［德］李斯特：《刑罚的目的观念》，丁小春译，转引自邱兴隆主编：《比较刑法》（第二卷），中国检察出版社 2004 年版，第 378 页。

复，也使没有预防目的的报应刑丧失意义，从而使得刑罚更为轻缓①。并合主义的刑罚根据理念使得报应刑论和预防刑论实现了对立统一，并以限制刑罚权和轻缓化为方向。基于并合主义的刑罚根据理念，在死刑存废问题上能否得出明确的结论？得出的结论是否会终结争论？以上还值得进一步研究，但限制刑罚权和轻缓化的大方向应当是一致的。

（三）死刑存废的理性与现实

死刑是否应当被废止，是一个理性的问题；死刑是否能够被废止，是一个现实的问题②。

对于第一个问题，死刑是否应当被废止，回答应当是肯定的。通过考察死刑的历史沿革和演变趋势，可以清楚地看到死刑在人类社会的发展道路：由大量适用逐步发展到限制适用，并且在越来越多的国家被废止。可以说，死刑最终走向消亡，符合刑罚结构整体上由野蛮到文明、由苛酷到宽缓的发展规律，符合珍视生命的人类伦理。

对于第二个问题，死刑是否能够被废止，目前来看，尚不能作出统一的回答。如前所述，当今世界上固然已经有许多国家废止死刑，但仍然有很多国家保留了死刑，特别是一些人口大国，甚至一些国家废止死刑后又恢复。这说明死刑存废的现实是复杂的，受一国政治、经济、文化、宗教乃至治安状况、死刑观念等因素的综合影响。从现实来看，距离世界各国完全废除死刑还有相当长的一段道路。

第三节 我国刑法中的生命刑

一、我国的死刑政策

（一）我国死刑政策的发展阶段

刑事政策与死刑之间存在着密不可分的联系，刑事政策对死刑的设定与否以及实际适用发挥着重要作用。换言之，无论死刑立法还是死刑司法，都会受到刑

---

① 张明楷：《责任刑与预防刑》，北京大学出版社 2015 年版，第 93 页。
② 马克昌主编：《刑罚通论》，武汉大学出版社 1999 年版，第 83 页。

事政策的巨大影响。其中，能够直接影响或作用于死刑的刑事政策，可简称为死刑政策。但死刑政策作为刑事政策的一部分，无疑要受到整体刑事政策或基本刑事政策的制约和影响。

中华人民共和国成立后，毛泽东同志"少杀、慎杀"的死刑观对我国死刑政策的形成具有直接的引领作用。保留死刑但严格限制死刑的适用，成为我国目前公认的死刑政策①。这一政策的施行，可分为三个历史阶段。

第一个阶段，中华人民共和国成立后一直到严打刑事政策施行前。这一阶段我国的死刑立法和死刑适用总体而言还是较为慎重的。以1979年刑法整体为例，共规定了28个死刑罪名。死刑罪名较少，主要集中于反革命罪和暴力性犯罪，较好地体现了保留死刑但严格限制死刑适用的刑事政策。

第二个阶段，严打刑事政策实行期间。这一阶段，我国从死刑立法看，不断通过单行刑法的方式，增设了50多个死刑罪名，死刑罪名达到80个左右，适用范围扩大到经济犯罪和妨害社会管理秩序的犯罪。1997年刑法修订，规定了68个死刑罪名，基本维持不增不减。从死刑适用看，对我国的死刑政策造成了冲击：片面理解严打政策，似乎多判死刑，才能体现严打精神；把一般犯罪作为重点犯罪打击，从重适用死刑；把应当判处死缓的判处死刑立即执行；对具有从宽情节的不予从宽，而是从重判处，甚至判处死刑等②。为了配合严打政策，最高人民法院的死刑复核权两次下放。这种企图通过适用死刑等重刑来遏制恶性犯罪的做法，没有认识到刑法作用的局限性和犯罪原因的复杂性，违背了犯罪与刑罚互动的基本规律③。

第三个阶段，施行宽严相济刑事政策以来。这一时期，从刑事立法看，《刑法修正案（八）》废除了13个死刑罪名，《刑法修正案（九）》废除了9个死刑罪名，使得死刑罪名减少到46个。从司法实践来看，死刑的判决和执行数量，特别是死刑立即执行的数量大大减少。

（二）我国死刑政策的未来展望

1. 继续坚持保留死刑

这是因为，根据多数人的观点，我国当前社会治安形势依然严峻，保留死刑

①　2007年3月9日最高人民法院、最高人民检察院、公安部、司法部颁布了《关于进一步严格依法办案确保死刑案件质量的意见》，指出："保留死刑，但严格限制死刑"是我国的基本死刑政策。
②　林辉：《论"严打"中适用死刑的合理控制》，转载自高铭暄、马克昌主编：《刑事热点疑难问题探讨》（上），中国人民公安大学出版社2002年版，第452～454页。
③　梁根林：《中国死刑控制十大论纲—立足于中国国情和国际潮流的系统设计》，转载自陈兴良、胡云腾主编：《死刑问题研究》，中国人民公安大学出版社2004年版，第437页。

有利于抑制严重犯罪，保护社会；保留死刑符合公众的报应观念，符合主流的社会心理等。2021 年 10 月 8 日联合国人权理事会表决通过"死刑问题"决议草案，我国投下反对票。10 月 10 日，我国常驻联合国日内瓦办事处网站发布我国代表团采取行动前的解释性发言。我方表示："死刑问题是属于一国主权范围内的立法和司法问题。国际社会在死刑存废问题上并无共识，很多国家都认为，处理包括死刑在内的各种刑罚的存废问题时，必须充分考虑各国司法体系、经济社会发展水平、历史文化背景等因素。中方实施'保留死刑，严格适用死刑'的政策。这是由中国社会的具体情况和打击犯罪的具体需要决定的。"① 这代表了我国在死刑存废问题上的官方态度。

2. 严格限制死刑，逐步减少死刑

党的十八届三中全会审议通过了《中共中央关于全面深化改革若干重大问题的决定》，明确提出"逐步减少适用死刑罪名"，这为今后一个时期的死刑立法和司法指明了方向。当前，经济犯罪、财产犯罪、妨害社会管理秩序犯罪已经大幅消减死刑罪名。未来，一些长期备而不用的犯罪，应当作为减少死刑的重点领域。

二、我国刑法中死刑的总则性规定

我国刑法中死刑的总则性规定主要集中在《刑法》第 48 条至第 51 条。

（一）死刑的适用条件及其限制

1. 死刑的适用条件

《刑法》第 48 条第 1 款规定："死刑只适用于罪行极其严重的犯罪分子。"所谓罪行极其严重，是犯罪的性质极其严重、犯罪的情节极其严重和犯罪分子的人身危险性极其严重的统一②。罪行极其严重的判断，首先，应当坚持主客观相统一的原则进行评价。罪行极其严重也就是罪大恶极，是客观危害性极其严重和犯罪人的主观恶性极其严重。其次，应该把总则一般规定和分则具体规定结合起来作综合考量。再次，必须综合评价不法与责任。但不法与责任不是相加关系，

① 《中国代表团在人权理事会第 48 届会议对"死刑问题"决议草案（A/HRC/48/L.17/Rev.1）采取行动前的解释性发言》，中国常驻联合国日内瓦办事处和瑞士其他组织代表团网站，2021 年 10 月 10 日。
② 高铭暄、马克昌主编：《刑法学》，北京大学出版社、高等教育出版社 2017 年版，第 238 页。

对于没有责任的不法，不得评价为罪行极其严重①。实践中，达到这一适用标准的情形应当是极为少见的。

2. 死刑适用对象的限制

《刑法》第 49 条第 1 款规定："犯罪的时候不满十八周岁的人和审判的时候怀孕的妇女，不适用死刑。"（1）犯罪的时候不满 18 周岁的人。所谓"犯罪的时候"，是指实施犯罪行为的时候，而非审判的时候。所谓"不满十八周岁的人"，即未成年人。年龄计算的具体方法，根据有关司法解释，周岁一律按照公历的年、月、日计算；1 周岁以 12 个月计，每满 12 个月为满 1 周岁；每满 12 个月即满 1 周岁应当以日计算，而且是过了几周岁生日，从第 2 天起，才能认为已满几周岁。因此，对于 18 周岁生日当天以及之前犯罪的，应认为不满 18 周岁，不适用死刑。并且，这一年龄界限，根据罪刑法定原则，不具有任何的伸缩性。未成年人之所以不适用死刑，主要是考虑到他们无论在生理上，还是在心理上，并未完全发育成熟，应当以教育挽救为主，惩罚为辅。（2）审判的时候怀孕的妇女。所谓"审判的时候"，并不单指案件审理阶段，而是包括从羁押到执行的整个诉讼过程。所谓"怀孕的妇女"，除了字面意思所指妇女正在怀孕外，根据有关司法解释，对案件起诉到法院以前，被告人在羁押期间作人工流产的，以及怀孕妇女因涉嫌犯罪在羁押期间自然流产后，又因同一事实被起诉、交付审判的，应当视为"审判的时候怀孕的妇女"；在羁押期间已经怀孕的妇女，无论是自然流产还是人工流产以及流产后移送起诉或者审判时间的长短，均应视同"审判时怀孕的妇女"。怀孕的妇女之所以不适用死刑，主要是考虑到胎儿是无辜的，从人道主义出发，不能因怀孕的妇女有罪而株连胎儿。

《刑法》第 49 条第 2 款规定："审判的时候已满七十五周岁的人，不适用死刑，但以特别残忍手段致人死亡的除外。""审判的时候已满七十五周岁"，是指根据刑事诉讼法的规定，在法院审理的时候，被告人已经年满 75 周岁。"以特别残忍手段致人死亡"，是指致人死亡的手段特别残忍，令人发指，超出了一般人的心理承受能力和社会的伦理底线，如以残酷折磨、肢解等特别残忍的手段致人死亡。以特别残忍手段致人死亡，不限于以特别残忍的手段故意杀人，还包括以特别残忍的手段实施其他暴力犯罪致人死亡。审判的时候已满 75 周岁的人之所以一般不适用死刑，主要是考虑到这部分老年人的刑事责任能力大多有所下降，人身危险性有所降低，采用死刑实现预防的意义不大；另外，符合刑罚人道的一

① 张明楷：《刑法学》，法律出版社 2021 年版，第 696 页。

般观念。之所以有例外，是因为实践中部分年满 75 周岁的老年人刑事责任能力并没有明显下降，手段特别残忍，主观恶性深，人身危险性极大，不适用死刑难以平息社会矛盾。

上述三种情形中的不适用死刑，既包括不适用死刑立即执行，也包括不适用死刑缓期二年执行，因为后者也属于死刑。换言之，能够适用的最重刑罚只能是无期徒刑。

3. 死刑案件管辖的限制

根据《刑事诉讼法》第 21 条的规定，死刑案件只能由中级以上人民法院进行一审。基层人民法院无权管辖死刑案件，当然也就无权适用死刑。

（二）死刑的缓期执行

1. 死缓的适用条件

《刑法》第 48 条第 1 款后段规定："对于应当判处死刑的犯罪分子，如果不是必须立即执行的，可以判处死刑同时宣告缓期二年执行。"这就是我国刑法中的死刑缓期执行制度，简称死缓。死缓不是独立的刑种，而是与死刑立即执行相对的适用制度。死缓制度是我国刑法的独创，对于减少死刑立即执行的适用，促进犯罪分子改过自新具有重要意义。

根据上述刑法规定，适用死缓必须同时具备两个条件：（1）"应当判处死刑"，即符合《刑法》第 48 条第 1 款前段"死刑只适用于罪行极其严重的犯罪分子"的规定，罪该处死，这是适用死缓的前提条件。这表明死缓的适用对象和死刑的适用对象是一致的，均是罪行极其严重的犯罪分子。如果不应当判处死刑，则不存在适用死缓的问题。（2）"不是必须立即执行的"，即根据案件的具体情况，可以不立即执行死刑。由于罪行极其严重是死刑立即执行和死刑缓期执行的共同条件，所以"不是必须立即执行的"就成为区分死刑立即执行和死刑缓期执行的原则界限，也是死缓适用的本质条件。对于哪些犯罪分子属于符合死刑适用条件但又"不是必须立即执行的"，刑法并没有作出明确的规定。学理解释一般认为需要考虑四个主要影响因素：首先，案件起因。包括被害人或其他人有无过错，是否属于历史或宗教原因引发的边界纠纷或宗教械斗之等。其次，犯罪人个人情况。包括认罪态度好坏，是否在共同犯罪中起最重要作用，以及是否属于少数民族、宗教人士以及华侨和侨眷中的犯罪分子等。再次，社会影响。包括民愤大小、国际影响等。最后，其他因素。包括是否属于"疑罪"，是否属于值得保存的"活证据"等。另外,"可以"判处死刑同时宣告缓期二年执行,表明在同时具备前述两个条件的情况下,通常应当判处死缓,法院在适用死刑时,应当体现立法的这种倾向性。

2. 死缓的减刑限制

《刑法》第 50 条第 2 款规定:"对被判处死刑缓期执行的累犯以及因故意杀人、强奸、抢劫、绑架、放火、爆炸、投放危险物质或者有组织的暴力性犯罪被判处死刑缓期执行的犯罪分子,人民法院根据犯罪情节等情况可以同时决定对其限制减刑。"需要指出的是,限制减刑是根据犯罪人的犯罪性质和再犯可能性作出的,而不是根据执行过程中的表现做出的。其中的"累犯",没有犯罪性质的限制;"有组织的暴力性犯罪"不限于列举的七种,还包括其他犯罪如故意伤害罪、破坏交通工具罪等。

(三) 死刑的核准程序

《刑法》第 48 条第 2 款规定:"死刑除依法由最高人民法院判决的以外,都应当报请最高人民法院核准。"但为了适应严厉打击刑事犯罪的需要,全国人大常委会曾于 1981 年 6 月 10 日通过《关于死刑案件核准问题的决定》,将部分死刑复核权下放到省、自治区、直辖市的高级人民法院。1983 年 9 月 2 日修订的《人民法院组织法》第 13 条后段规定:"杀人、强奸、抢劫、爆炸以及其他严重危害公共安全和社会治安判处死刑的案件的核准权,最高人民法院在必要的时候,得授权省、自治区、直辖市的高级人民法院行使。"据此,最高人民法院于 1983 年 9 月 7 日发出通知,将杀人、强奸、抢劫、爆炸以及其他严重危害公共安全和社会治安判处死刑的案件的核准权,依法授予各省、自治区、直辖市的高级人民法院和解放军军事法院行使。后来最高人民法院又分别于 1993 年 8 月 18 日、1996 年 3 月 19 日和 1997 年 6 月 23 日发出通知,决定除最高人民法院判决和涉外、涉港、澳、台的毒品犯罪死刑案件外,依法授权云南、广东、广西、四川、贵州五省区高级人民法院行使毒品犯罪案件的死刑复核权。但为了统一死刑适用标准,严格控制死刑适用,全国人大常委会于 2006 年 10 月 31 日通过《关于修改〈人民法院组织法〉决定》,将上述第 13 条后段删除,只保留了前段"死刑案件除由最高人民法院判决的以外,应当报请最高人民法院核准"的内容,与《刑法》第 48 条第 2 款的规定保持一致。自 2007 年 1 月 1 日起,全部死刑案件都必须由最高人民法院统一核准。

根据《刑事诉讼法》第 247 条和第 248 条的规定，中级人民法院判处死刑的第一审案件，被告人不上诉的，应当由高级人民法院复核后，报请最高人民法院核准；高级人民法院判处死刑的第一审案件被告人不上诉的，和判处死刑的第二审案件，都应当报请最高人民法院核准。中级人民法院判处死刑缓期二年执行的案件，由高级人民法院核准。

三、我国刑法中死刑的分则性规定

我国刑法分则依照同类客体标准分为 10 章犯罪，除渎职罪一章外，其余 9 章共设置死刑罪名 68 个。后经《刑法修正案（八）》和《刑法修正案（九）》两次消减经济犯罪和妨害管理秩序犯罪的死刑罪名 22 个，现仍有死刑罪名 46 个。主要集中于危害国家安全罪、危害公共安全罪、侵犯人身权利罪和军人违反职责罪中。具体罪名如下。

（一）刑法分则第一章：危害国家安全罪

（1）背叛国家罪；（2）分裂国家罪；（3）武装叛乱、暴乱罪；（4）投敌叛变罪；（5）间谍罪；（6）为境外窃取、刺探、收买、非法提供国家秘密、情报罪；（7）资敌罪。

（二）刑法分则第二章：危害公共安全罪

（1）放火罪；（2）决水罪；（3）爆炸罪；（4）投放危险物质罪；（5）以危险方法危害公共安全罪；（6）破坏交通工具罪；（7）破坏交通设施罪；（8）破坏电力设备罪；（9）破坏易燃易爆设备罪；（10）劫持航空器罪；（11）非法制造、买卖、运输、邮寄、储存枪支、弹药、爆炸物罪；（12）非法制造、买卖、运输、储存危险物质罪；（13）盗窃、抢夺枪支、弹药、爆炸物、危险物质罪；（14）抢劫枪支、弹药、爆炸物、危险物质罪。

（三）刑法分则第三章：破坏社会主义市场经济秩序罪

（1）生产、销售、提供假药罪；（2）生产、销售有毒、有害食品罪。

（四）刑法分则第四章：侵犯公民人身权利、民主权利罪

（1）故意杀人罪；（2）故意伤害罪；（3）强奸罪；（4）绑架罪；（5）拐卖

妇女、儿童罪。

（五）刑法分则第五章：侵犯财产罪

抢劫罪。

（六）刑法分则第六章：妨害社会管理秩序罪

（1）暴动越狱罪；（2）聚众持械劫狱罪；（3）走私、贩卖、运输、制造毒品罪。

（七）刑法分则第七章：危害国防利益罪

（1）破坏武器装备、军事设施、军事通信罪；（2）故意提供不合格武器装备、军事设施罪。

（八）刑法分则第八章：贪污贿赂罪

（1）贪污罪；（2）受贿罪。

（九）刑法分则第九章：军人违反职责罪

（1）战时违抗命令罪；（2）隐瞒、谎报军情罪；（3）拒传、假传军令罪；（4）投降罪；（5）战时临阵脱逃罪；（6）军人叛逃罪；（7）为境外窃取、刺探、收买、非法提供军事秘密罪；（8）盗窃、抢夺武器装备、军用物资罪；（9）非法出卖、转让武器装备罪；（10）战时残害居民、掠夺居民财物罪。

 思考题

1. 试论述死刑存置论的主要根据。
2. 试论述死刑废止论的主要根据。
3. 试论述我国的死刑政策。
4. 试论述我国刑法对死刑的限制。

案 例 分 析[①]

被告人王某某与被害人赵某某（女，殁年26岁）在山东省潍坊市科技职业学院同学期间建立恋爱关系。2005年，王某某毕业后参加工作，赵某某考入山东省曲阜师范大学继续专升本学习。2007年赵某某毕业参加工作后，王某某与赵某某商议结婚事宜，因赵某某家人不同意，赵某某多次提出分手，但在王某某的坚持下二人继续保持联系。2008年10月9日中午，王某某在赵某某的集体宿舍再次谈及婚恋问题，因赵某某明确表示二人不可能在一起，王某某感到绝望，愤而产生杀死赵某某然后自杀的念头，即持赵某某宿舍内的一把单刃尖刀，朝赵某某的颈部、胸腹部、背部连续捅刺，致其失血性休克死亡。次日8时30分许，王某某服农药自杀未遂，被公安机关抓获归案。王某某平时表现较好，归案后如实供述自己罪行，并与其亲属积极赔偿，但未与被害人亲属达成赔偿协议。

山东省潍坊市中级人民法院于2009年10月14日以（2009）潍刑一初字第35号刑事判决，认定被告人王某某犯故意杀人罪，判处死刑，剥夺政治权利终身。宣判后，王某某提出上诉。山东省高级人民法院于2010年6月18日以（2010）鲁刑四终字第2号刑事裁定，驳回上诉，维持原判，并依法报请最高人民法院核准。最高人民法院根据复核确认的事实，以（2010）刑三复22651920号刑事裁定，不核准被告人王某某死刑，发回山东省高级人民法院重新审判。山东省高级人民法院经依法重新审理，于2011年5月3日作出（2010）鲁刑四终字第2－1号刑事判决，以故意杀人罪改判被告人王某某死刑，缓期二年执行，剥夺政治权利终身，同时决定对其限制减刑。

请结合上述案情与裁判，评析死刑的适用、死缓的适用条件以及死缓的限制减刑。

---

① 摘自《最高人民法院指导案例4号——王志才故意杀人案》，最高人民法院审判委员会讨论通过2011年12月20日发布。

第六章

自由刑

学习要点

自由刑是将犯罪人拘束于一定场所，剥夺或限制其人身自由的刑罚方法。自由刑既有其他刑罚方法所不具有的优势，也有其自身的局限。现有自由刑加以改革和完善，代表了自由刑未来的发展方向。根据对罪犯人身自由的限制程度可分为剥夺自由刑和限制自由刑。我国刑法将剥夺自由刑划分为拘役、有期徒刑和无期徒刑三个刑种。我国的限制自由刑以管制为代表。

重点问题

1. 自由刑的特征和分类
2. 自由刑的利弊
3. 剥夺自由刑
4. 限制自由刑

第一节 自由刑概述

一、自由刑的概念

（一）自由刑的含义

自由刑作为当代各国刑罚体系的核心，地位非常重要。虽然自由刑作为一种刑罚事关自由毫无疑问，但对于自由刑的确切含义，还有不同的理解。争议之处，主要有四：其一，自由刑中的自由是指一切自由还是指人身自由？其二，自由刑包括剥夺自由，是否包括限制自由？其三，自由刑是否以矫正犯罪人为必要？其四，自由刑的执行场所是否限于监狱？对于第一个问题，自由刑中的自由应当仅指人身自由，否则扩大到诸如言论等政治自由，会导致无法区分资格刑与自由刑。对于第二个问题，诚然有许多国家的自由刑仅包括剥夺自由刑，但也有一些国家如中国、俄罗斯等国家也存在限制自由刑。对于第三个问题，自由刑以矫正、改造为内容，出现较晚，是近代教育刑理论影响的结果；在此之前相当长的历史时期内，单纯以监禁为内容的刑罚，也被公认为自由刑。因此，矫正犯罪人并非自由刑的必备特征。对于第四个问题，监狱固然是自由刑执行的主要场所，但并非唯一场所。执行场所的差异，是自由刑类别区分的重要表现。综上所述，所谓自由刑，是指将犯罪人拘束于一定场所，剥夺或限制其人身自由的刑罚方法。

（二）自由刑的特征

（1）自由刑以剥夺或者限制人身自由为内容。这是与其他刑罚方法的根本区别。在古代社会，由于被统治者处于人身依附地位，没有或者基本上没有人身自由，所以自由刑的惩罚作用有限，在刑罚体系中的地位并不被重视。进入资本主义社会后，公民享有人身自由，而且人们日益珍视自由，人身自由一旦失去，意味着与正常社会隔离，与他人失去正常的社会联系，无疑是痛苦的。因此，自由刑就能起到严厉的惩罚作用。

（2）自由刑以矫正犯罪人、预防再犯为目的。古代自由刑只是单纯的监禁。进入资本主义社会后，随着教育刑理念的兴起，自由刑在物理拘束犯罪人的同时，对犯罪人施以教育、感化、改造、劳动等，促进其价值观念、行为规范、适应社会能力的改善[1]。从而在自由刑期满后，能够顺利回归正常社会，不再重新犯罪。

（3）自由刑具有时间上的可分割性，能够更好实现罪责刑相适应。自由刑从短期到长期以至无期，时间差别很大。刑期的长短是刑罚轻重程度的主要标志。这一特点使得自由刑的适用范围非常大并且具有灵活性，既可以适用于重罪，也可以适用于轻罪，为罪责刑相适应的实现提供了保证。

（4）自由刑的执行需要特定的场所和人员。自由刑的执行依附于特定的物理

---

[1]　张小虎：《刑罚论的比较与建构》，群众出版社 2010 年版，第 43 页。

空间，剥夺自由刑通常在监狱等专门监管场所执行，限制自由刑也需要在特定的区域、场所开展矫正工作。同时，为了保证执行的效果，通常要配备大量的监管和矫正人员。

二、自由刑的分类

依据不同的标准，可对自由刑做不同的分类。了解自由刑的不同类型，有助于加深对自由刑的理解。

（一）剥夺自由刑与限制自由刑

剥夺自由刑，是指完全剥夺犯罪分子的人身自由，将其拘束于一定场所的刑罚方法。剥夺自由刑是自由刑的传统形式，也是当前世界各国自由刑的主要形式。我国的有期徒刑、无期徒刑，英国、美国的监禁，都属于典型的剥夺自由刑。剥夺自由刑将罪犯与外部社会完全隔离，惩罚性强，严厉程度高。

限制自由刑，是指对犯罪分子不予关押，但对其人身自由进行一定程度限制的刑罚方法。限制自由刑的服刑人除了遵守必要的法律约束、履行必要的法律义务外，其工作和家庭生活不受影响，正常的社会交往也能得以维系，惩罚性弱，严厉程度低。符合刑罚轻缓化、开放化的发展趋势，也可以避免刑罚过剩。

剥夺自由刑和限制自由刑的严厉程度不同，使得自由刑体系轻重有序、宽严衔接，使得法官面对不同案件、不同人身危险性的犯罪人时，适用自由刑有了更多选择，能够更好地体现刑罚个别化，实现罪责刑相适应。

（二）无期自由刑与有期自由刑

无期自由刑，又称终身自由刑，有的国家也称终身监禁，是指剥夺犯罪分子终身自由的刑罚方法。在废除死刑的国家，无期自由刑是最为严厉的刑罚方法，可以替代死刑适用于最严重的犯罪；在保留死刑的国家，无期自由刑衔接了有期自由刑和死刑，通常适用于严重犯罪。理论上无期自由刑的犯罪人要服刑至生命终结，但实践中仍可通过减刑、假释、赦免等途径复归社会。由于各国对死刑的废除和严格适用，无期徒刑在刑法体系中的作用越来越受到重视。

有期自由刑是指剥夺或限制犯罪分子一定期限人身自由的刑罚方法。有期自由刑与无期自由刑不同，无期自由刑只能是剥夺自由刑，有期自由刑既可以是剥夺自由刑也可以是限制自由刑；无期自由刑属长期自由刑，有期自由刑既包括长期自由刑又包括短期自由刑。有期自由刑的刑期跨度大，可广泛适用于轻重不同的各种犯罪，在刑罚体系中居于核心地位。

（三）长期自由刑和短期自由刑

长期自由刑和短期自由刑是根据剥夺犯罪分子人身自由的长短而作出的划分，都属于剥夺自由刑的范畴。

所谓长期自由刑，是指剥夺较长时间人身自由的刑罚方法；所谓短期自由刑，是指剥夺较短时间人身自由的刑罚方法。至于长期和短期的区分标准，众说纷纭，10 年、5 年以及 3 年是有代表性的几种意见。我们赞同 3 年的观点，理由是：第一，在我国的刑法理论以及司法实践中，一般将被处刑 3 年以下有期徒刑的犯罪分子，称为轻刑犯。第二，在刑事立法上，缓刑适用于 3 年以下有期徒刑、拘役的犯罪分子，而缓刑通常是作为短期自由刑的替代措施而出现的。另外，3 年有期徒刑是我国刑法分则具体犯罪法定刑幅度的一个常见起止点，易于区分长期自由刑和短期自由刑。短期自由刑由于刑期短，惩罚力度小，矫正时间少，其刑罚功能受到质疑，产生了短期自由刑的存废之争。

（四）定期自由刑与不定期自由刑

定期自由刑与不定期自由刑是宣告刑的划分，以法官对案件所判处的自由刑是否具有确定的刑期为标准。

定期自由刑，是指判处的宣告刑有固定明确的期限，除非因减刑、假释等特殊原因，犯罪人需要在监禁场所服满刑期。定期自由刑的宣告，主要根据犯罪人的已然之罪，着眼于报应的公正，符合罪刑法定原则。不定期自由刑是指判处的宣告刑只有刑种，而无固定的刑期，实际服刑时间根据犯罪人的矫正情况而定。

不定期自由刑以教育刑理论为基础，着眼于特别预防，根据犯罪分子的人身危险性调整刑期，实现刑罚个别化，避免刑罚过剩。在一段时期内，不定期自由刑被美国、英国、日本等国家接受并付诸实践。但不定期自由刑违反罪刑法定原则，不利于人权保障，并没有被世界各国普遍采用。原来采用的国家也纷纷废除，使得不定期自由刑日益衰落。

（五）附劳动的自由刑和纯监禁的自由刑

附劳动的自由刑和纯监禁的自由刑都属于剥夺自由刑，以监禁期间是否强制劳动作为区分标准。西方一些国家的刑罚体系中，同时存在这两种自由刑。一类以劳动作为服刑内容，称为惩役，适用于反道义性犯罪；另一类不要求从事劳动，称为监禁或禁锢，适用于非伦理性犯罪，如出于政治、宗教信仰而实施的犯罪①。我国刑法中的自由刑，都包含劳动的内容，凡具有劳动能力的自由刑服刑人员，都要参加劳动。

三、自由刑的利弊

自由刑的利弊或者说优缺点，主要是基于其自身特性而产生，通过与其他刑罚种类的比较而得出的。

（一）自由刑的优点

1. 自由刑的执行具有人道性

与生命刑和身体刑相比，自由刑并不消灭生命、残害身体，只是剥夺受刑人的人身自由。自由刑受刑人作为一个国家公民，仍然享有法律所赋予的各项基本权利，如生命健康权、人格名誉权、休息权、申诉权、继承权等。并且对于绝大多数服刑人而言，仍然具有重获自由，回归社会的机会。

2. 自由刑具有广泛的适用性

自由刑种类多样，既有剥夺自由刑又有限制自由刑，既有无期自由刑又有有期自由刑，既有长期自由刑又有短期自由刑，可以适用于轻重不同的各种犯罪，有利于实现刑罚个别化和罪责刑相适应。

3. 自由刑有利于实现刑罚的改造功能

刑罚改造功能的实现，需要消解犯罪分子的人身危险性，进行人格的重新塑造，以期将来能够顺利回归社会，与他人和谐共处。人格的重新塑造，是一个由他律到自律逐步过渡的过程。这一过程需要时间，需要他人的监督和帮助。与其他刑罚种类相比，自由刑能够提供无论是时间、空间，还是人员的最佳保障。

4. 自由刑的执行具有平等性

与财产刑相比，人身自由是生而具有的，不受家庭出身、受教育状况、职业、地位等的影响。

---

① 马克昌主编：《刑罚通论》，武汉大学出版社 1999 年版，第 139 页。

（二）自由刑的缺点

1. 自由刑的执行耗费巨大

自由刑的执行，首先，需要国家投资兴建监狱等监禁场所，配置各类安防设施、生活设施、医疗设施、教育设施等；其次，需要配备大量的看守、监管、教育、医疗等多方面的专业人才；最后，监禁设施的运转、各类人员的薪酬及服刑人员的生活待遇等都需要国家持续的投入。这种代价，是其他刑罚方法，如生命刑、财产刑所不需要的。

2. 自由刑容易导致交叉感染

自由刑的执行虽然配置了相当面积的生活场所、活动场所等，但这些场所一般较为狭小，使得不同类型的自由刑服刑人员朝夕相处，有大量的接触、交流的机会。在没有真正改造完成前，他们的犯罪心理、犯罪技巧、反侦查能力等可能会在相互交流中得到强化和提升，使得监狱等执行场所成为所谓的"犯罪学校"。虽然目前有"分管分押"等应对措施，但仍然很难实现根本改观。

3. 自由刑造成犯罪人复归社会困难

自由刑矫正的最终目的是让犯罪人回归正常的社会生活，但却采用了与正常社会隔离的方法，这是自由刑面对的一个自身难以克服的困境。自由刑服刑人员长期与社会隔离，不仅中断了原有的社会关系，而且与社会发展脱节，同时长期他律形成的盲目服从心理不利于自身主动应对各种竞争和挑战，再加上"坐过牢"的标签，使得回归社会之路困难重重。

4. 自由刑影响犯罪人的家庭生活

自由刑的服刑人员通常以青壮年居多，他们大多是各自家庭的"顶梁柱"。他们的服刑，不仅使得家庭丧失了收入来源，而且还可能带来婚姻解体、老人以及孩子无人赡养、抚养等难题。这些问题不仅影响了社会的稳定，而且给服刑人带来心理压力，难以安心改造。

四、自由刑的历史沿革以及未来趋势

（一）我国历史上的自由刑

我国历史上的自由刑主要表现为流刑和徒刑。但在奴隶社会时期，出现最早、适用最广的还是生命刑和身体刑。在奴隶制五刑墨、劓、宫、剕、辟中，生命刑和身体刑居于刑罚体系的主导地位，自由刑只是一种次要的补充。在《尚书·舜典》中，就有"流宥五刑"的记载①，流刑作为五刑的宽恕和减轻。夏商周时期，已经出现了监狱的雏形——寰土，将犯罪人囚禁于土墙围筑的禁闭场所并强制劳役。这应当是最早的徒刑。进入封建社会后，秦汉时期虽出现过罚作、城旦舂等自由刑形式，但始终游离于主流刑种之外。南北朝以及隋、唐时期，徒刑和流刑被纳入封建制五刑体系中，成为主刑。徒刑和流刑均剥夺或限制人身自由且同时服劳役，区别在于就地执行还是发配远方。封建制五刑体系后为历代沿用。直到清末《大清新刑律》，建立起包括死刑、无期徒刑、有期徒刑、罚金、拘役五刑的新刑罚体系。由此可见，我国古代自由刑演变的特点：出现时间晚于死刑和身体刑；地位低于死刑和身体刑；主要内容是强制犯罪人从事苦役劳动②。

（二）西方历史上的自由刑

西方国家历史上的自由刑出现时间晚于我国。在奴隶社会和封建社会，欧洲虽出现了监狱机构，但多作为羁押未决犯和等待处决的死刑犯的场所，而不是用作执行自由刑③。生命刑和身体刑同样是这一历史时期西方各国刑罚体系的核心。自由刑地位的崛起，始于资本主义社会。资产阶级启蒙思想家对封建的司法制度进行了批判，特别是反对残酷的刑罚制度，主张平等、自由、博爱，提倡刑罚人道主义，这就使生命刑与身体刑不可能继续成为刑罚体系的核心。同时，资本主义的发展需要大量的廉价劳动力，大量适用生命刑与身体刑不能适应资本主义发展的需要，而自由刑能够保存大量的廉价劳动力④。同时，教育刑理论的提倡广受社会认同，刑罚不再单纯看作对犯罪的惩罚和报应，更重要的是预防犯罪。通过自由刑的适用，能够对犯罪分子进行矫正和教育改造，消除其反社会性和人身危险性，使其重新回归正常社会。这就使得自由刑日益受到欢迎和重视，逐渐成为西方国家刑罚体系的核心。

（三）自由刑的未来趋势

自由刑既具有其他刑罚方法所不具有的独特优势，也有其自身的局限。克服自身局限，继续加以改革和完善，代表了自由刑未来的发展方向。具体而言，有

---

① 蔡枢衡：《中国刑法史》，中国法制出版社 2005 年版，第 59 页。
② 马克昌主编：《刑罚通论》，武汉大学出版社 1999 年版，第 126～127 页。
③ 林山田：《刑罚学》，台湾商务印书馆 1983 年版，第 187 页。
④ 张明楷：《外国刑法纲要》，清华大学出版社 2007 年版，第 379 页。

以下几个趋势。

1. 制刑：自由刑刑种单一化

世界各国早先自由刑种类多样。如英国 19 世纪的自由刑包括苦役、附艰苦劳动的监禁、无艰苦劳动的监禁等三种形式。日本的自由刑则包括惩役、禁锢和拘留三种。其中惩役与禁锢的主要区别在于是否必须服劳役。但这种多样性或者说区分实际上并无必要：本质都是剥夺自由，目的都是矫正罪犯，刑罚个别化完全可以通过刑期长短的调整来实现。并且这种区分的合理性存疑：把劳动看作耻辱，将是否附加劳动作为重自由刑和轻自由刑的界限，是对劳动的偏见，是一种带有歧视性的差别。自由刑多样化首先遭到刑事古典学派的质疑，之后在 1872 年伦敦召开的第一届国际刑法及监狱会议上，提出了自由刑单一化的问题。此后 1878 年斯德哥尔摩会议更是提出了各国"各种自由刑尽可能在法律上单一起来"的倡议。如今，欧洲的荷兰、英国、法国、德国等国以及拉丁美洲的墨西哥、乌拉圭等国都已实现了自由刑的单一化。

2. 行刑：自由刑行刑社会化

如前所述，自由刑矫正的目的是让犯罪人回归正常的社会生活，但却采用了与正常社会隔离的方法，这是一种南辕北辙的做法。为了解决这一问题，世界各国普遍开展了自由刑行刑社会化的探索，通过矫正力量的社会化、矫正手段的社会化，提高矫正效果，最终实现犯罪人回归正常的社会生活。目前，自由刑行刑社会化的主要方式有家中监禁、周末监禁、业余监禁、社区矫正以及归假制度、假释制度等。

3. 量刑：短期自由刑限制化

短期自由刑有其自身优势，但弊端也显而易见。对此，1960 年在伦敦召开的防止犯罪暨罪犯处遇会议的有关决议认为，短期自由刑"普遍实施，极不相宜"，而应逐渐减少适用。当今世界各国对短期自由刑的适用普遍持谨慎态度，非必要不适用，尽可能代之以其他措施和方法。这一决议和相关做法，基本上代表了短期自由刑的发展趋势。

第二节 剥夺自由刑

所谓剥夺自由刑，是指以剥夺犯罪分子人身自由为内容的刑罚方法。按照我国的刑罚体系，剥夺自由刑有拘役、有期徒刑和无期徒刑三种。

一、拘役

（一）拘役的特征

拘役，是指短期剥夺犯罪分子的人身自由，就近实行劳动改造的刑罚方法。在我国刑法体系中，拘役属于主刑，列于管制之后，有期徒刑之前，说明其重于管制轻于有期徒刑。从刑法的规定以及实践来看，拘役具有以下几个特征。

（1）适用对象和范围。拘役作为短期自由刑，主要适用于罪行轻微，但仍需关押的犯罪分子。从刑法分则法定刑的立法来看，法定刑设置拘役的罪名占全部罪名的80%左右，可适用有期徒刑的罪名，大多同时设置了拘役，适用较为广泛。

（2）执行机关。根据《刑法》第43条第1款，拘役的执行机关是公安机关，并且要求就近执行。

（3）享有一定待遇。根据《刑法》第43条第2款，在执行期间，被判处拘役的犯罪分子每月可以回家一天至两天。同时，参加劳动的，可以酌量发给报酬。

（二）拘役的利弊

1. 拘役的优点

第一，有利于实现罪责刑相适应。拘役作为最轻的自由刑，与有期徒刑轻重衔接，形成梯次，将其适用于轻微犯罪是罚当其罪，能够保证刑罚的公正。

第二，有利于贯彻刑罚个别化。对于人身危险性较小，再犯罪可能性较低的犯罪人，如过失犯、交通犯、经济犯等，特别预防的难度不大，拘役刑能够满足矫正的需要，避免刑罚过剩。

第三，相对于限制自由刑，拘役剥夺犯罪分子的自由并强制劳动，具有一定的冲击作用，特别是对于初犯者和潜在犯罪人能够发挥个别威慑和一般威慑功能。

第四，拘役期限较短，并且在执行期间，被判处拘役的犯罪分子每月可以回家一至两天，执行完毕后不会产生对社会生活的不适应，有利于顺利回归社会。

第五，相较于同样适用于轻罪的罚金刑，不仅严厉程度高，更能体现刑罚本质，而且在适用上具有相对的平等性。

第六，拘役刑期较短，能够提高执行场所的利用率，节省司法资源。

2. 拘役的缺点

第一，矫正效果不佳。执行机关对犯罪分子个性特点的了解与熟悉，是实现个别化有效改造的前提，需要一定的时间保证。拘役本来刑期就短，再加上因前期羁押造成的刑期折抵，导致实际执行的时间过短，改造时间不足。实践中，部分拘役犯罪分子服刑后没有度过角色的转换与适应期就已经执行完毕，甚至有些拘役犯罪分子抱着"反正时间短，熬一熬就过去了"的想法，根本就没有改造的打算。如此，矫正效果难以保证，特殊预防也难以实现。

第二，难以发挥威慑功能。拘役由于刑期较短，惩罚的严厉程度低，不足以使意图犯罪者产生畏惧感，难以发挥刑罚的威慑功能，一般预防的效果较差。

第三，可能会升高服刑人员的人身危险性。由于拘役犯罪人大多属于初犯，拘役刑的服刑经历会使他们丧失对自由刑的恐惧感[①]。同时，判处拘役，给犯罪人名誉造成难堪，从而容易产生自暴自弃心理。再者，将拘役犯罪分子集中关押在特定场所，容易发生交叉感染。以上因素的存在，无疑会使得服刑人员的人身危险性继续恶化。

第四，拘役需要庞大的支出。拘役刑的执行，无论是场所、设施的运转，还是关押、教育等专业人员的配备，都要耗费大量的资源。又由于刑期较短，也很难组织起高效率的劳动。

第五，进入监禁机构服刑具有标签效应，导致重返社会困难。

（三）拘役的存废

拘役有其优点，也有其弊端。理论上存在保留与废除拘役的不同见解。

1. 拘役废除论

拘役废除论者除了指出拘役惩罚性小、预防效果差、副作用大等弊端外，还认为：第一，拘役适用率低。拘役虽然刑事立法规定多，但司法实践应用少，说明其已不适应司法实践的需要。第二，废除拘役符合自由刑单一化的历史趋势。

2. 拘役保留论

拘役保留论的论者认为：第一，拘役应对轻微犯罪的作用无可替代。保留拘役，符合轻刑化趋势，可以实现刑罚轻重梯次的合理性，为准确量刑提供保障。

---

① 张明楷：《刑法学》，法律出版社 2021 年版，第 691 页。

第二，低适用率不能成为废除理由。因为判前羁押折抵刑期，拘役刑期本身又短，因此，拘役适用率低，与判前羁押率过高、羁押时间过长有关。可见，低适用率不是拘役自身的问题而是判前羁押过度使用的问题。第三，拘役的一些副作用，例如交叉感染，不是拘役所独有的，而且是可以通过执行的精细化能够克服的，不能因噎废食。

（四）拘役的完善

虽然拘役利弊并存，其存废亦有不同观点，但从世界各国的立法实践看，短期自由刑有其适用的独特空间，都没有废除。我们应当在保留拘役这一短期自由刑的同时，针对其存在的不足，扬长避短，努力加以完善。

（1）减少拘役的设置。鉴于拘役的诸多弊端，在拘役问题上应遵循"非必要不适用"的原则。刑法分则法定刑中减少适用拘役的罪名，在刑法总则中明确限定拘役的适用对象为罪行轻微并且人身危险性不大，但仍需关押的犯罪分子。

（2）减少判前羁押。司法工作人员特别是侦查人员，应当树立"疑罪从无"和人权保障理念，加大取保候审等非羁押强制措施的适用，为拘役适用保留空间。

（3）建立易科制度。拘役与管制、罚金均属于轻刑，在适用对象上具有重合性，应根据案件不同性质和犯罪人不同情况，建立起拘役易科管制、罚金制度，以替代拘役的执行。

（4）实行半开放式行刑。有学者曾建议，拘役实行半开放式劳动改造，将每月回家一到两天改为每周回家一天。家属必须配合，保证罪犯不逃跑[①]。

（5）设置专门执行场所。司法实践中，拘役服刑人员大多被关押在看守所执行刑罚；而看守所主要关押犯罪嫌疑人、被告人等未决犯，属于强制措施的执行。两种不同性质的司法活动目的不同，手段也不一样，应当各自分开，以提高拘役的矫正效果。

二、有期徒刑

（一）有期徒刑的特征

有期徒刑，是指剥夺犯罪分子一定期限的人身自由，强迫其劳动并接受教育

---

① 高格：《论进一步完善我国的刑罚制度》，转引自杨敦先等主编：《刑法发展与司法完善》，中国人民公安大学出版社 1989 年版，第 148 页。

改造的刑罚方法。有期徒刑是世界各国普遍采用的刑罚方法,是自由刑的代表刑种。在我国,有期徒刑属于主刑,重于拘役,轻于无期徒刑,是适用最广的刑罚方法,在刑罚体系中占据中心地位。其特点与内容如下。

1. 有期徒刑剥夺犯罪分子的人身自由

有期徒刑剥夺犯罪分子的人身自由,即将犯罪分子收押于监狱等执行场所,这是有期徒刑作为剥夺自由刑区别于生命刑、财产刑、资格刑以及管制的基本特征。

2. 有期徒刑具有一定的期限

根据《刑法》第 47 条的规定,有期徒刑的下限为 6 个月,与拘役的上限相衔接;上限为 15 年。同时,根据《刑法》第 69 条的规定,数罪并罚时,有期徒刑总和刑期不满 35 年的,最高不能超过 20 年,总和刑期在 35 年以上的,最高不能超过 25 年。

3. 有期徒刑幅度大,适用广泛

由于有期徒刑刑期有很大的跨度、可分割,使得其既可以适用于较轻的犯罪,又可以适用于较重的犯罪。从刑法分则具体犯罪法定刑的规定来看,除第 133 条之一、第 280 条之一、第 284 条之一第 4 款之外,都设置了有期徒刑。同时,有期徒刑刑期跨度大的特点要求立法时,具体犯罪的法定刑不能仅规定有期徒刑这一刑种,还应根据犯罪的性质、情节等规定具体的刑度,以规范法官的自由裁量权,实现罪刑均衡。从刑法分则对刑度的规定来看,可分为以下几种情形:1 年以下、2 年以下、3 年以下、5 年以下、1 年以上 3 年以下、2 年以上 5 年以下、2 年以上 7 年以下、3 年以上 7 年以下、3 年以上 10 年以下、5 年以上 10 年以下、7 年以上 10 年以下、5 年以上、7 年以上、10 年以上、15 年[①]。

4. 有期徒刑的内容是强迫犯罪分子参加劳动,接受教育改造

根据《刑法》第 46 条的规定,被判处有期徒刑的犯罪分子,凡有劳动能力的,都应当参加劳动,接受教育和改造。这表明,我国有期徒刑不是单纯的监禁,必须要参加劳动,对此,服刑的犯罪人没有选择的自由。当然,劳动不是目的,而是一种改造的手段:通过劳动,可以习得一定的生产技能,获得自食其力的能力,改变好逸恶劳的习性,为将来重返社会打下基础。犯罪分子除了参加劳动,还要参加文化、思想、技术等方面的学习教育,提升各方面的素质修养,真正改造成为人格健全的新人。

---

① 张明楷:《刑法学》,法律出版社 2021 年版,第 692 页。

5. 有期徒刑在监狱或者其他执行场所执行

其他执行场所主要是未成年犯管教所、看守所。监狱根据罪犯的犯罪类型、刑罚种类、刑期、改造表现等情况，对罪犯实行分别关押，采取不同方式管理。

6. 有一定的报酬待遇

刑法对于管制犯、拘役犯的劳动报酬待遇有明确的规定，分别是"同工同酬"和"可以酌量发给报酬"，对于有期徒刑犯并无规定。但是，根据《中华人民共和国监狱法》（以下简称《监狱法》）第 72 条的规定，监狱对参加劳动的罪犯，应当按照有关规定给予报酬并执行国家有关劳动保护的规定。

（二）有期徒刑的利弊

1. 有期徒刑的优点

第一，有期徒刑具有广泛的适用性。有期徒刑刑期长，上限与下限之间跨度很大。其长期徒刑可以作为重刑适用于严重犯罪，短期徒刑可以作为轻刑适用于轻微犯罪，中期徒刑则可以适用于危害程度中等的犯罪。这种广泛的适用性是其他刑种难以与之相比的。

第二，有期徒刑有利于改造功能的开展。有期徒刑既非剥夺犯罪分子的生命，又非剥夺其终身自由，犯罪分子在判决宣告时明确知道自己将要服刑的刑期，从而在心中鼓足生活的勇气，克服无期徒刑可能给犯罪分子带来的消极、悲观情绪，有利于犯罪分子积极主动地接受改造[1]。有期徒刑相对于拘役，刑期较长，对于执行机关而言，有充足的时间对每一个犯罪分子的成长经历、个性特点等进行了解与熟悉，制订个别化的改造方案，开展有针对性的分别教育。对于犯罪分子而言，入狱后角色的转换与适应，良好行为习惯的培养和固定，也都有了充分的时间保障。

第三，有期徒刑能够体现罪责刑相适应原则的要求。有期徒刑的期限跨度大，具有可分割性，司法工作人员可通过调整刑期来体现刑罚严厉程度的差别，以适用于轻重不同的犯罪，实现罪责刑相适应。

第四，有期徒刑的适用具有灵活性。目前，有期徒刑的配套制度较为完善，可根据不同的情形，对有期徒刑的适用进行变更或调整：对 3 年以下有期徒刑的犯罪分子，可以适用假释；对执行一段时间后，确有悔改或立功表现的，可以减刑或假释；对患有严重疾病需要保外就医或者怀孕、正在哺乳自己婴儿的妇女以及生活不能自理的，可以监外执行等。

---

[1] 马克昌：《刑罚通论》，武汉大学出版社 1999 年版，第 157 页。

第五，有期徒刑具有公平性。财产刑的惩罚性或者说给犯罪分子带来的痛苦，由于犯罪分子占有财产的不同，差异巨大。自由相对于财产，是人人生而具有的，具有平等性。有期徒刑属于剥夺自由刑，相对于财产刑，更具有适用上的公平性。

2. 有期徒刑的不足

第一，有期徒刑宣告刑期的确定性与改造时间的不确定性之间存在矛盾。对判处有期徒刑的犯罪分子而言，其刑期在法官宣判时，就已经确定了。但这一确定刑期包含的时间与教育改造实际需要的时间实际上很难一致起来。因为判决刑罚的轻重，主要考虑罪行的轻重，以报应已然之罪求取公正；预防未然之罪以实现功利是次要考虑的。并且，犯罪预防既包括特殊预防又包括一般预防，而教育改造主要关系到特殊预防。这就使得宣告刑的刑期确定会考虑到教育改造时间的需要，但这种需要并不是刑期确定的唯一因素，也不是最主要因素。另外，判决时考虑教育改造需要的时间只能是一种预估，而这种预估如果缺乏一定的依据和标准，要做到契合确实难度太大。同时，执行的过程受多种因素的影响，其中服刑人员的主观能动性作用很大：如果积极配合改造，则改造需要的时间就会减少；如果消极改造，则改造需要的时间就会增加。退一步讲，即使判决时的预估是准确的，这种增减也会导致"刑罚不足"或者"刑罚过剩"。

第二，有期徒刑法定刑的刑度过大，可能会影响司法公正。刑法分则中，有些犯罪所设置的有期徒刑法定刑，刑度过大，如"3 年以上 10 年以下""5 年以上"等，跨度分别达到了 7 年和 10 年，造成了法官自由裁量权过大，缺少规范，甚至同一地区同一时期、案情相似的案件，所判处的刑罚相差悬殊，不利于量刑的公开公正和司法适用的统一。

第三，有期徒刑的执行可能会导致交叉感染。在这个问题上，萨瑟兰的差异交往理论具有很强的说服力。该理论认为，犯罪或者越轨行为和其他社会行为的学习过程是相同的，关键的决定因素是人们交往联结的时间、意义、持续性和频率等[1]。尽管实行分管分押，但在监狱等执行机构中的差异交往是难以避免的，有期徒刑的刑期越长，差异交往就越深入，交叉感染可能就会越严重。

第四，有期徒刑可能会导致犯罪人重返社会困难。有期徒刑监禁的刑期相对较长，与社会的隔离会疏离原来的社会交往，与社会的发展变化亦不能同步，造成对社会的陌生感，导致复归之路困难重重。同时，徒刑犯的标签对其重新融入社会也会造成不利影响。

---

① 杨波主编：《犯罪心理学》，高等教育出版社 2015 年版，第 62～63 页。

（三）有期徒刑的完善

尽管有期徒刑存在一定的弊端，但却从来没有人主张废除有期徒刑。对有期徒刑进行不断的完善，是其未来的发展趋势。

1. 缩小刑法分则有期徒刑法定刑的刑度

如前所述，有期徒刑法定刑的刑度过大，可能会影响司法公正。针对此问题，在未来的刑事立法中，可以考虑在罪状具体化的同时，收窄刑度，使得二者之间的对应关系更为明确。也可以在不改变刑事立法的情况下，通过司法解释的形式，规范法官的自由裁量权，确保量刑的统一。目前，最高人民法院已发布20余种常见犯罪的量刑指导意见，从内容看，指导意见主要规范的是有期徒刑的量刑，将法定刑适用的情形具体化。

2. 扩大缓刑、减刑、假释等制度的适用

如前所述，有期徒刑宣告刑刑期的确定性与改造时间的不确定性之间存在矛盾。针对此问题，可以通过对符合条件的有期徒刑犯罪人扩大适用缓刑、减刑、假释等制度，对宣告刑进行有针对性的调整，在一定程度上避免"刑罚过剩"，减轻交叉感染。

3. 细化行刑社会化的制度和措施

目前，针对有期徒刑可能会导致犯罪人重返社会困难，行刑社会化是解决这一问题的有效途径。我国《监狱法》对行刑社会化作出了原则性的规定，如第61条："教育改造罪犯，实行……，狱内教育与社会教育相结合的方法"，第68条："国家机关、社会团体、部队、企业事业单位和社会各界人士以及罪犯的亲属，应当协助监狱做好对罪犯的教育改造工作。"今后，需要将这些原则性规定加以细化，建立起具有可操作性的服刑人归假制度[①]、服刑人狱外工作学习制度、监狱开放制度等。

三、无期徒刑

（一）无期徒刑的特征

无期徒刑，是指剥夺犯罪分子终身自由，强制其参加劳动并接受教育改造的

---

① 2001年司法部发布了《罪犯离监探亲和特许离监规定》，但对象范围较窄，适用条件较严。尚不属于通常意义上的归假制度。

刑罚方法。无期徒刑属于剥夺自由刑，是自由刑中最为严厉的，在所有刑罚方法中，其严厉程度仅次于死刑。其特点与内容如下。

1. 剥夺犯罪分子的人身自由

形式上表现为对犯罪分子进行关押，使其没有人身自由。这一特点与拘役、有期徒刑相同，体现了剥夺自由刑的共性。

2. 剥夺犯罪分子的终身自由

理论上，无期徒刑对人身自由的剥夺是没有期限的，应当终身监禁，刑期等同于犯罪分子未来的生命终期。但由于刑法同时规定了减刑、假释、赦免等制度，被判处无期徒刑的犯罪分子事实上很少终身服刑，只要有悔过自新的表现，还是可以回归社会的。另外，由于无期徒刑没有期限，所以判决前先行羁押的时间不能折抵刑期。

3. 主要适用于罪行严重的犯罪分子

无期徒刑是严厉性仅次于死刑的主刑，主要适用于罪行严重，但又不是必须要判处死刑的犯罪分子。在刑法分则中，无期徒刑作为法定刑主要设置于严重犯罪的加重犯，规定方式通常有两种：一种是最高刑为死刑，同时规定了无期徒刑可供选择；另一种是无期徒刑本身作为最高刑，同时规定了长期有期徒刑可供选择。另外，由于犯罪时不满 18 周岁的未成年人及审判时怀孕的妇女不能适用死刑，所以即使他们的罪行极其严重，最高也只能处以无期徒刑。

4. 基本内容是对犯罪分子实行劳动改造

根据《刑法》第 46 条的规定，被判处无期徒刑的犯罪分子，在监狱或者其他执行场所执行；凡有劳动能力的，都应当参加劳动，接受教育和改造。无期徒刑的执行场所通常为监狱，对未成年犯应当在未成年犯管教所执行刑罚。对于劳动报酬问题，刑法并无规定，但是依据《监狱法》第 72 条的规定，监狱对参加劳动的罪犯，应当按照有关规定给予报酬并执行国家有关劳动保护的规定。

5. 必须附加剥夺政治权利

根据《刑法》第 57 条的规定，对于被判处无期徒刑的犯罪分子，应当附加剥夺政治权利终身。

（二）无期徒刑与死缓减刑后终身监禁的区分

根据《刑法》第 383 条第 4 款和第 386 条的规定，以贪污、受贿数额特别巨大，并使国家和人民遭受重大损失，被判处死刑缓期执行的，人民法院根据犯罪情节等情况可以同时决定在其死刑缓期执行二年期满依法减为无期徒刑后，终身监禁，不得减刑、假释。这种死缓减刑后终身监禁与无期徒刑的区别主要体现在：第一，性质不同。死缓减刑后终身监禁只是死缓的一种执行制度，不是独立的刑种；无期徒刑则是独立的一个刑种。第二，适用范围不同。无期徒刑规定在刑法总则中，适用的范围广；死缓减刑后终身监禁规定在刑法分则中，不具有普遍适用的意义，只能适用于犯贪污罪和受贿罪的犯罪分子。第三，能否减刑、假释不同。无期徒刑犯可以减刑，也可以假释；但《刑法》第 383 条第 4 款规定的死缓减刑后终身监禁，明确禁止减刑、假释。

（三）无期徒刑的利弊

1. 无期徒刑的优点

第一，作为最严厉的自由刑，惩罚性强，适用于严重犯罪，能够体现罪责刑相适应。

第二，相对于死刑，能够保留犯罪人的生命，较为人道，可以起到替代死刑的作用。

第三，相对于有期徒刑，具有更明显的威慑效果，有利于实现一般预防的目的。

第四，能够较好实现特殊预防。一方面，无期徒刑意味着教育改造的时间有充分的保障，有利于犯罪人实现真正的转变。之后，可通过减刑、假释等途径回归社会。另一方面，即使犯罪人未能实现真正转变，也可以起到隔离效果，避免他们再次危害社会。

第五，服刑人员长期劳动，可以创造财富，符合刑罚经济的原则。

2. 无期徒刑的弊端

第一，无期徒刑不能分割，无法实现刑罚个别化。

第二，人的生命长短不同造成无期徒刑实际执行的时间不同，难言公平。

第三，无期徒刑使得犯罪人丧失终身自由，遭受长期精神折磨，比之死刑，更为残酷，更无人道。

第四，无期徒刑服刑人年老丧失劳动能力时，需要国家供养，增加社会负担。

（四）无期徒刑的存废

无期徒刑既有其优点，又有其不足。偏重其优点还是强调其不足，产生了无期徒刑的存废之争。这一争论在早期产生了一定影响，如苏联及东欧一些国家未规定或取消了无期徒刑，但总体而言，影响较小。目前来看，世界上绝大多数国家还是保留了无期徒刑。特别是废除死刑的国家日益增多，无期徒刑作为应对严重犯罪的刑罚方法，其地位愈加重要。

（五）无期徒刑的完善

1. 限制无期徒刑的减刑，提高其严厉性

过去曾有一段时间，无期徒刑的减刑较为随意，导致实际执行的时间过短，对严重犯罪适用无期徒刑不能体现罪责刑相适应，只能判处死刑，造成了对死刑的挤压。在限制死刑适用的大背景下，无期徒刑应当逐步起到替代死刑的作用，就应当提高其严厉性，主要就是通过限制减刑。对此，我国的刑事立法和司法解释已经作出回应：2011年《刑法修正案（八）》将无期徒刑减刑后实际执行的刑期由之前的10年提高到13年；2019年最高人民法院《关于办理减刑、假释案件具体应用法律的补充规定》将无期徒刑减刑的起始时间由之前的"执行2年以上"修改为"执行4年以上"。确有悔改表现或者有立功表现的，可以减为23年（之前为22年）有期徒刑；确有悔改表现并有立功表现的，可以减为22年以上23年以下（之前为21年以上22年以下）有期徒刑；有重大立功表现的，可以减为21年以上22年以下（之前为19年以上20年以下）有期徒刑。

2. 限制无期徒刑的适用

无期徒刑由于其自身的缺陷，也由于其极高的严厉性，决定了不能大量适用。未来，无期徒刑的适用应当主要作为某一具体犯罪死刑废除后的替代，不宜新增适用罪名。另外，应当对现有设置无期徒刑法定刑的罪名进行限缩，按照罪责刑相一致原则逐一进行甄别，只保留罪行确已达到非常严重程度的犯罪。

第三节 限制自由刑

限制自由刑，与剥夺自由刑相对，是指对犯罪分子不予关押，而是对其人身自由给予一定限制的刑罚方法。在我国刑罚体系中，管制是唯一的限制自由刑。

一、管制的特征

管制，是指对犯罪分子不予关押，但限制其一定自由，依法实行社区矫正的刑罚方法。

　　管制是我国特有的一种刑罚。初创于抗日战争和解放战争时期，"管束""回村执行"等是其早期雏形，已经体现出限制一定自由，依靠群众监督改造的特点。新中国成立后，1952年4月《中华人民共和国惩治贪污条例》正式在法律中将管制作为刑种适用于部分贪污犯罪分子。同年7月《管制反革命分子暂行办法》规定，管制既可以由人民法院判决，也可以由公安机关决定，体现出其具有刑罚和行政处罚的双重属性。1956年全国人大常委会《关于反革命分子的管制一律由人民法院判决的决定》规定，对于犯罪分子的管制，一律由人民法院判决，公安机关执行。自此，管制作为一种纯粹的刑罚方法的法律地位被确认。我国的1979年刑法和1997年刑法都将管制作为主刑加以规定。

　　根据我国刑法以及有关法律的规定，管制具有以下特征。

　　1. 不予关押

　　管制执行期间，服刑人员的人身自由不会被剥夺，仍然在原来的工作单位或者居住地工作或生活，不会中断与社会的正常交往。这是管制与拘役、有期徒刑、无期徒刑等其他自由刑的最大区别。

　　2. 限制犯罪分子一定的人身自由

　　这种对自由的限制，体现了管制作为刑罚方法所具有的惩罚性本质。根据《刑法》第39条的规定，限制自由的内容是：被判处管制的犯罪分子，应当遵守法律、行政法规，服从监督；未经执行机关批准，不得行使言论、出版、集会、结社、游行、示威自由的权利；按照执行机关规定报告自己的活动情况；遵守执行机关关于会客的规定；离开所居住的市、县或者迁居，应当报经执行机关批准。另外，根据《刑法》第38条第2款的规定，判处管制，可以根据犯罪情况，同时禁止犯罪分子在执行期间从事特定活动，进入特定区域、场所，接触特定的人。但对于被判处管制的犯罪分子，在劳动中应当同工同酬。

　　3. 具有一定的期限

　　根据《刑法》第38条及第69条的规定，管制的期限，为3个月以上2年以下，数罪并罚时不得超过3年。根据《刑法》第40条的规定，被判处管制的犯罪分子，管制期满，执行机关应即向本人和其所在单位或者居住地的群众宣布解除管制。

　　4. 依法实行社区矫正

　　由执行地的社区矫正机构实行社区矫正。

二、管制的利弊

(一) 管制的优势

1. 符合行刑社会化的理念

对管制犯罪人不予关押，既可以避免交叉感染，又不会导致重返社会困难。同时，不影响其工作和家庭生活，有利于家庭和社会的稳定。另外，在社会上执行，有利于专门机关与社会力量相结合，调动社区矫正对象的监护人、家庭成员以及所在单位或者就读学校协助社区矫正机构做好社区矫正工作，也便于吸纳企业事业单位、社会组织、志愿者等社会力量广泛参与社区矫正工作。

2. 能够实现罪责刑相适应

对于罪行轻微，且不需要关押的犯罪人而言，管制这种轻刑无疑是最为适合的。管制这一刑种的存在，拓宽了自由刑的适用空间，符合刑罚轻缓化的历史趋势。

3. 符合刑罚经济的原则

对管制犯罪人实行社区矫正，可以减少关押人数，减轻国家在人力、物力和财力上的负担。同时，不影响其原来工作，有利于管制犯罪人在自己熟悉和擅长的岗位上为社会创造财富。

(二) 管制的不足

1. 管制体现出的惩罚性较弱

刑罚的本质是对犯罪的惩罚，而管制对犯罪人的惩罚，主要体现为自由限制，不仅内容不多，而且强度不大。犯罪人实际遵守有关限制的情况，执行机关往往难以具体掌握和控制。这就造成了管制的严厉性不足，威慑力较小。另外，管制的适用对象和适用要求同缓刑相差不大，都要实行社区矫正。社区矫正对于管制是刑罚的执行活动；但对于缓刑而言，却并非刑罚的执行而只是考验期的考察。由此也可看出，管制体现出的惩罚性较弱。

2. 破坏了刑罚体系的科学性

在我国刑罚体系中，有五种主刑，按照由轻到重的顺序排列，依次是：管制、拘役、有期徒刑、无期徒刑、死刑，管制轻于拘役。但如果按照刑期折抵的办法，管制最长可折抵拘役1年，而拘役刑期最高却只有6个月，管制要重于拘役。

3. 管制执行难度大

被判处管制的犯罪人要依法实行社区矫正，但由于犯罪人工作、居住相对分散，社区矫正机构监管力量有限，进行实时有效的监管和个别化的矫正难度较大。

三、管制的存废

同许多事物一样，管制既有其优点，又有其不足。但整体而言，管制作为我国刑罚体系中唯一的限制自由刑，符合刑罚发展的轻缓化、社会化的历史趋势，符合刑罚经济的原则，在应对大量轻微犯罪方面，发挥着不可替代的重要作用，应当予以保留。同时，对于管制在适用中出现的问题，应当在分析原因的基础上，通过修改有关规定、补充相关制度加以完善。

四、管制的完善

1. 提高管制的严厉性

针对管制体现出的惩罚性较弱的问题，有学者建议，应当增加管制易科拘役的规定，对严重违反管制规定的，法院可将剩余刑期易科拘役[1]。此外，应当看到，近年来我国的刑事立法对于提高管制的严厉性已经作出了努力。《刑法修正案（八）》增加了管制可以适用禁止令的规定："判处管制，可以根据犯罪情况，同时禁止犯罪分子在执行期间从事特定活动，进入特定区域、场所，接触特定的人。"2011年最高人民法院、最高人民检察院、公安部、司法部《关于对判处管制、宣告缓刑的犯罪分子适用禁止令有关问题的规定（试行）》第11条规定，判处管制的犯罪分子违反禁止令，由负责执行禁止令的社区矫正机构所在地的公安机关依照《中华人民共和国治安管理处罚法》第60条的规定处罚。

2. 适当缩短管制的刑期

管制作为主刑中最轻的刑种，但按照刑期折抵的办法，反而要重于拘役，破坏了刑罚体系的协调性，是不合适的。另外，过长的刑期会影响到罪犯正常的工作和生活，使其难以真正融入社会，对改造效果产生负面效应；同时，还会给执

---

[1] 马克昌主编：《刑罚通论》，武汉大学出版社1999年版，第189页。

行机关的执行带来过重负担。

3. 扩大管制的适用范围

应当科学理顺管制与拘役的关系，除了对严重违反管制规定的，法院可将剩余刑期易科拘役外，也应当规定反向易科制度，亦即罪行轻微应当判处拘役，但无关押必要的，可以判处管制。如此，不仅扩大了管制的适用范围，而且协调了拘役与管制的关系，法院可根据案件的不同情况，灵活选择适用这两种轻刑，更好实现刑罚个别化。

 思 考 题

1. 简述自由刑的分类。
2. 简述有期徒刑的优点。
3. 简述无期徒刑的适用对象。
4. 论拘役的完善。
5. 论管制的存废。

 案 例 分 析[①]

根据《刑法》第291条之二规定，从建筑物或者其他高空抛掷物品，情节严重的，处1年以下有期徒刑、拘役或者管制，并处或者单处罚金。

2021年6月8日晚，住在静安某小区30层的徐某将一个盛有饮品的塑料咖啡杯从窗户抛下，砸至路过居民脚边，后者在浏览杯上相关订单信息后报警。警方通过查看公共视频画面，证实作案人为徐某。在警方调查阶段，6月15日，徐某再次将装有小龙虾残渣的塑料餐碗从30层高户抛下，掉落小区主干道。

2021年11月，上海市静安区法院对上海市民徐某高空抛物一案开庭审理并当庭作出判决，被告人徐某犯高空抛物罪，判处拘役3个月，并处罚金人民币1000元，不适用缓刑。

请结合拘役的适用特点，谈一谈拘役与有期徒刑以及管制的区别。

---

① 上海市静安区人民法院（2021）沪0106刑初1301号刑事判决书。

第七章

财产刑

学习要点

　　财产刑是以剥夺财产为内容的一类刑罚方法。在我国，有罚金刑与没收财产刑两种。罚金刑是法院判处犯罪人向国家缴纳一定数额金钱的刑罚，具有开放性、可分割性等优点，我国刑法对罚金刑的适用范围、适用方式、数额及执行方式等均有详细的规定；没收财产刑是将犯罪人个人所有财产的一部分或全部强制无偿地收归国有的刑罚，具有无偿性、有限性、现存性等特征，我国刑法对没收财产刑的适用对象、适用方式等作了详细规定。

重点问题

1. 罚金刑的独特优势
2. 我国罚金刑适用范围与适用方式
3. 我国罚金刑的数额立法
4. 没收财产刑的特征
5. 我国没收财产刑适用对象及适用方式

第一节　财产刑概述

一、财产刑的概念

（一）财产刑的定义

　　财产刑是以剥夺财产为内容的一类刑罚方法，也是我国刑法规定的刑罚方法之一，是人民法院根据刑法的规定在判处被告人主刑的同时判处的剥夺被告人财产的刑罚，与生命刑、自由刑和资格刑一起组成当今世界的主要刑罚体系。在我国，财产刑分为罚金刑、没收财产刑两种。罚金刑是人民法院判处被告人向国家缴纳一定数额金钱的刑罚。没收财产刑是指人民法院判处的将被告人部分或全部财产没收上缴国家的刑罚。它们可以附加适用或者单独适用，在我国现行刑罚体系中都处于附加刑的地位。

（二）财产刑的特征

作为刑罚方法的财产刑，一方面具有刑罚所普遍具有的特征；另一方面又由于与自由刑、生命刑、资格刑在剥夺内容上的不同，又具有其所独有的特征。财产刑的特征可以分为其本质特征与形式特征两种。

1. 财产刑的本质特征

财产刑的本质特征，包括以下几点。首先，财产刑是一种刑罚方法。财产刑作为一种刑罚方法，具有刑法所共有的外部特征和本质属性。主要表现在：（1）适用对象的特定性。适用财产刑的对象只能是经过人民法院判决为有罪的犯罪人。（2）适用主体的单一性。对犯罪者是否适用财产刑以及适用何种财产刑，只能是人民法院依法独立行使审判权的结果，其他任何行政机关、社会团体和个人均不得干涉或行使这项权力。（3）适用结果的严厉性。财产刑因其具有刑罚属性，犯罪者在承受财产损失的同时，还要承受判处刑罚后所要承担的其他法律后果，比如行为人在未来的工作和生活中行使某些权利、从事某种岗位、担任某些职务等方面将会受到相应的影响。

其次，财产刑的内容为剥夺犯罪人的财产。这是财产刑概念的核心内容。根据我国《刑法》第92条对公民私人所有的财产的规定，是指："（一）公民的合法收入、储蓄、房屋和其他生活资料；（二）依法归个人、家庭所有的生产资料；（三）个体户和私营企业的合法财产；（四）依法归个人所有的股份、股票、债券和其他财产"。据此，从刑罚的角度来看，刑法意义上财产刑对犯罪者的剥夺，在于让犯罪者在被判刑时"失去"作为一个公民拥有财产的资格，即私有财产权，通过财产刑对犯罪者的财产权利进行剥夺，使其丧失赖以生存或享受的物质资本，进而达到对其自由的限制，并使其从中感受到刑罚的痛苦性。由于公民的财产在法律上有不同的存在状态，因此财产刑的剥夺范围当然就包括犯罪者在财产上所享有的任何受法律保护的权益。

2. 财产刑的形式特征

财产刑的形式特征，包括以下几点。首先，财产刑是一种数额性刑罚，数额的大小决定刑罚的轻重。这种数额性主要是指财产刑可以数量化，可以进行分割。形态各异的犯罪和千差万别的犯罪人，不仅刑罚的体系要求具有层次性，同时还要求不同的刑罚方法相互之间也要有轻重之分，而且每种刑罚方法本身也有一定的可分割性，从而更好地实现罪刑之间的相适应。正如自由刑是以时间的长短表明刑罚的轻重，财产刑便是以剥夺财产价值的数额表明刑罚的轻重，剥夺财产的价值越大，表明刑罚的惩罚越重。

其次，财产刑适用方式的灵活性及财产刑适用的易纠错性。财产刑适用方式上非常灵活，既可以在判处主刑的同时附加财产刑，也可以独立适用财产刑，使其更有利于发挥不同刑种的优势，惩罚功效更具有针对性。同时，由于财产刑剥夺的内容仅仅是财产，并未损害其人身权，由于不直接限制或剥夺犯罪人的自由和生命，对其生活不会造成太大的影响，因此一旦发现错误，便可通过返还财产、赔偿损失等方式弥补其损失，从而更容易得到纠正和弥补。

二、财产刑的历史沿革

（一）罚金刑的演进

1. 罚金刑的起源

罚金刑有着悠久的历史。罚金刑作为一种刑罚，其起源离不开国家的产生和商品经济的发展，因此，罚金刑的起源最早可以追溯至奴隶社会。由于古代东西方商品经济发展状况的不同，罚金刑在西方国家的起源早于我国。一般认为，世界上最早规定罚金刑的是古巴比伦王国在公元前18世纪颁布的《汉谟拉比法典》。而在我国，中国的罚金刑是在奴隶社会的鼎盛时期——西周时代，随着商品经济的发展和金属货币的出现及广泛使用而产生的。罚金刑源于周朝《吕刑》，"五刑不简，正于五罚"中的"五罚"即是罚金。在周朝罚金分为五等，罚金比"五刑"轻，适用于轻刑犯。

2. 罚金刑的发展

随着人类社会发展进入封建社会，罚金刑同其他刑罚一样，继续作为维护统治阶级特权的工具而存在。在封建制时代，中外罚金刑都经历了大致相同的发展轨迹。在封建制刚刚建立的初期，由于受原始社会报复刑观念的影响，刑罚方法的创制以犯罪外在侵害为蓝本，同时也以对受害人充分赔偿为原则。因此，对于那些侵害财产性犯罪、较轻的侵害人身的犯罪，都规定了罚金刑。在这一历史时期，罚金刑在刑罚制度中曾起过重要作用。但是，到封建社会中晚期，在封建集权思想的统治下，刑罚以威慑主义为原则，过分强调原心定罪，刑罚以极端残忍为特色，例如，西欧一些国家刑罚的制定表现出极大的任意性、残忍性和复杂性，死刑和肉刑成为主要的刑种；而我国封建社会则同样充满血腥，例如，从五代到清末，凌迟延续了千年之久，除此之外还有枭首、戮尸、缘坐等残酷的死刑方式。在这样的酷刑时代，本来适用于轻罪的罚金刑的地位日渐衰退，处于极为次要的从属地位。

由中世纪步入近代历史，资本主义的刑罚受"启蒙运动"的影响，以批判封建专制主义和宗教愚昧，否定封建等级特权和刑罚残暴为特征，倡导自由、平等和民主为主旨。以西班牙、葡萄牙、德国、英国等为代表的国家相继废除了肢体刑与肉刑，并构建了以自由刑为中心的刑罚体系，刑罚呈现出由严酷走向宽和的趋势。然而，罚金刑并没有因符合刑罚宽和的理念而迅速走到刑罚舞台的中央，却因曾在历史上作为维护阶级等级特权的工具而受到抨击。

历史发展到 19 世纪后期，刑事实证学派日益兴起。随着犯罪日益增多，尤其是累犯大量涌现，自由刑尤其是短期自由刑的作用开始受到质疑。罚金刑作为典型的轻刑，既能克服短期自由刑交叉感染等弊端，又能在一定程度上实现刑罚惩罚与威慑的功能，而且更为重要的是与刑罚轻缓化的立法理念相契合而受到各国刑法的广泛重视。此外，经济犯罪和过失犯罪的大量增加亦为罚金刑地位的提升创造了条件，罚金刑被西方学者普遍认为是适用于贪利性犯罪、法人犯罪和过失犯罪的最有效、最可行且最经济的刑罚措施。20 世纪以后，罚金刑得到了空前的发展，很多国家的刑法都赋予其重要地位并在司法实践中广泛适用。

随着西方近代刑法制度的发展和法律文化的输入，我国掀起了罚金刑近代化演变的序幕。1910 年清政府颁布的《大清新刑律》引进了西方近代刑法制度，是晚清修律的重要成果。《大清新刑律》不仅将罚金刑规定为主刑，而且对其缴纳的最低数额、缴纳期限和执行措施等方面都作了详尽的规定，尤其是罚金易科制度的引入，充分体现了西方法律制度对我国的影响。尽管该刑律因清王朝的覆灭而未能施行，但对后世影响很大。1935 年 1 月 1 日，国民党政府修订公布了《中华民国刑法》，规定罚金刑属于主刑，合并判处罚金适用限制加重原则，罚金刑可宣告缓刑，并增设了易科罚金刑，罚金可易科惩役、训诫。新民主主义革命时期，根据地民主政权颁布的法律法令并不统一，从规定罚金刑的几个法律或条例来看，这一时期的罚金刑既适用于一般刑事犯罪，也可适用于反革命犯罪；罚金数额相对确定；对于轻微犯罪单科适用，对于比较严重的犯罪则并科适用。

新中国成立后，我国第一部刑法典——1979年《中华人民共和国刑法》对罚金刑进行了全面规定。具体来说，总则规定了罚金刑为附加刑，既可附加适用，也可独立适用。在裁量原则方面，规定应根据犯罪情节确定罚金数额。此外，还规定了罚金刑的具体缴纳原则即一次、分期、强制缴纳以及可酌情减免的制度。分则中规定罚金刑的刑法条文有20个，占分则条文总数的19%。主要集中于破坏社会主义经济秩序罪和妨害社会管理秩序罪中，对于侵犯财产罪，只对故意毁坏财物罪配置了罚金刑。1979年刑法施行后，我国先后颁布了24个单行刑法，其中16个单行刑法共85个条文规定了罚金刑。在1997年颁布的《中华人民共和国刑法》中规定了罚金刑的裁量原则、缴纳方式、适用方式等内容，罚金刑的适用被不断扩大。至今为止，刑法又经历了多次修正。具体来说，1997年以来颁布的各种刑法规范和刑法修正案对罚金刑的修改主要体现在三个方面：首先，增加了适用罚金刑的罪名，扩大了适用范围。1997年刑法规定涉及罚金刑的条文多达300余处，而到《刑法修正案（十二）》，涉及罚金刑的罪名更是多达225个，占到全部罪名总数的46.6%。其次，增设了追缴制和延期缴纳制。1997年《刑法》第53条规定在1979年《刑法》第49条规定"可以酌情或者免除"的基础上，增设了"可以延期缴纳"的规定。这体现了刑罚执行的灵活性。再次，增加规定了民事赔偿优先原则。1997年《刑法》第36条第2款规定："承担民事赔偿责任的犯罪分子，同时被判处罚金，其财产不足以全部支付的……应当先承担对被害人的民事赔偿责任。"经过历次刑法的修改和完善，正如习近平总书记在党的二十大报告中所提出的，中国特色社会主义法治体系加快建设，司法体制改革取得重大进展，社会公平正义保障更为坚实。总之，随着近年国外刑罚理念的传播和影响的加深，加上国内经济的迅猛发展，社会财富的快速积聚，人们商品意识迅速觉醒，罚金刑以其轻刑和经济性特点受到法学理论界和立法机关的重视，进而推动立法的发展和适用上的扩张。

（二）没收财产刑的演进

1. 没收财产刑的起源

没收财产刑在我国古代刑法史上，可谓源远流长。从史料上看，关于没收财产刑的明确记载最早见于战国时期李悝制定的《法经》。《法经》经由商鞅带入秦国之后，极大地推动了秦国法律制度的发展，秦律中出现了"没"和"收"。

"没"是指把罪犯的财产由国家强制充公，"收"分为没收财物和没收人口。自此之后，我国历朝历代封建王朝均将没收财产刑规定于刑律之中，直到清末修律。

没收财产刑在国外法律中最早的出现，据考证是在《汉谟拉比法典》和《十二铜表法》的规定当中。随后封建时期的西方各国，由于生产方式的变革，生产力的长足发展，大多数人在私有财产方面相对独立，拥有了属于个人所有的财产，这是封建社会没收财产刑日渐普遍的物质基础。

2. 没收财产刑的发展

17世纪、18世纪随着资本主义发展、启蒙运动的兴起，伴随着私有财产神圣不可侵犯理念的确立，没收财产刑开始受到批评和质疑。在此情形下，大部分国家在刑法中将一般没收取消，仅将规定没收与犯罪有关的财物即特别没收进行了保留。也有些国家原规定有没收财产刑，现在加以废止的。比如，英国具有对重罪附加适用没收财产的传统，受到启蒙运动的影响，1870年英国颁布《重罪法》，将重罪犯没收全部财产的制度废止。至1967年《刑事法令》中取消重罪与轻罪的划分，没收财产刑在英国彻底被终结。目前，在保留没收财产刑的国家中，多数国家把没收财产刑适用于危害国家安全类罪等犯罪性质很严重的罪名。例如，在封建时期，法国曾经大范围地使用没收财产刑，直到1789年法国大革命之后才废止。但1810年法国刑法典因为种种原因，又针对没收财产刑作出了详细的规定，在这一法典中，危害国家安全类的严重犯罪被适用没收财产刑。其中对我们具有借鉴意义的是，该法典体现了保护犯罪人家庭成员所有财产的思想。该法典规定，如果被判处刑罚的人已婚，则需要先将夫妻共同财产分割，之后没收犯罪人所占有的份额。当被判处刑罚的人未婚，则只需没收全部财产即可。再如，罗马尼亚刑法中规定，17个危害国家安全类的罪名中，有13个适用没收财产刑，所占比率已经达到了76%。

而我国历史发展到清朝末年，清政府迫于内外压力被迫修律。在借鉴德、日刑法立法的基础上，清政府颁布了《大清新刑律》。《大清新刑律》打破了传统的封建刑罚体系，废除了没收财产刑，只规定了特别没收。其所规定没收之物为违禁私造、私有之物供犯罪所用及预备之物因犯罪所得之物。此后，中华民国政府和之后的国民党政府基本沿袭了《大清新刑律》的内容。不过，由于中国近代社会政权更替频繁，有关的立法没有很好地实行。之后，随着中国共产党的胜利，国民党败退台湾，中华人民共和国宣布废除国民党的"六法全书"，清末以来所谓的变法成果对我国社会发展和现行的法律没有直接影响。

　　新中国成立后，1979 年刑法在总结革命时期经验、吸收借鉴苏联刑罚体系及考虑我国基本国情的基础上，对我国犯罪与刑罚体系进行了系统规定，将刑罚分为主刑和附加刑，并正式确立了没收财产刑的附加刑地位。在这部刑法典中对一般没收的概念、范围、适用方式进行了具体全面规定，适用没收财产的犯罪类型指向反革命犯罪、严重经济犯罪和财产性犯罪等，并将一般没收与特别没收区分开来适用不同的犯罪情形。1979 年刑法实施后，全国人大常委会通过单行刑法形式来规制不断涌现的新型犯罪，没收财产刑的适用范围也相应扩大。1997 年刑法典在吸收旧刑法的基础上，结合我国的发展形势，对没收财产刑的规定也更加严密。现行刑法及后续颁布的刑法修正案对没收财产刑的适用范围加以扩展，除危害国家安全犯罪及贪财图利性犯罪外，恐怖活动犯罪和涉黑犯罪等也都可处以没收财产，并且将"为犯罪分子个人及扶养的家属保留必需的生活费用"明确化，照顾到了公民的切身利益。

第二节　罚金刑

一、罚金刑的概念及特征

　　罚金刑，是法院判处犯罪人向国家缴纳一定数额金钱的刑罚方法。罚金刑通过剥夺犯罪分子的合法财产使其遭受物质上的损失和心理上的痛苦。它不会像自由刑一样在不同程度上限制犯罪分子的人身自由，也不像死刑一样会剥夺犯罪人的生命权。所以从整体上看，罚金刑是一种惩罚的程度较为轻缓的刑罚处罚方法。其主要特征有以下几点。

　　1. 罚金刑是一种剥夺犯罪人金钱的刑罚方法

　　在我国的刑罚体系中，罚金刑属于财产刑的一种，它以剥夺犯罪人一定数额的金钱为特征，但与同为财产刑的没收财产又有所不同。没收财产既可以剥夺犯罪人的金钱，也可以剥夺包括房产、工厂、汽车等财物，而罚金刑只能剥夺犯罪人的金钱，不包括其他财物或非法收入。同时，作为刑罚，罚金刑应当是国家对犯罪行为的否定评价与谴责犯罪最严厉的方式，是当然地通过限制和剥夺犯罪人重要合法权益施加惩罚。正如犯罪人人身自由为自由刑所剥夺或限制，犯罪人合法的财产为财产刑所剥夺。所以罚金刑限于剥夺犯罪人合法所有的金钱，犯罪违法所得需依靠追缴、退赔或没收解决。

2. 罚金刑必须由法院依法判决

罚金刑是我国刑法规定的一种刑罚方法，根据现代民主制的要求和法律对国家权力所规定的分工来看，适用刑罚的主体只能是我国的审判机关——法院，其他任何单位或者个人都无权判决罚金刑。法院遵循罪刑法定原则和罪责刑相适应原则，依据刑法和刑事诉讼法的明文规定，决定是否判处犯罪人构成犯罪和是否应判处罚金刑、判处多大数额的罚金。由此可见，法院判处罚金的对象必须是触犯了刑法并需要承担刑事责任的犯罪人，对没有触犯刑法的一般违法者一律不适用罚金，以此保证罚金刑适用的公平、合理、准确，而不被滥用。

3. 罚金刑是犯罪人向国家缴纳，所剥夺的金钱归国家所有

根据《刑法》第64条规定，犯罪人所缴纳的罚金一律归国家所有。罚金由犯罪人向办结该案的人民法院缴交，但法院只是代表国家执行刑罚，缴纳的罚金不归法院所有也不归案件被害人所有。这一特征使罚金刑与民事赔偿等财产性补偿措施不同，一般民事案件需要当事人一方进行赔偿的情况下，法院作出判决后，承担赔偿责任的一方当事人将财物交付受偿一方，法院在其中只是扮演一个居中调停的角色。但法院作为罚金刑的执行主体，法院只是代表国家收缴，其所收缴的罚金最终必须上缴国家。向国家缴纳的金钱既充分表明了罚金是国家对犯罪人财产权益剥夺的根本性质，也表明罚金是国家对犯罪人的否定性的道德、政治评价。

4. 罚金刑执行的随时追缴性

按照《刑法》第53条规定"期满不缴纳的，强制缴纳"。这充分表明，罚金刑和其他刑罚一样，具有明显的强制性特征。当罚金在期限内未能及时缴纳时，法院应当依法强制被执行人缴纳。当未能一次缴纳足够的罚金数额，被执行人在任何时候被法院发现有可供执行的财产时能被随时追缴。这是国家意志的体现，也是刑罚强制性的直接后果。当然，除了上述强制性规定以外，为保证罚金刑的顺利执行，《刑法》第53条作出进一步规定，要求对确有缴纳困难情况的实质进行判断：如果遭遇不可抗力如灾祸、疾病等导致存在确实缴纳困难的理由，经过人民法院的裁定，可以延期缴纳、酌情减少或者免除罚金，增加了法律规定的灵活性。

二、罚金刑的独特优势

关于罚金刑的利弊之争旷日持久，但是罚金刑作为只是对犯罪分子判处金钱

处罚而并未对人身进行关押的刑种，其固有的独特优势却是无法被磨灭的。

1. 罚金刑的开放性

一方面，可以避免交叉感染。监狱就像一座大熔炉，虽然现代监狱在管理制度和基础设施建设方面都在不断进步和完善之中，但有些犯罪分子在监狱中极容易受到其他罪犯的影响，由此造成的后果便是犯罪分子之间的交叉感染。对犯罪分子判处相应的罚金便可以在一定程度上消除这种隐患，服刑人员并没有被关押起来，也便不会接触到可能将其引入歧途的其他犯罪分子。这也使得刑罚特殊预防的目的能够得到更好的实现。

另一方面，可以避免犯罪分子与社会脱节。有的犯罪人是家中的经济支柱，一旦入狱，会对家人的生活带来物质上的影响。由于罚金刑并不限制犯罪分子的人身自由，犯罪分子就不用离开原有的生产和生活，也不必与家人和社会隔离，从而避免了对犯罪人日常生产的影响。因此，罚金刑不论从个人角度还是社会的角度来说，其所造成的损失都是最小的。

2. 罚金刑的可分割性

由于罚金刑剥夺的对象是犯罪人的金钱，而金钱是可以精确计量的。运用罚金刑可以根据犯罪的社会危害性程度和犯罪人的主观恶性程度判处与罪行相适应的罚金数额。由于犯罪的多样性必然要求刑罚的多样性，这样才能做到罚当其罪。只有可分割的刑罚方法才能满足刑法基本原则之一的罪行等价的要求。罚金刑的可分割性，可以促进量刑更加科学化，也可以使犯罪和刑罚的对应更为精确，从而最大限度地发挥刑罚的功能。

3. 罚金刑的特殊预防性

对于财产类犯罪的犯罪分子而言，罚金刑特殊预防的作用更加明显。对于贪利性犯罪的犯罪人而言，其犯罪的目的就是为获得非法的金钱利益。因此，对这一类犯罪人科处罚金，剥夺他们自己所有的金钱，在使他们产生强烈的痛苦体验的同时也剥夺了他们犯罪所需的经济条件，从而打退其继续犯罪的动机。因此，罚金刑对贪利性犯罪更具有针对性。对于情节比较轻的贪利性犯罪，仅单处罚金就可以使犯罪人感到在经济上无利可图，得不偿失，会使其重新评估并且规范自己的行为，从而达到刑罚的效果。

对于单位犯罪而言，各国刑事立法中对法人犯罪大都实行双罚制。但由于法人人格的法律拟制性，就决定了对于法人犯罪无法适用死刑或自由刑，如果对法人适用强制解散、停止营业、限制营业、没收财产等措施，又会对社会经济的发展造成较大的损害。而罚金刑属于财产刑，法人具有一定的财产，因此，罚金刑可适用于法人犯罪。实际上在我国刑法中，罚金刑是处罚犯罪单位唯一的刑罚方法。

4. 罚金刑的可纠正性

罚金作为一种可以量化的金钱，就意味着即使是在罚金刑执行完毕之后的一段时间里，法院推翻了原判决，也能够通过退还罚金的方式及时纠正已经执行的刑罚。与生命刑和自由刑相比，罚金刑的可恢复性是其他刑罚无法企及的。生命刑是对生命的剥夺，人死而不能复生；自由刑是对自由的剥夺或限制，即便释放，已失去的自由却无法挽回。唯有适用罚金刑后，一旦发现误判，可以通过向受刑人返还其缴纳的金钱，赔偿其利息及损失并恢复名誉等方式进行纠正。

三、罚金刑在我国刑罚体系中的地位

所谓罚金刑在刑罚体系中的地位，就是指罚金刑在一国刑罚体系中是处于主要地位还是次要地位。受到犯罪现象错综复杂的影响，国家必须设置多种刑罚方法以满足惩罚和预防犯罪的需要。这些不同的刑罚方法相互作用、相互制约，形成了一个国家轻重有序、主次协调的刑罚体系。一种刑罚方法在一国刑罚体系中的地位，不仅反映了该种刑罚方法的受重视程度，而且对其立法配置、司法适用以及执行效果等诸多方面都将产生重大影响。因此，罚金刑在刑罚体系中的地位是决定其立法配置的第一环节，也是关键环节，具有极其重要的意义。一般来讲，罚金刑在刑罚体系中的地位主要根据其对实现刑罚目的所起作用的大小来衡量，具体表现为罚金刑立法配置数量的多少和宣告刑适用率的高低等，而对于已在刑罚体系中划分主刑和附加刑的国家则一般通过罚金刑是主刑还是附加刑来对其进行判断。

从世界范围来看，罚金刑地位的规定主要有以下四种立法例。

1. 罚金刑作为主刑

采用这一立法模式的国家较多，罚金刑可以说已成为西方国家刑事司法实践中运用最为广泛和频繁的制裁手段，主要有德国、意大利、巴西、罗马尼亚、瑞士等国。如《意大利刑法典》第 17 条规定："重罪的主刑是：死刑、无期徒刑、有期徒刑、罚金。"

2. 罚金刑既作为主刑也作为附加刑

采用这一立法模式的国家有蒙古国、俄罗斯、越南和南斯拉夫等。例如，《蒙古人民共和国刑法典》第 17 条分两款规定了主刑和附加刑，主刑和附加刑中都包括罚金。

3. 罚金刑作为附加刑

采用这一立法模式的国家较少，比较典型的有捷克斯洛伐克和中国。如《捷克斯洛伐克刑法典》第 18 条将罚金刑规定为附加刑，只能与主刑附加适用，不能独立适用。

4. 无主刑、附加刑之分的罚金刑

该种立法例只按刑罚轻重顺序对罚金刑进行排列，罚金刑的地位需根据其立法配置数量的多少和宣告刑适用率的高低等进行判断。采用这一立法模式的国家有韩国、泰国和土耳其等。如《韩国刑法典》第 41 条规定刑罚的种类如下：死刑、惩役、禁锢、资格丧失、资格停止、罚金、拘留、科料和没收。

在我国，根据《刑法》第 32 条规定，刑罚分为主刑和附加刑。第 33 条规定，主刑的种类如下：管制；拘役；有期徒刑；无期徒刑；死刑。第 34 条规定，附加刑的种类如下：罚金；剥夺政治权利；没收财产。附加刑也可以独立适用。因此，罚金刑在我国刑法中的地位是附加刑，既可以附加适用又可以单独适用，既可以与主刑并处又可以单独适用，具有很强的灵活性。

四、我国罚金刑的适用范围

追溯我国刑事立法发展，在 1979 年刑法分则中的罪名较少涉及罚金刑的适用，罚金刑的适用范围比较窄。具体来看，1979 年刑法分则共有 99 个罪名，但是涉及适用罚金刑的则只有 23 个罪名，占整个比例的 23.2%。罪名主要涵盖在"妨害社会管理秩序罪""破坏社会主义经济秩序罪"之中。伴随着我国社会经济的发展，在 1979 年之后陆续颁行的单行刑法中有 16 个单行刑法对罚金刑的适用作出规定，大大增加了罚金刑的适用。1997 年刑法则大幅度扩大了罚金刑适用范围。1997 年刑法以及随后陆续颁布的若干刑法修正案，围绕罚金刑的适用有了较大变化，使得罚金刑科学化和合理化。在《刑法修正案（十二）》颁布之后，我国刑法分则总罪名已经达到 483 个，其中配置了罚金刑适用的罪名为 225 个，所占比例达到了 46.6%，适用罚金刑罪名的分布则遍及刑法分则全七章内容。其中，第三章"破坏社会主义市场经济秩序罪"和第六章"妨害社会管理秩序罪"是罚金刑分布最多的章。还有部分设置罚金刑的罪名分布于侵犯公民人身权利、民主权利犯罪，侵犯财产犯罪，贪污贿赂犯罪等之中。

综上所述，从我国刑事立法的变迁就可以看出，罚金刑的适用范围越来越大，适用罚金刑的罪名越来越多，罚金刑的适用方式也呈现多元化趋势。这一变化表明立法者对罚金刑逐渐关注，并予以更高的重视。

五、我国罚金刑的适用方式

我国 1979 年刑法中规定的罚金刑有三种适用方式，即并科罚金制、选科罚金制和复合罚金制。而现行 1997 年刑法中对罚金刑的适用方式有所扩大，有单科罚金制、选科罚金制、并科罚金制、复合罚金制四种罚金刑的适用方式，具体内容分别有以下几点。

1. 单科罚金制

单科罚金制指的是刑法规定对某一罪名只配置罚金刑一种刑罚方式，通常用于罪行极其轻微、人身危险程度极低、社会危害性极小的罪名。我国目前没有对自然人犯罪配置单科罚金刑，全部的单科罚金刑都配置在单位犯罪中的单位，而对单位犯罪中的自然人没有单科罚金。例如，《刑法》第 137 条规定的工程重大安全事故罪："建设单位、设计单位、施工单位、工程监理单位违反国家规定，降低工程质量标准，造成重大安全事故的，对直接责任人员，处五年以下有期徒刑或者拘役，并处罚金；后果特别严重的，处五年以上十年以下有期徒刑，并处罚金。"

2. 选科罚金制

选科罚金制指的是刑法规定对某一罪名配置了包括罚金刑在内的多种刑罚方式，法院在判决时，根据具体案情，选择合适的某一种刑罚手段。我国刑法规定的适用选科罚金制的罪名较少，都是犯罪性质和情节较轻，最高刑为 3 年或 2 年有期徒刑的故意犯罪。涉及的罪名主要有：聚众阻碍解救被收买的妇女、儿童罪；侵占罪；故意毁坏财物罪；妨害公务罪；扰乱法庭秩序罪、拒不执行判决、裁定罪；非法处置查封、扣押、冻结的财产罪；非法捕捞水产品罪；非法狩猎罪；阻碍军人执行职务罪等。

3. 并科罚金制

并科罚金制指的是刑法规定对某一罪名配置了包括罚金刑在内的多种刑罚方式，法院在判决时，同时适用多种刑罚方式。这是我国主要的罚金刑适用方式，配置的罪名数量，占到全部罚金刑的一半以上。例如，《刑法》第 133 条之一规定的危险驾驶罪，在道路上驾驶机动车追逐竞驶，情节恶劣的，或者在道路上醉酒驾驶机动车的，处拘役，并处罚金。

4. 复合罚金制

复合罚金制指的是刑法规定对某一罪名配置了单科、选科、并科多种适用方式，法院在判决时，可以根据案情进行选择。例如，《刑法》第172条规定的持有、使用假币罪："明知是伪造的货币而持有、使用，数额较大的，处三年以下有期徒刑或者拘役，并处或者单处一万元以上十万元以下罚金；数额巨大的，处三年以上十年以下有期徒刑，并处二万元以上二十万元以下罚金；数额特别巨大的，处十年以上有期徒刑，并处五万元以上五十万元以下罚金或者没收财产。"

六、我国罚金刑的数额立法

我国刑法罚金刑数额立法是采取总则、分则共同规定的立法模式。在总则中的第52条作了原则性的规定，即"判处罚金，应当根据犯罪情节决定罚金数额"，在这个原则的指导下，分则又采用了无限额罚金、限额罚金、倍比罚金制三种方式。

1. 无限额罚金制

无限额罚金制是指刑法就某一设置了罚金刑的罪名未规定罚金刑的数额幅度，法院根据案件的性质、情节、危害程度等因素来判处相应数额的罚金。比如《刑法》第176条规定的非法吸收公众存款罪"非法吸收公众存款或者变相吸收公众存款，扰乱金融秩序的，处三年以下有期徒刑或者拘役，并处或者单处罚金；数额巨大或者有其他严重情节的，处三年以上十年以下有期徒刑，并处罚金；数额特别巨大或者有其他特别严重情节的，处十年以上有期徒刑，并处罚金。"

2. 限额罚金制

与无限额罚金制相对应，是指刑法就某一设置了罚金刑的罪名规定了罚金刑的上限与下限，法院根据案件的性质、情节、危害程度等因素在该区间内判处相应数额的罚金。例如，《刑法》第207条规定的非法出售增值税专用发票罪"非法出售增值税专用发票的，处三年以下有期徒刑、拘役或者管制，并处二万元以上二十万元以下罚金；数量较大的，处三年以上十年以下有期徒刑，并处五万元以上五十万元以下罚金；数量巨大的，处十年以上有期徒刑或者无期徒刑，并处五万元以上五十万元以下罚金或者没收财产。"

3. 倍比罚金制

倍比罚金制是指刑法规定以某个与犯罪有关的数额为基础，然后以其一定的倍数或几分之一来确定罚金数额的制度，即按照一定数额的倍数或者分数来确定罚金数额。例如，《刑法》第 140 条规定的生产、销售伪劣商品罪"生产者、销售者在产品中掺杂、掺假，以假充真，以次充好或者以不合格产品冒充合格产品，销售金额五万元以上不满二十万元的，处二年以下有期徒刑或者拘役，并处或者单处销售金额百分之五十以上二倍以下罚金……"

当然，在立法修改的过程中，也有可能对个别罪名的具体数额立法进行调整，如《刑法修正案（十一）》对于有关个罪就作了罚金刑无限额化的修订，即将原刑法条文中规定的限额罚金刑与倍比罚金刑修改为无限额罚金刑。将 1997年《刑法》第 161 条违规披露、不披露重要信息罪，第 176 条非法吸收公众存款罪和第 192 条集资诈骗罪中的限额罚金刑修改为无限额罚金刑。将原《刑法》第142 条生产、销售、提供劣药罪，第 160 条欺诈发行证券罪以及第 191 条洗钱罪中的倍比罚金刑修改为无限额罚金刑。这种罚金刑无限额化的财产刑调整取消了原先可以通过限额与倍比（包括倍数与分数）控制罚金上、下限的模式，很大程度上加重了对相关犯罪在财产刑上的惩戒力度，赋予了法官更大的裁量权，从而更好地实现习近平总书记在党的二十大报告中提出的"建设公正高效权威的社会主义司法制度，努力让人民群众在每一个司法案件中感受到公平正义"的目标。

第三节 没收财产刑

一、没收财产刑的概念及特征

没收财产刑是将犯罪人个人所有财产的一部分或全部强制无偿地收归国有的刑罚。没收财产刑有广义和狭义之分，广义的没收财产刑包括一般没收和特别没收，而狭义的没收财产刑仅指一般没收。一般没收是指没收犯罪分子现有财产的一部分或全部，而不问财产的来源是否合法；特别没收则是指将与犯罪密切相关的财物予以没收，一般是指用于犯罪之物、犯罪所得之物、犯罪所生之物、违禁品等。目前将没收财产刑规定为一般没收的国家，以我国最为典型。

从世界范围看，由于受到经济体制、政治制度、刑法理念的影响，各国的没收财产制度表现出巨大差异。如我国刑法既规定了与罚金刑同为财产附加刑的没收财产刑，又在总则刑法的具体运用中规定了对违禁品和供犯罪所用的本人财物的没收制度。在日本现行刑法中，所谓的没收刑则仅指后者而言，且其以唯一的附加刑的形式出现。而美国的刑事没收虽然也是作为刑罚制度对被宣判有罪之人科处，但其没收财产的范围由各单行刑事法律分别规定，各有不同。一般来说，供犯罪行为使用或欲供犯罪行为使用之物以及犯罪所生之利益或财产是刑事没收的对象。由此可见，没收财产刑在各国刑法体系中的地位及其具体规定的内容各不相同。没收财产刑作为刑罚的一种，除了具备与其他刑种的共性之外，还具有以下自身的特殊特征。

1. 没收财产刑的无偿性

没收财产刑的无偿性是指当国家将犯罪人的私有财产强制转换为国有财产时，无须向犯罪人给予任何方式的对价补偿。没收财产刑必须是无偿的，否则就会基本无异于国家征收。没收财产刑与国家征收都是一种国家征收的行为，无偿性与有偿性是其存在的重要区别。虽然，法律对于公民私有财产的保护观念早已深入人心，但是，这种保护并非无节制的，必须向犯罪人施加某种痛苦——这是刑罚的本质属性，而无偿剥夺犯罪人的财产权利就能够体现出刑罚的这一属性。当然，无偿性并不意味着犯罪人的财产可以遭到他人肆无忌惮地践踏，即便是在没收财产刑的执行过程中，如果执行人员损坏了其不应损坏的财产——如不应被没收的属于家庭成员基本生活范畴之内的财产，那么相关执行人员或者机关也要予以赔偿。

2. 没收财产刑的有限性

没收财产刑的有限性主要体现在两个方面：一方面，没收财产刑以犯罪人个人所有的财产为限。我国《刑法》第 59 条第 2 款规定，在判处没收财产的时候，不得没收属于犯罪分子家属所有或者应有的财产。这与古代刑法动辄"抄家""籍没"等残酷的"连坐"刑罚具有明显区别，是罪责自负原则的要求。另一方面，即使是犯罪人个人所有的财产也不能无限剥夺。我国《刑法》第 59 条第 1 款规定，没收全部财产的，应当对犯罪分子个人及其扶养的家属保留必需的生活费用。这是人道主义的要求，不能为了充分实现惩罚而使和犯罪无关的人失去生活保障，也避免出现因为刑罚的执行导致过分严酷的后果、导致与犯罪无关的人事实上遭到"连坐"。

3. 没收财产刑的现存性

没收财产刑的现存性是指执行没收财产刑时，司法机关只能针对犯罪人在执行当时现实存在的财产权利进行没收，而不能追溯到犯罪人过去曾经拥有而现在已经不存在的财产性利益，也不能前瞻到犯罪人目前尚不具备而未来可能拥有的财产权利。即使主张没收财产刑的财产范围应以法院宣判之时被告人的个人财产范围为准，但如果在执行之时其个人财产有所减少，也不得运用追征理论来进行追索。因为任何规定了没收财产刑的国家包括我国，在刑法中都没有规定没收财产刑的追征制度。没收财产刑的这一特征，与罚金刑有很大不同。作为罚金的执行来说，我国刑法明文规定了犯罪人暂时无力缴纳罚金时，人民法院在日后任何时候发现犯罪人有可执行财产，应当随时追缴。然而，没收财产刑的执行必须具备时限性，司法机关只能针对裁判时被告人的实际财产状况决定应该没收的财产范围。

二、没收财产刑与特别没收的区分

由于我国刑法规定的没收财产刑仅为一般没收，因此有必要对没收财产刑与特别没收进行区分。

1. 二者的性质不同

没收财产刑属于我国刑法规定的一种刑罚方式；而在我国刑法规定的刑种中，财产刑只规定了罚金和没收财产刑两种刑罚，并不包括特别没收，因此特别没收在我国不是一种刑罚方式，而是一种独立于刑罚系统之外的强制性手段。

2. 二者的对象不同

没收财产刑是没收犯罪分子个人所有财产的一部分或全部，没收的是犯罪分子个人所有的合法财产。没收的数额既可以是全部也可以是部分，没收什么物品刑法未做规定，由法官自由裁量。而特别没收只能是与犯罪有关的特定物品，如犯罪工具、犯罪赃款赃物，一般在刑法中对其范围予以列举。

3. 没收的限制条件不同

没收财产刑的没收对象，是由法律严格规定，有很强的范围限制，只能是犯罪人的财产，其他人的财产不能作为没收财产刑的对象；而特别没收的没收对象则没有此限制，只要是与犯罪相关、应当予以没收的物品，都应当没收，是否为犯罪人所有在所不问。

三、我国没收财产刑在刑罚体系中的地位

没收财产刑是一种处于附加刑地位的刑罚种类。刑法是将没收财产刑作为刑

罚的一种规定在刑罚体系中的，同时，由于其财产刑的性质，刑法并没有将其作为主刑来规定，而是作为最重的一种附加刑来规定。虽然我国学术界对于没收财产刑的存在很大的质疑，但无论是1979年刑法还是1997年刑法，立法者均将没收财产刑作为附加刑规定在刑法典当中。伴随着质疑和批评声，我国始终坚持将没收财产刑作为打击危害国家安全犯罪和其他严重犯罪的主要手段之一。我国将刑法没收财产刑重点分布在危害国家安全罪、破坏社会主义市场经济秩序罪和贪污贿赂罪当中，一方面，在危害国家安全罪中设置没收财产刑，对犯罪人适用没收财产来剥夺其再犯能力，最大限度地满足了特殊预防的需要；另一方面，随着我国个人、社会、国家财富的壮大，加上人们私欲的膨胀，经济犯罪人借法律漏洞或直接无视法律而实施相关贪利犯罪行为。在破坏社会主义市场经济秩序罪和贪污贿赂罪中适用没收财产刑，适应了打击经济犯罪和腐败犯罪的严峻事实，并取得了良好成效。另外，2001年《刑法修正案（三）》在危害公共安全罪当中增加了资助恐怖活动罪，明确规定其并处没收财产，以适应严厉打击恐怖主义犯罪的需要。2011年《刑法修正案（八）》将组织出卖人体器官罪也规定适用该刑罚。由上可以看出，我国没收财产刑立法趋势是逐渐增加其适用范围的。

在国外，虽然进入20世纪以来西方国家顺应刑罚人道化、轻缓化的立法潮流大多废除了没收财产刑，但随着"私权神圣"观念的转变，特别是在现今世界恐怖主义抬头、有组织犯罪与跨国犯罪、毒品犯罪呈不断上升趋势的影响下，各国又重新启动了没收财产刑。没收财产刑具有强有力的剥夺罪犯再犯能力的优点，西方各国或增加、或修改其立法。在当今复杂环境下，没收财产刑依然有其存在的必要性，对于打击危害国家安全犯罪、恐怖主义犯罪、毒品犯罪等有组织性、跨国性的犯罪上，没收财产刑有着罚金刑无法替代的优势。

因此，没收财产刑在应对违法犯罪方面一直以来发挥着重要作用。尤其在应对重罪方面有着其他制度所不可比拟的效果，不仅可以有效威慑潜在的犯罪分子，有效预防高成本犯罪再犯，同时，可以弥补罚金刑与特别没收的不足。没收财产刑具有自己独特的价值与意义，尽管目前没收财产刑存在一些问题，但不应因噎废食，需要理智正面地看待没收财产刑。就我国目前的刑罚发展而言，没收财产刑依然充当着不可或缺的角色，有着重要的存在价值，

四、我国没收财产刑的适用对象

我国刑法并未在刑法总则中对没收财产刑适用对象作出明确规定，而是在刑

法分则对具体犯罪所规定的刑罚之中有所体现。根据我国刑法分则的规定，对没收财产刑的适用对象，具体要求为以下几点。

1. 犯罪主体要求

根据《刑法》第59条规定，没收财产是没收犯罪分子个人所有财产的一部分或全部。由此可知，没收财产只适用于自然人犯罪主体，对单位犯罪不适用。刑法分则规定，对单位犯罪需要处以财产刑的，只能处以罚金，而不能适用没收财产。

2. 犯罪性质要求

从刑法分则的规定看，没收财产并不是对一切犯罪都适用。能够适用没收财产的犯罪主要包括两类性质的犯罪：（1）危害国家安全罪。《刑法》第113条第2款明确规定"犯本章之罪的，可以并处没收财产"，即没收财产适用于一切危害国家安全罪。（2）贪利性犯罪。贪利性犯罪即以贪财图利为目的的犯罪，对犯罪人仅处以自由刑并不足以抑制其贪财动机，不足以消除其再犯条件，也不能有效地惩罚犯罪人。因此，设有财产刑的国家通常都把贪利性犯罪作为适用没收财产的主要对象，我国刑法分则中设有没收财产的条文，除了第一章危害国家安全罪外，其余均为贪利性犯罪。

3. 法定情节和法定刑的要求

在适用没收财产的犯罪中，除危害国家安全罪无一例外地可以适用没收财产之外，贪利性犯罪只有达到法律要求的严重社会危害程度，才能适用没收财产。这种严重的社会危害程度主要体现在以下两个方面：（1）法定情节方面。一般以"造成特别严重危害""后果特别严重""情节特别恶劣""造成遭受特别重大损失""情节严重""情节特别严重""数额巨大""数额特别巨大"等作为适用没收财产的限制性条件。而对于不具备上述法定情节的一般贪利性犯罪，不能适用没收财产。（2）法定刑方面。贪利性犯罪适用没收财产还要受到法定最低刑的限制。在适用没收财产的贪利性犯罪中，如贪污罪、受贿罪法定最低刑为3年有期徒刑，即可适用没收财产；非法经营罪、非法种植毒品原植物罪法定最低刑为5年有期徒刑，可适用没收财产；其余贪利性犯罪法定最低刑多为7年或10年有期徒刑以上刑罚，才能适用没收财产。

五、我国没收财产刑的适用方式

我国刑法所规定的没收财产刑的适用方式主要是两种：一种是并科刑，即对犯罪人科处主刑的同时并处没收财产；另一种是选科刑，是指对犯罪人的某种犯罪情节进行考量，由法官选择适用没收财产或其他刑罚。根据立法模式的不同，又可将其细分为：相对必并制、绝对必并制、得并制、绝对必并制与相对必并制并存、绝对必并制与得并制并存五种方式。具体为以下几点。

1. 相对必并制

相对必并制属于选科刑的一种，即没收财产刑与罚金刑作为选择性的两种附加刑供附加主刑适用。法官可以选择没收财产刑附加主刑适用，也可以选择罚金刑附加主刑适用，二者必选其一。例如，《刑法》第 152 条第 1 款规定的走私淫秽物品罪，情节严重的，处 10 年以上有期徒刑或者无期徒刑，并处罚金或没收财产。

2. 绝对必并制

绝对必并制是指没收财产刑必须附加主刑适用，法官没有选择的余地。例如，《刑法》第 151 条规定的走私武器、弹药罪；走私核材料罪；走私假币罪，情节特别严重的，处无期徒刑，并处没收财产。

3. 得并制

得并制即没收财产刑可以附加主刑适用，也可以不附加主刑适用；在此不需要附加罚金刑的适用，是否附加主刑适用由法官酌情决定。例如，《刑法》第 113 条第 2 款规定，犯本章（危害国家安全罪）之罪的，可以并处没收财产。

4. 绝对必并制与相对必并制

绝对必并制与相对必并制如《刑法》第 294 条规定的组织、领导、参加黑社会性质罪，组织、领导黑社会性质的组织的，处 7 年以上有期徒刑，并处没收财产；积极参加的，处 3 年以上 7 年以下有期徒刑，可以并处罚金或者没收财产。

5. 绝对必并制与得并制并存

绝对必并制与得并制并存是指规定了得并制的罪名具有某种情形或达到情节特别严重时，没收财产刑必须附加适用。例如，《刑法》第 383 条规定个人贪污数额特别巨大或者有其他严重情节的，处 10 年以上有期徒刑或者无期徒刑，并处罚金或者没收财产；数额特别巨大，并使国家和人民利益遭受特别重大损失的，处无期徒刑或者死刑，并处没收财产。

 思 考 题

1. 简述罚金刑的独特优势。

2. 列举我国罚金刑的适用方式。

3. 简述我国没收财产刑的适用方式。

4. 简述我国没收财产刑与特别没收的区别。

案 例 分 析①

2017 年以来，被告人古某某在未办理相关许可手续的情况下，擅自购进散装药丸，自行包装后销售给董某、张付某等人。经对古某某家中查获的产品进行检测，其销售的产品中含有西地那非、他达那非等成分。经临沂市食品药品监督管理局认定，古某某销售的产品系未经批准即生产销售，并宣称适用于男性疾病的治疗，依据《中华人民共和国药品管理法》的规定，该产品按假药论处。古某某销售上述产品涉案金额共计 10 万余元。2018 年 9 月 11 日，古某某托运的"德国洛克""老中医"等产品被费县公安局在日东高速公路费县服务区附近查获。

山东省费县人民法院于 2019 年 8 月 21 日作出（2019）鲁 1325 刑初 188 号刑事判决，认定被告人古某某犯销售假药罪，判处有期徒刑 1 年，并处罚金人民币 20 万元。宣判后，被告人未上诉，判决已发生法律效力。

试运用罚金刑的相关理论，谈一谈对法院裁判的认识。

---

① （2019）鲁 1325 刑初 188 号。

第八章

资格刑

 学习要点

资格刑是剥夺犯罪人享有或行使一定权利的资格的刑罚，具有非物质及多样性、处罚成本经济性、处罚程度轻缓性等特征。我国资格刑有剥夺政治权利和驱逐出境两种类型。剥夺政治权利，是指剥夺犯罪人参加管理国家和政治活动的权利的刑罚。驱逐出境是强迫犯罪的外国人离开中国国（边）境的刑罚方法，其本质在于剥夺犯罪的外国人在我国的居留资格。我国刑法对剥夺政治权利的内容、适用方式及适用对象，以及驱逐出境的适用刑法都作出了明确的规定。

 重点问题

1. 资格刑的特征
2. 剥夺政治权利的内容
3. 剥夺政治权利的适用对象
4. 我国刑法驱逐出境的特征

第一节 资格刑概述

一、资格刑的概念与特征

（一）资格刑的定义

资格刑是剥夺犯罪人享有或行使一定权利的资格的刑罚。资格刑必须是仅能以剥夺犯罪人的资格为刑罚内容，即资格刑是指剥夺犯罪人所取得的与其从事的行为相关的公法上或者私法上的权利、身份或者荣誉的一类刑罚的总称。资格刑有广义与狭义之分。狭义的资格刑，是指剥夺犯罪人担任公职或作为公职候选人的资格，以及犯罪人在公法上所享有的其他某种权利，即所谓的褫夺公权；广义的资格刑，除上述狭义资格刑的内容以外，还包括剥夺犯罪人在私法上的某些权利以及从事某种职业与活动的权利。我国理论中阐释的资格刑是指刑法中的资格刑，主要是剥夺犯罪人公法上的权利，是对资格刑的狭义理解。

（二）资格刑的特征

相对于生命刑、自由刑、财产刑而言，资格刑的特征主要体现为以下几个方面。

1. 惩罚内容的非物质性和多样性

惩罚内容的非物质性是指与其他种类的刑罚方法不同，资格刑给受刑人造成的直接痛苦和损失是非物质性的。资格刑的惩罚内容并不是具体的现实的物质性利益，而是抽象意义上的无形的被处罚人的某种资格。资格能够给行为人带来诸多的可期待利益，譬如律师、会计师资格能给行为人带来的经济上以及社会上的成就和影响，这种利益是无法量化，也是无法直接体现出来的。其他刑罚惩罚则不然，自由刑执行的直接后果是使犯罪人失去自由，死刑执行的直接后果是受刑人主体消灭，而财产刑给犯罪人带来的是财产利益的损失，这些权利的受损是物质性的，现实而具化的，即使给犯罪人带来精神上的痛苦，也是次要性的，是物质性损失的衍生品。

资格刑惩罚内容的多样性则是指给犯罪人在资格上带来多样的利益减损，这也是由公民在社会活动中具有的多样资格所决定。尤其是社会分工日益明显的今天，行业之间的壁垒越来越明显，进入某一类行业或者从事某一项工作都需要一定的资格。这不光是对每一个自然人的要求，每一个公司、企业、社会团体等单位都需要具备某种资格才能开展活动。这就决定了资格刑的内容必然丰富而且还会随着社会发展不断地变化。对于生命刑、自由刑和财产刑而言，其内容是相对固定的，虽然自由刑的期限和财产刑的数量可以裁量，但相比资格刑来说，仅仅是量上的变化，并没有质的不同。

2. 惩罚成本的经济性

按照刑罚设置的初衷来说，打击犯罪是国家实现其职能和维护正常社会秩序的重要手段和途径，虽然不应过于强调其经济成本，但也不能不考虑成本。实践中，既要加大投入提高司法效率和效能，又要最大限度地利用现有的制度、资源和设施，减少成本，实现资源的最优化和司法利益的最大化。同自由刑相比，资格刑并不需要国家投入太多的人财物，从惩罚实施的经济性角度来看，资格刑具有方便、简捷的优势，更符合现在法律发展经济性的要求。资格刑对犯罪人的资格予以剥夺，从而减少他们的再犯能力，与自由刑等身体和精神上受到折磨相比，资格刑虽然会减损犯罪人的利益，但不需要固定的场所和看管人员，在执行过程中消耗的刑罚资源也少，可以说在法律效果和对犯罪人应有权利保护方面是很到位的。就犯罪分子而言，被剥夺资格后仍然可以自由择业，参与社会经济活动，同时犯罪人因为未被监禁，其不需要在刑满释放后，再花一段时间去适应不断变化的社会生活，节约了其再社会化的成本。

3. 惩罚程度的轻缓性

生命刑剥夺的是受刑人的生命，自由刑则是受刑人的自由，相形之下，资格刑则体现出了它程度上的轻缓性。"刑罚与其严酷不如缓和"这句法谚被视为刑罚轻缓化这一刑事理念的来源，它同时也是刑罚谦抑性原则的重要体现。刑事立法中讲求罪刑阶梯，也就是说刑罚的处罚要与犯罪分子所犯罪行及悔罪表现相适应，不能造成刑罚处罚资源的浪费，同时也不能给犯罪分子带来不公的处罚。事实上，世界刑罚正在朝着非监禁化、轻缓化的方向发展。资格刑能够限制或消除受刑人的再犯资格，节约人力、财力和物力，以较小的成本达到有效预防的目的，符合刑罚的国际趋势。刑罚作为社会的防卫工具之一，其目的不是为了惩罚而惩罚，而是为了教育、改造而惩罚，其根本目的在于预防犯罪的再次发生，如此，刑罚的价值就得到了有效体现。资格刑符合刑罚轻缓化的理念，在刑罚体系中的价值和作用也会不断增强。

4. 惩罚手段的针对性

刑罚个别化要求刑法针对行为人的具体情况采取有针对性的、具体而明确的刑事处罚方法，以期达到等价报应与有效预防的目的。资格刑是刑法针对行为人在犯罪行为中的特有资质而对其某种资格或能力的限制和剥夺。事实上，犯罪行为的发生在很大程度上是由于行为人所拥有的资格或能力所致，而一旦行为人脱离这种资格或能力，那么相关犯罪行为很可能不会发生。例如，对于利用教师的身份资格对儿童进行强制猥亵的，可以剥夺其从事教师这一职业资格；对于生产有毒有害食品的企业可以吊销其营业执照，剥夺其从事食品生产的资格权利。这种针对性的处罚方式无疑是对预防犯罪人再次进行此类犯罪活动起到了釜底抽薪的预防作用，从根本上彻底消灭了犯罪人再犯的可能。由此可见，资格刑是刑法针对行为人的具体情况对其本身所具有的与犯罪有关的资格或能力在法律范围内进行的一种必要限制和剥夺，在限制或剥夺行为人的某种犯罪能力的同时使其不愿、不敢甚至不能再进行相关犯罪，以期真正达到刑罚个别化所要求的等价报应、有效改造以及预防犯罪的目的。因此，资格刑是刑罚个别化的有效体现，而刑罚个别化是资格刑的必然要求。

（三）资格刑与资格罚

在除刑法外的其他法律法规之中，还存在许多具有资格刑属性的其他处罚方法，又被称为资格罚。从广义上看，资格罚包括资格刑和行政法规等其他法律规范中对某些资格的限制或者剥夺。从狭义上看，资格罚仅指除了资格刑以外，因受刑事处罚而对某种资格做出的制裁性措施。在这种意义上，资格罚也可以称为准资格刑或者类资格刑。资格刑与资格罚的联系在于：（1）发动原因相同。二者的适用都是因为行为人实施了犯罪行为，需要对其罪行进行归责。（2）二者规定内容的相似性。都是对犯罪人从事特定活动、担任特定职务的剥夺或者限制。（3）二者处罚效果的一致性。都能通过剥夺或限制某一或某些资格对犯罪人进行有效的惩罚，剥夺其再犯罪的机会，并警示一般公众。

资格刑与资格罚的区别在于：（1）法律性质不同。资格刑规定在刑法之中，属于刑罚方法；资格罚规定在行政法规及其他法律规范中，属于行政处罚方法。（2）适用机关不同。资格刑由人民法院依据犯罪人的罪行确定适用与否；而资格罚则由行政部门或者主管机关作出。（3）适用模式不同。资格刑作为附加刑，既可附加于主刑适用，也可以独立适用；而资格罚则是独立的处罚方法，不必依附于其他处罚种类。（4）适用方法不同。资格刑主要是剥夺政治权利，具有不可分性。一旦对犯罪人适用，即将四项权利全部剥夺；而资格罚是对行为人某种资格的可选择的、有针对性的剥夺。（5）适用期限不同。尽管在立法层面对于被判处死刑和无期徒刑的犯罪分子应当剥夺政治权利终身，但在执行层面上看，仅对于死刑立即执行的犯罪人剥夺政治权利终身，而对于被判处死缓、无期徒刑的犯罪人因可以减为有期徒刑，可以适用有期徒刑附加剥夺政治权利期限的规定，只是剥夺期限更长一些。而资格罚中还包含了大量终身禁止的资格剥夺。

二、资格刑的历史沿革

(一) 我国资格刑的演进

我国资格刑的起源，往往追溯到中国古代的象刑。《尚书大传》有记载："唐虞之象刑，犯墨者蒙帛，犯刻者衣褐，犯大辟者布衣领。"历史上有明确记载的资格刑产生于奴隶社会，在这一时期，资格刑的种类主要有"不齿"和"收奴"两种。"不齿"，即剥夺被朝廷录用的资格；"收奴"，即将犯罪的人没收为朝廷的奴隶。一经收为奴隶，也就意味着失去了基本的人权，限制或者丧失自由，甚至没有财产和子嗣，几乎剥夺了其所有资格和权利，一定意义上可以说是奴隶主的财产。所以说"收奴"是一种严厉程度超过自由刑和财产刑的资格刑。

封建社会时期较奴隶社会而言，资格刑得到一定的发展，常见的有以下六种：废、逐、收、夺爵、禁锢、除免。废，即废除、取消罪犯的官职并且永不叙用，通常情况下是被作为附加刑来适用的。逐，是指剥夺在本土犯罪的外国人继续在本国内居住的权利。收，又称籍没，是指将犯罪人或其家属的户籍取消，将其收为官婢，相当于奴隶社会的"收奴"。夺爵，即剥夺犯罪人拥有的爵位。禁锢，就是剥夺罪犯为官的权利。除免，是对官吏犯罪的予以除名、免官、免所居官。除免与废、夺爵有相似之处，它又是一种从刑，只能附加适用于官吏犯罪，足见适用范围的狭小。其中废、收、夺爵、禁锢、除免可看作是今天的剥夺公权或其他资格，逐则可看作是驱逐出境。

总体来说，我国历史上的资格刑有以下特点：第一，内容上较为单一。主要集中在剥夺犯罪人为官的权利，例如，废、禁锢、除免、不齿等刑罚方法皆为其体现。第二，地位上附属性强。无论是奴隶制还是封建制刑法中，都是以死刑、肉刑为中心的，所以资格刑在中国历史上只能是附属的地位。第三，程度上相对严酷。中国历史上的刑罚是极其残酷的，与此同时，资格刑也表现出了相对的残酷性。例如，收奴、禁锢等刑罚，将犯罪人的各项权利剥夺殆尽，甚至株连范围极广。

现代资格刑意义的刑罚出现在 1911 年 1 月清政府所颁布的《大清新刑律》。这部刑律首次区分了主刑和从刑，从刑包括褫夺公权和没收。这是中国刑法历史上第一次规定了剥夺公权。褫夺公权主要有以下几种：剥夺为官员的资格、选举人的资格、赐予励章、职衔、加入军籍、学堂督员、律师等资格。以后的资格刑一般都是由其演变和发展而来。从新民主主义革命时期开始，资格刑在我国逐渐演变为阶级斗争的工具，并最终以剥夺政治权利和驱逐出境的形式在刑法当中固定下来。在此期间，资格刑剥夺的一般为公权利，仅在 1942 年颁布的《陕甘宁边区违警罪暂行条例》中涉及了剥夺有关民事权利的规定。

（二）外国资格刑的演进

外国资格刑的出现最早可以溯源到罗马法。罗马社会资格与名誉在一定程度上是具有一致性的。人格变更和名誉减损是罗马法中最主要的惩罚方式，其实际上都是对人的权利的限制和剥夺，从某种意义上也可以称得上一种资格刑。外国奴隶制刑法中，从奴隶制国家诞生之初，便有了"褫夺犯罪人的社籍"的资格刑，《汉谟拉比法典》中也有剥夺犯罪人某些资格的规定，古希腊刑法中也有关于褫夺公权的刑罚。例如，斯巴达刑法中有一种剥夺受国家法律保护权的刑罚，一经受罚，人身权便不再享有国家法律保护，这是一种很重的刑罚。雅典刑法中对剥夺公权刑的规定更加细致，分为高中下三等。

外国封建社会的资格刑同中国古代的资格刑有很大的相似性，尤其是在剥夺担任官职和圣职方面。在日本封建刑法中，就有除名、免官、免所居官的资格刑，这几乎是照搬了《唐律》中的相关规定。幕府时期的《贞永式目》还有禁止出仕和剥夺职司的规定。西欧封建社会的教会裁判中也有剥夺圣职的相关规定，俄国和日耳曼刑法中对于资格的剥夺甚至扩大到了全部的财产和权利，内容之广泛无以复加。

外国刑法中资格刑创新完善的集大成时期在近现代，这一时期大多数国家刑法中规定并完善了资格刑相关的刑罚制度，比较有代表性的有《法国刑法典》《德国刑法典》等。如《法国刑法典》第 8 条规定："下列之刑为名誉刑：一、枷项；二、驱逐出境；三、剥夺公权。"其后，《德国刑法典》则进一步发展并完善了资格刑制度，在该法典中，资格刑称为公权剥夺，它与死刑或惩役并用，规定了当犯罪分子被处死刑或者惩役时，则公权予以剥夺。相应地，第 32 条和第 33 条规定了在被宣告剥夺资格刑的同时，就会终身丧失因为公权力所获得的权利、官位等一切与公权相关的权利。这部法典的进步性体现在不再把名誉刑与剥夺公民权、民事权和亲属权相分立，同时把剥夺名誉与剥夺权利合为一体，逻辑性较严谨。

随着经济和社会的发展进步，现代各国的资格刑在内容和形式上均已发生了巨大变化。最初的刑法典对资格刑的规定侧重于对犯罪人的公权利的剥夺即剥夺犯罪人所享有的诸如担任公职之类的公法上的一定权利。这和当时的社会背景有关。随着资本主义社会的发展，公民的政治权利越来越受到重视，资格刑的发展也转向了社会化，政治化色彩逐渐淡化。从目前世界各国的刑法规定来看，虽然有些国家仍规定有"剥夺公权"的内容，但是大多数国家已经不再把剥夺政治权利作为资格刑的主要内容。综合考察世界各国或地区的资格刑立法，资格刑的种类一般包括：剥夺政治权利；禁止从业；剥夺民事权利；剥夺荣誉称号、军衔、学位、国家奖励等；限制出入特定场所；禁止驾驶、吊销驾驶执照或禁止颁发驾驶执照；驱逐出境或禁止进入本国领域；剥夺与公共行政签约的权利；禁止或剥夺其他资格等。

第二节 剥夺政治权利

一、剥夺政治权利概念及特征

剥夺政治权利，是指剥夺犯罪人参加管理国家和政治活动的权利的刑罚。剥夺政治权利是我国资格刑中最重要的一个刑种，是附加刑的一种。政治权利，是国家产生后由国家权力赋予公民参与政治生活的一种资格，该种资格是由国家权力赋予的，当然也可以由国家权力依法予以剥夺。因此在宪法中规定可以依法剥夺政治权利。剥夺政治权利所剥夺的是一种政治性的无形的权利，主要包括两个方面的内容：一是参加管理国家的权利，包括选举权和被选举权、担任国家机关职务的权利、担任国有公司、企业、事业单位和人民团体领导职务的权利；二是参加一定社会政治生活的权利。剥夺政治权利作为一种刑罚，其主要特征有以下几点。

1. 政治上的否定评价性

刑法通过规定剥夺犯罪人享有的法定的参与和管理国家政治事务和活动的权利资格，体现了对犯罪人的一种政治性的否定评价。宪法赋予公民政治权利，从本质上是对公民的政治身份的一种认同和认可，而剥夺犯罪人的政治权利，体现了对犯罪人行为的否定，也是对犯罪人参与政治活动和政治事务的不信任和排斥。

2. 刑罚方法上的人道性

刑罚的人道性主要是指刑罚方法的设计和适用应当尽量宽和、不能残酷，要把犯罪人当人看。即要摒弃残忍的身体刑，而用自由刑和其他刑罚方法替代。剥夺政治权利作为资格刑，其剥夺的刑罚内容是基于人的社会属性而生的权益，该种刑罚只关系到犯罪人进行政治活动（比如政治表达和政治参与）的权利，只会影响被剥夺人的社会交往、社会地位和社会生活等，不直接决定自然生存问题，属于轻缓性的刑罚，具有充分的人道性。

3. 刑罚成本上的经济性

剥夺政治权利刑罚成本的经济性，同样是建立在罪刑相适应的基础之上，符合刑罚报应和预防的要求。首先，通过剥夺犯罪人的政治权利，就实现了刑罚的报应和预防要求。对于犯罪人来说，还能够继续享有其他未被剥夺的权利，较之生命刑等刑罚方式，这本身就是一种经济性的体现。其次，剥夺政治权利的刑事司法成本相对低廉。刑罚在适用的过程中，司法机关经过求刑、量刑、行刑的过程，需要耗费大量的时间、人力、物力和财力等经济性的成本。剥夺政治权利在求刑和量刑的过程中和其他的刑罚方法没有很大的区别，但在行刑时则明显有很大的优势，只需要公告于众，使犯罪人不能行使相应的政治权利就可以了，在这方面具有明显的简易性，经济消耗很小，体现了其低成本的特色。

二、剥夺政治权利历史演进

（一）我国剥夺政治权利历史演进

剥夺政治权利可以追溯到我国古代"禁锢"的刑罚。所谓禁锢，就是对犯罪官吏本人及其亲友终身禁止做官的制度。《左传》成公二年记载："子反请以重币锢之。"晋杜预注："禁锢勿令仕。"[1] 从汉至隋，禁锢都作为赃罪的附加刑而存在。东汉本初元年（公元146年）下诏："赃吏子孙，不得察举。"[2] 即贪官子孙不得当官。晋律中规定官吏贪污，罪不至死者，虽遇赦，仍禁锢终身；有时被禁锢的人，即使解除禁锢仍不能与平民享有同样的权利。后世各朝改禁锢为"永不叙用"。《商君书·算地》也有记载："故圣人之为治也，刑人无国位，戮人无官任。"[3] "戮人无官任"，意即对犯罪者剥夺其担任官吏的权力，剥夺其参与国家管理，也是有关剥夺政治权利的刑罚。

---

[1] 杨伯峻：《春秋左传注》，中华书局1990年版，第1059页。
[2] 范忠信主编：《官与民：中国传统行政法制文化研究》，中国人民大学出版社2012年版，第689页。
[3] 石磊译注：《商君书·算地第六》，中华书局2009年版，第75页。

1911 年 1 月，清朝政府正式公布《大清新刑律》。刑罚体系规定有主刑和从刑两类，其中从刑包括褫夺公权和没收。中华民国时期的刑法也沿用了这一内容，规定褫夺公权是指褫夺下列资格：一是为公务员之资格；二是公职候选人之资格；三是行使选举、罢免、创制、复决四权之资格。

中华人民共和国成立之前，在革命根据地时期就有褫夺公权的刑罚，除作为附加刑与徒刑并科外，还作为一种轻刑单独使用。解放初期，在司法实践中仍有褫夺公权的刑罚。1951 年 2 月 21 日颁布的《中华人民共和国惩治反革命条例》、同年 4 月 19 日颁布的《妨害国家货币治罪暂行条例》、1952 年 4 月 18 日颁布的《中华人民共和国惩治贪污条例》，把剥夺政治权利作为一种刑罚，用法条的形式固定下来。1979 年和 1997 年两部刑法典都沿用了剥夺政治权利这一名称[①]。

（二）国外剥夺政治权利历史演进

在西方法律制度的起源地古罗马，一个完整意义的市民必须具备三种权利：自由权、市民权以及家庭权，否则其就将在某些相应的方面失去一定的权利。这被认为是西方剥夺公权的这一刑罚的最初发源形式。在雅典时期的刑法规定中，也存在类似的剥夺公民权的刑罚，并且分为上中下三等，分别适用于政治犯、一般公民以及一般公民的轻微犯罪。随着罗马法的传播，对于因犯罪而被剥夺公权的规定出现在各国的法律条文、法律判例中，并在近现代确立了比较稳定的关于剥夺公权的制度。

此外，法国、德国、日本等主要的大陆法系国家的刑法或特别法中都规定了类似的剥夺公权条款，差别只在于对这种剥夺行为的性质的理解和定位。例如，日本将其视为一种"限制资格"，德国视之为刑罚的"附随后果"，但都不是法定的刑罚种类之一。而在英美法国家中，以美国为代表的英美法国家原则上禁止剥夺公民的政治权利，认为此举是对天赋人权的严重侵犯。

三、我国剥夺政治权利的内容

根据我国法律的有关规定，剥夺政治权利刑所要剥夺政治权利的内容主要有以下几点。

---

① 陈贵荣：《关于剥夺政治权利刑罚的适用和执行的法律思考》，载《犯罪研究》2003 年第 3 期。

1. 选举权与被选举权

在民主政治体制下，只有选举权和被选举权是国家权力产生和运行的基础、命脉和源泉，公民只有真正拥有了这一政治权利，其他的一切权利才能有保障。因此选举权和被选举权是公民参与管理国家的一项最基本的权利，也是一项无争议的政治权利。现行《宪法》第34条规定："中华人民共和国年满十八周岁的公民，不分民族、种族、性别、职业、家庭出身、宗教信仰、教育程度、财产状况、居住期限，都有选举权和被选举权；但是依照法律被剥夺政治权利的人除外。"因此，依法剥夺犯罪分子的选举权与被选举权是剥夺政治权利首要的剥夺对象。

2. 言论、出版、集会、结社及游行、示威的自由权

言论自由是指公民以言语表达意思的自由。出版自由是指公民以文字、绘画、音像等形式印刷或录制出来，发行于世向群众表达意思的自由。集会自由是指在公共场所或公众出入的场所举行会议、演说或其他聚众活动表达共同意愿的自由。结社自由是指公民为一定的宗旨组成某种社会组织的自由。集会、结社乃是公民为了实现一定的目的所形成的精神上的结合，并将这种精神以群体性的形式表达出来的一种自由。游行素有"动态的集会"之称，游行自由是指公民有在公共道路、露天公开场所列队行进，表达共同意愿的活动自由。示威自由是指公民在露天公开场所或者公共道路上以集会、游行、静坐的方式，表达要求、抗议或者支持、声援等共同意愿的活动自由。出版、集会、结社、游行、示威自由实际上是以不同方式、在不同场合表达意思的自由，实质上也是言论自由，可视为言论自由的延伸形式。

3. 担任国家机关职务的权利

根据宪法的规定，国家机关包括权力机关、行政机关、军事机关、司法机关。只要履行公共事务管理职能的，均认为是担任国家机关职务。被判处剥夺政治权利的罪犯，在剥夺政治权利期间不得在国家机关内任职。《刑法》第54条规定，剥夺政治权利包括剥夺"担任国家机关职务的权利"。从立法原意看，"担任国家机关职务"是指在宪法所规定的国家机关中担任领导职务，或者领导职务以外的其他职务，如担任审判人员、检察人员、书记员或者其他行政职务，当然不包括工勤人员。由于我们国家的民主党派实际上都是确定的政治力量，公民加入这些党派就意味着可以在国家政治生活中发出自己的声音，并有可能以党派的身份直接进入国家政权机关。这些政党的组织虽然在宪法范围内尚不是国家机关，但实际行使着国家机关的权力，特别是中国共产党的组织和机关已经完全承担着国家机关的职能，行使着重要的国家公共权力。而公务员法则明确规定，党

派机关的工作人员都是国家公务员。因此，剥夺政治权利，包括剥夺犯罪公民参加中国共产党和各民主党派的权利，以及在这些党派组织和机关担任各种职务的权利。同样的道理，人民政协由于担负着政治协商和民主监督的职能，同国家权力机关的活动有着十分密切的联系，可以直接左右或影响权力机关的决策与活动。所以，人民政协的各级机关也应当列入国家机关的范围内。

4. 担任国有公司、企业、事业单位和人民团体领导职务的权利

这项权利实质上与担任国家机关工作人员的权利是一个道理，只是表现形式不同而已，在一定程度上也属于参与公共事务的管理。管理社会资源和维护社会秩序，那么社会团体中的领导职务也承担着社会责任，掌握和分配一定的社会资源，且是人民群众与党联系的桥梁和纽带，该项权利当然具有公共属性。

5. 从事特定职业、担任特定职务的权利

除了《刑法》第54条所规定剥夺的四项权能外，其他法律中对剥夺政治权利也作出了相应的规定。《中华人民共和国教师法》第14条规定："受到剥夺政治权利或者故意犯罪受到有期徒刑以上刑事处罚的，不能取得教师资格；已经取得教师资格的，丧失教师资格。"《中华人民共和国商业银行法》第27条规定："有下列情形之一的，不得担任商业银行的董事、高级管理人员：（一）因犯有贪污、贿赂、侵占财产、挪用财产罪或者破坏社会经济秩序罪，被判处刑罚，或者因犯罪被剥夺政治权利的……"这些规定较刑法的规定更为严厉，对于被判处剥夺政治权利刑罚的人，终身不能取得或丧失教师资格，或不能担任学校的工作人员或不得担任商业银行的董事、高级管理人员；对于被判处过剥夺政治权利刑罚的人，需在剥夺政治权利执行期满5年后方可担任公司的董事、监事、高级管理人员。显然，在剥夺政治权利刑期间更要适用这些规定。

四、我国剥夺政治权利的适用范围

（一）危害国家安全的犯罪人

依照《刑法》第56条规定，不论针对危害国家安全的犯罪人科处什么主刑刑种，都应当附加剥夺其之前所享有的政治权利。除此之外，被判处危害国家安全罪的犯罪人，有些是利用政治权利进行犯罪的普通人，有些则是利用自身政治地位之便利进行犯罪的特殊身份人。由此可见，上述适用附加刑实现了刑罚的特殊预防目的，有力地打击了犯罪人，有效地预防了其重复利用政治权利来实施犯

罪行为。

（二）被判处无期徒刑、死刑的犯罪人

依照《刑法》第 57 条规定，针对被判处死刑、无期徒刑的犯罪人，应当终身剥夺其犯罪之前所享有的政治权利。"应当"也就意味着此处剥夺罪犯政治权利规定的严苛性，延续至其终身而不得享有。这也代表着国家的强制性和权威性，彰显法律至上的无法撼动的地位；而审判人员在审判时毫无自由裁量权，必须依法对犯罪人判处剥夺政治权利终身。

（三）严重破坏社会公共秩序的犯罪人

依照《刑法》第 56 条规定，可以针对实施了以下恶劣罪行的犯罪人附加适用剥夺政治权利，这些罪行包括六种严重暴力犯罪在内的严重破坏社会公共秩序的行为。此处适用"可以"这一词汇，也就意味着审判人员在审判犯罪人时，具有一定的自由裁量权，可以灵活掌握和选择适用来决定是否需要剥夺其政治权利。因此，对于这一类犯罪人适用的是可以剥夺政治权利，彰显了刑罚报应性、预防性的目的。

（四）对剥夺政治权利予以单独适用的犯罪人

依照《刑法》第 56 条第 2 款规定，分则的某些罪名能够单独适用剥夺政治权利，以及具体条文明确规定的符合犯罪情节轻微、罪行较轻的四种类型犯罪——包括危害国家安全的，危害国防利益的，妨害社会管理秩序的，侵犯公民人身权利、民主权利的，可以单独适用剥夺政治权利。除此之外，其他类型的犯罪均不能单独适用。

第三节 驱逐出境

一、驱逐出境概念与特征

驱逐出境是强迫犯罪的外国人离开中国国（边）境的刑罚方法，其本质在于剥夺犯罪的外国人在我国的居留资格，因此也是资格刑的一种。根据目前国际法

体系确立的有关原则，一个国家的出入境管理制度建立在国家主权原则之上，是国家在其领土内管理政治、经济和社会事务的重要组成部分。因此，一个国家没有准许外国人入境和居留的义务，与外国人入境和居留有关的事项一般由国内立法进行调整。同样基于国家主权原则，一个国家也获得了要求外国人离境的权力，这是强制外国人离境正当性的来源。随着全球化程度的逐渐加深，我国正如党的二十大报告中所提到的，实行了更加积极主动的开放战略，形成了更大范围、更宽领域、更深层次对外开放格局。世界各国在政治、经济和文化领域的交流和合作日益频繁，绝大多数国家建立了签证制度来方便外国人入境和居留。同样，绝大多数国家也建立了强制外国人离境的制度，一方面为了保护自己国家的安全和社会秩序，另一方面通过专业化和制度化的方式来行使自己强制外国人离境的权力。驱逐出境刑作为一种特殊的刑罚种类，在刑罚对象、刑罚方法、刑罚适用方式、刑罚执行方法、刑罚后果等方面都具有独有的特征。

（1）在适用对象上，驱逐出境刑只能对外国人适用，具体而言只能适用于犯罪的外国人（包括无国籍人），对于本国人不能适用。

（2）在刑罚方法上，驱逐出境刑与限制或剥夺自由、剥夺财产或政治权利以处罚犯罪人的刑罚方法不同，驱逐出境是以剥夺犯罪的外国人（包括无国籍人）在我国居留或停留资格的方法处罚之一。

（3）在刑罚适用方式上，驱逐出境是可以独立适用，也可以附加适用的一种刑罚方法。在外国人犯罪情节轻微不需要判处主刑时，可以单独适用驱逐出境刑，而在犯罪情节严重时可以在判处主刑的同时附加适用驱逐出境刑。

（4）在刑罚执行方式上，按照刑罚执行的一般原理，刑事判决的执行时间为判决确定之日起。在单处驱逐出境刑罚时即可按照一般原理执行，但是如果对犯罪的外国人判处主刑或其他附加刑再附加驱逐出境刑时，只能先执行其他刑罚，再执行驱逐出境刑。因为驱逐出境刑是将外国人驱赶出境，而其他主刑或者附加刑的执行都要以外国人在境内为前提才能有效执行，因此驱逐出境刑附加适用时只能在其他刑罚执行完毕后才能执行。

（5）在刑罚后果上，驱逐出境刑是一种只能适用于外国人的刑罚措施。一国法院对犯罪的外国人适用驱逐出境时不仅是国家的司法管辖权的体现，也关系到两国之间的国际关系，因此适用驱逐出境刑罚时不仅涉及司法问题，也涉及外交关系。因此司法实践中对驱逐出境刑的适用较为慎重。

二、刑事驱逐出境与行政驱逐出境的区别

刑事驱逐出境和行政驱逐出境在法律依据、适用范围、决定主体、适用理由、法律救济等方面均有所不同。

1. 法律依据不同

考察世界各国关于驱逐出境的法律，或是制定移民法，或是制定外国人入境出境管理法，或是通过刑法的明确规定，来规制外国人的违法犯罪行为。其中，前两种属于行政法律范畴，后一种属于刑事法律范畴。在移民法或者外国人出入境管理法中规定驱逐出境制度，属于国际通行做法。我国目前还没有制定移民法，行政驱逐出境的规定主要体现在现行《中华人民共和国外国人入境出境管理法》《中华人民共和国国家安全法》《中华人民共和国治安管理处罚法》等法律法规中，更多的大陆法系国家在其刑事法律中将驱逐出境作为一种刑罚手段加以适用，如意大利、瑞士、东欧等国家。不同的法律依据，成为区分行政驱逐出境和刑事驱逐出境最直接的标志。

2. 适用范围不同

刑事驱逐出境与行政驱逐出境相比，后者的适用范围更加广泛些。在我国，行政驱逐出境的适用范围非常广泛，包括非法入境、出境，非法居留、停留，非法旅行，伪造、涂改、冒用、转让入境、出境证件，情节严重或者违反治安管理处罚法的外国人，以及违反国家安全法的境外人员，等等。而刑事驱逐出境适用的范围，根据很多国家法律的规定都是犯罪的外国人，具体范围有所差异。我国刑法规定的刑事驱逐出境的适用范围则相对宽泛些，但在司法实践中，在驱逐出境的范围适用上还是要有所考虑的。如犯罪的事实、犯罪的性质、犯罪的情节、犯罪的社会危害程度等因素，都应该在量罚时充分考虑。国外则有所不同，如意大利《刑法》第235条规定，除法律另有明文规定外，外国人受10年以上徒刑之宣告时，法官应命令驱逐出境。瑞士《刑法》第55条规定外国人受重惩或者轻惩自由刑之宣告时，法官将其驱逐于瑞士国境3年至15年；累犯则终身驱逐出境。通过援引上述两国刑法的规定可以看出，刑事法律对驱逐出境的适用范围在基于正当的法律理由之下，有很多的限制，这与相对宽泛的行政驱逐出境范围有很大区别。适用范围的宽窄不同构成了行政驱逐出境和刑事驱逐出境相区别的又一大特色。

3. 决定主体不同

在不同的国家，行政驱逐出境的决定主体是不同的，即便是在同一个国家，行政驱逐出境的主体也有所不同。在大多数国家，行政驱逐出境的适用主体是移民或者出入境管理机关，有的国家和地区则将该权力授予外交部和公安机关等强力机关。在英国，首相和内务大臣有权作出驱逐出境决定。在美国，该项权力归司法部部长。我国的权力配置则相对分散。根据归类，对违反外交法规的驱逐出境，由外交部门代表人民政府决定；对违反国家安全法的驱逐出境，决定权在国家安全部门。对违反外国人管理法的驱逐出境和违反治安管理处罚法的驱逐出境，其决定权在公安机关。而刑事驱逐出境则有所不同。它的决定主体是法院，这在国内国外均是如此。但从我国的法律规定和司法实践来看，并非每个法院均有权适用驱逐出境。根据我国刑事诉讼法，外国人犯罪案件一审由中级人民法院审理。因为基层人民法院根本无权审理外国人犯罪案件，因而没有可能作出独立适用或者附加适用驱逐出境的刑事判决。决定主体的不同，折射出行政权的相对灵活性和司法权的相对原则性，也反映了驱逐出境制度在行政法层面和刑事法层面灵活性和原则性的有机统一。

4. 适用理由不同

对于行政驱逐出境，很多国家的适用理由规定非常宽泛。例如，在英国，只要是"为了公众的利益"，首相即可将此人驱逐出境。在美国，理由更多，如"安全或相关理由""非法投票者"甚至是"接受政府救济的人"。于是，不受驻在国欢迎的外国人几乎无一能够幸免于驱逐出境，不管其是否违反出入境法、移民法，还是其他法律，甚至没有违反驻在国法律，而只是缺乏足够旅费、患有精神疾病或者可能对驻在国造成其他危害，国家基于"国家主权"原则，都可列入行政驱逐出境之列。这甚至超越了行政"违法性"的界限，只要有正当理由，皆可施行。反观刑事驱逐出境，其理由则要严格得多，几乎所有规定了驱逐出境的刑罚，都以所在国的犯罪构成标准为底线，有的甚至还抬高底线标准，如瑞士、意大利等。"正当理由"和犯罪构成标准，成为行政驱逐出境和刑事驱逐出境的重要区别之一。

5. 法律救济不同

行政驱逐出境的救济主要包括行政复议和行政诉讼，有的国家还允许提起宪法诉讼。我国《行政复议法》第 41 条规定"外国人、无国籍人、外国组织在中华人民共和国境内申请行政复议，适用本法。"我国《行政诉讼法》第 84 条另外规定，"外国人、无国籍人、外国组织在中华人民共和国领域内有违法行为，应当给予行政处罚的,适用本法,法律另有规定的除外。"因此,外国人在我国对行政驱逐出境判决不服的,可以依法申请行政复议或者提起行政诉讼。当然,也有一些国家对外国人不服行政驱逐出境的救济予以限制的。如美国《移民和国籍法》(The Immigration and Nationality Act,INA)第217条规定,对于免签证入境的外国人要求其在入境前放弃部分救济权利。可见,行政驱逐出境的救济做法各国差异较大。但刑事驱逐出境的救济主要通过刑事上诉审和审判监督程序,各国做法则大同小异。

三、驱逐出境在我国刑罚体系中的地位

我国《刑法》第35条规定,对于犯罪的外国人,可以独立适用或者附加适用驱逐出境。驱逐出境作为附加刑之一,由于适用的对象与其他附加刑有所区别被单独列为一条。因此,驱逐出境在适用方式上属于附加刑,在我国刑罚体系居于从属地位。从刑罚方法来看,我国主要有生命刑、自由刑、财产刑、资格刑。资格刑是剥夺罪犯从事某项活动或享受某种待遇的资格的刑罚方法,驱逐出境客观上就是剥夺了外国人在我国享受的暂时或者永久居留的资格,应归入资格刑一类。在我国没有明确规定资格刑,但是从各刑罚种类来看,我国的资格刑主要指剥夺政治权利和驱逐出境刑罚。剥夺政治权利是针对具有中国国籍的人适用,而驱逐出境是针对不具有中国国籍的人适用,因此驱逐出境是我国刑罚体系中唯一针对外国人适用的资格刑种类。因此,驱逐出境刑是作为附加刑之一、资格刑之一的适用于外国人的刑罚方法,是我国刑罚体系中不可或缺的刑种。

 思 考 题

1. 简述资格刑的特征。
2. 简述资格刑与资格罚的区别。
3. 简述剥夺政治权利的内容。
4. 简述刑事驱逐出境与行政驱逐出境的区别。

案例分析①

　　被告人丁某某因犯盗窃罪，于 2010 年 4 月 30 日被河北省孟村回族自治县人民法院判处有期徒刑 13 年，剥夺政治权利 4 年，并处罚金人民币 5 万元，2019 年 8 月 19 日刑满释放。

　　2020 年 8 月 28 日凌晨，被告人丁某某翻墙进入浙江省湖州市安吉县昌硕街道翡翠湾小区，采用起子撬窗的方式进入该小区 49 - 4 号房屋，窃得价值人民币 800 元的香烟一条、价值人民币 2300 元的浪琴牌手表一块和人民币 650 元；2020 年 8 月 30 日凌晨，被告人丁某某翻墙进入安吉县递铺街道万华公馆小区，采用溜门的方式进入该小区 5 - 1 号房屋，窃得价值人民币 46000 余元的手镯、项链等财物；2020 年 8 月 30 日凌晨，被告人丁某某采用翻窗入户的方式进入安吉县递铺街道繁花郡小区 8 幢 1 单元 101 室，窃得价值人民币 256.5 元的项链 3 根。综上，被告人丁某某窃得现金、物品价值共计人民币 50000 余元。浙江省湖州市安吉县人民法院于 2021 年 1 月 18 日作出（2020）浙 0523 刑初 607 号刑事判决。判处被告人丁某某犯盗窃罪，判处有期徒刑 3 年 3 个月，并处罚金人民币 15000 元。

　　判决生效后，湖州市人民检察院于 2021 年 3 月 1 日按照审判监督程序向浙江省湖州市中级人民法院提出抗诉。认为原审被告人丁某某犯新罪时，尚有刑罚未执行完毕。刑罚尚未执行完毕，再犯新罪的，应当数罪并罚。认为原审判决适用法律错误，导致量刑不当。

　　浙江省湖州市中级人民法院采纳了抗诉机关的意见，判处被告人丁某某犯盗窃罪，判处有期徒刑 3 年 3 个月，并处罚金人民币 15000 元，与前罪未执行的剥夺政治权利 2 年 11 个月 16 日并罚，决定执行有期徒刑 3 年 3 个月，并处罚金人民币 15000 元，剥夺政治权利 2 年 11 个月 16 日。

　　试运用剥夺政治权利的相关理论，谈一谈对法院裁判的认识。

---

① （2021）浙 05 刑再 2 号。

第九章

刑罚裁量

 学习要点

刑罚裁量是人民法院对于犯罪人依法裁量决定刑罚的一种刑事审判活动。刑罚裁量的原则有以案件事实为依据、以刑法规定为准绳原则，罪责刑相适应原则，贯彻宽严相济刑事政策原则和量刑均衡原则。刑罚裁量情节是不影响定罪只影响量刑的事实情况。刑罚裁量方法是量刑的具体操作步骤和方法。

 重点问题

1. 刑罚裁量原则
2. 刑罚裁量情节
3. 刑罚裁量方法

第一节 刑罚裁量概述

一、刑罚裁量的概念

刑罚裁量，简称量刑，是指人民法院在查明犯罪事实，认定犯罪性质的基础上，依法决定对犯罪人是否判处刑罚、判处什么刑罚以及如何执行刑罚的一种刑事审判活动。

二、刑罚裁量的特征

1. 刑罚裁量的主体只能是人民法院

根据我国宪法及有关法律规定，只能由法院量刑。人民法院作为审判机关，是唯一有权代表国家行使刑罚裁量权的司法机关，人民法院的量刑权具有独断性和排他性，其他任何机关、团体和个人均无直接进行刑罚裁量的权力。另外，也不是任何法院都可以裁量任何刑罚，根据刑事诉讼法的有关规定，基层人民法院不能对犯罪人判处无期徒刑和死刑。

2. 刑罚裁量的前提是行为人的行为已经依法被认定为犯罪

认定犯罪的基础是查明犯罪事实，认定犯罪性质。换言之，人民法院只有在查明了犯罪事实，认定了犯罪性质之后，确定行为人构成犯罪的前提下，才能量刑。即只有先定罪后量刑，而不能先量刑后定罪。定罪和量刑是刑事审判工作的两个重要环节。定罪是对案件事实、证据等进行审查，以确定行为人是否构成犯罪以及构成什么罪；量刑是在查清犯罪事实，认定构成犯罪的基础上依法对犯罪人裁量刑罚。定罪是量刑的前提，量刑是定罪的归宿。未经刑事审判确认有罪的人，不可能成为量刑的对象。

3. 刑罚裁量的内容是审判人员依法对犯罪人决定如何适用刑罚的司法活动

审判人员根据犯罪事实和案件所具有的各种量刑情节，按照刑法的规定，决定对犯罪人是否判处刑罚、判处什么刑罚以及如何执行刑罚。

4. 刑罚裁量的性质是一种刑事审判活动

量刑是行刑的先决条件，对于实现刑罚的报应和预防具有重要意义。量刑适当与否，是衡量一个刑事判决是否公正的重要标准。人民法院应当努力让人民群众在每一个司法案件中感受到公平正义。

三、刑罚裁量的任务

刑罚裁量依序需要完成以下任务。

（一）决定对犯罪人是否需要判处刑罚

量刑结果不仅包括判处刑罚，也包括免予刑罚处罚。因此，人民法院在对犯罪人量刑时，应先决定是否对犯罪人判处刑罚。根据《刑法》第 37 条的规定，如果犯罪情节轻微不需要判处刑罚的，可以免予刑罚处罚。判处免予刑罚处罚的，无须考虑刑种、刑度等问题。犯罪情节较重的，可以依法决定判处刑罚，以实际判刑为最终结局。

（二）决定对需要判处刑罚的犯罪人适用何种刑罚（刑种）和刑度

在决定判处刑罚的前提下，需要进一步决定判处犯罪人何种刑罚（选择刑种）、判处多重的刑罚（确定刑度）[①]。我国刑法分则对各种犯罪所规定的法定刑，多数有不同的刑种和刑度，即使某一条文只规定有一种刑罚，也有一定的期限、幅度供选择。因此，刑罚的裁量所要解决的第二个问题是对犯罪人判处何种刑罚，什么样的刑度。

（三）决定对犯罪人如何执行刑罚

我国刑法根据犯罪行为的不同情况，规定了一些特殊的在判处刑罚时适用的刑罚制度，如判处死刑，缓期二年执行制度、缓刑制度等，这些制度虽然不是刑种，但却能决定所判处的刑罚是否立即执行[②]。因而，人民法院在裁量决定刑罚时，还需要决定对犯罪人判处的刑罚是否立即执行。

（四）决定对犯罪人是否并罚

在一人犯数罪的情况下，人民法院在裁量决定刑罚时，还需要根据数罪并罚原则和方法，对所犯数罪所判数刑进行并罚，决定执行的刑罚。

第二节　刑罚裁量原则

根据《刑法》第 61 条和 2021 年最高人民法院、最高人民检察院《关于常见犯罪的量刑指导意见试行》（以下简称《量刑指导意见》），刑罚裁量原则有以下几个。

一、以"案件事实为依据，以刑法规定为准绳"的原则

我国《刑法》第 61 条规定："对于犯罪分子决定刑罚的时候，应当根据犯罪的事实、犯罪的性质、情节和对于社会的危害程度，依照本法的有关规定判

[①] 张明楷：《刑法学（上）》（第六版），法律出版社 2021 年版，第 713 页。
[②] 曲伶俐主编：《刑罚学》，中国民主法制出版社 2009 年版，第 139 页。

处"。根据此条规定，以"案件事实为依据，以刑法规定为准绳"为刑罚裁量原则。

（一）以案件事实为依据

这里的案件事实，是指案件中客观存在的能够表明犯罪成立和罪行轻重、责任大小的一切主客观事实，包括我国《刑法》第 61 条所规定的"犯罪的事实、犯罪的性质、情节和对于社会的危害程度"。

以案件事实为依据，必须做到以下几点。

1. 认真查清犯罪的事实

这里所说的犯罪的事实，特指符合刑法分则规定的某一具体个罪犯罪构成要件的主客观事实情况。即个罪的犯罪客体、犯罪客观方面、犯罪主体和犯罪主观方面的各种事实情况。其内容包括：行为人实施了什么行为，该行为是在什么时间、地点实施的，造成了什么样的危害结果，该危害结果与危害行为之间有无因果关系，该行为是否属于正当防卫和紧急避险等违法阻却事由；犯罪主体是单位还是自然人，单位主体是否具有法定性，自然人主体是否达到法定刑事责任年龄和具有刑事责任能力，特殊主体是否具有特殊资格，是否存在责任阻却事由；行为人的主观方面有无故意、过失，有无期待可能性；对于那些主要依靠客体来界分的犯罪来说，客体的查清和判断不可或缺。认真查清犯罪的事实，是正确裁量刑罚的关键，也是贯彻以案件事实为依据原则的前提。

2. 准确认定犯罪的性质

这里的犯罪性质，是指行为人的行为构成刑法分则条文所规定的哪一种具体的犯罪。刑法分则将犯罪分为十大类，共 480 余种，各种犯罪都有其独特的构成要件，有其相应的法定刑。因此，法官在量刑时，需要根据犯罪性质确定应当适用的刑法条文，也即犯罪性质是确定适用刑法条文的依据。

3. 全面掌握犯罪情节

这里的犯罪情节，是指不影响定罪只影响量刑轻重的各种事实情况。如犯罪的目的、动机、实施的时间、地点等。因为在犯罪性质相同的刑事案件中，犯罪情节不同，犯罪的社会危害程度和人身危险程度也不同，量刑结果也不同。

4. 综合评价犯罪的社会危害程度

《刑法》第 61 条中"对于社会的危害程度"，是指罪行的综合评价，评价的依据是案件中犯罪的事实、犯罪的性质和犯罪情节。

犯罪的事实、犯罪的性质、犯罪情节、对于社会的危害程度在量刑时既有联系又是层层递进的关系。犯罪的事实是确定犯罪的性质的依据，是量刑的首要根据；犯罪的性质是确定适用刑法条文的依据，是量刑的基本依据；犯罪情节是确定适用法定刑的依据；对于社会的危害程度是在法定刑的基础上进一步修正，最终确定对犯罪人判处的具体刑罚。犯罪情节和对于社会的危害程度是处罚轻重的重要依据。

（二）以刑法规定为准绳

《刑法》第61条规定，对犯罪分子裁量决定刑罚时，应当"依照本法的有关规定"判处，这就要求刑罚的裁量除了必须以案件事实为依据以外，还必须以刑法规定为准绳。

（1）刑罚裁量必须依照刑法分则对具体犯罪规定的法定刑，选择确定与犯罪人的罪行相适应的刑种和刑度。例如，《刑法》第232条规定："故意杀人的，处死刑、无期徒刑或者十年以上有期徒刑；情节较轻的，处三年以上十年以下有期徒刑。"该条文对故意杀人罪规定了两个量刑幅度，其中包括三个刑种及长短不等的徒刑期限。法院对故意杀人犯罪人判处刑罚时，应当根据罪行本身的程度合理选择刑度、刑种或者刑期。

（2）刑罚裁量必须依照刑法总则关于各种刑罚方法和刑罚制度的规定依法适用。例如，犯罪的时候不满18周岁的人和审判的时候怀孕的妇女不适用死刑；对于危害国家安全的犯罪分子应当附加剥夺政治权利；对于累犯和犯罪时不满18周岁的人不适用缓刑等。这些命令性规范规定，在对犯罪分子裁量刑罚时都必须遵守。

（3）刑罚裁量必须依照刑法关于各种量刑情节的适用原则，作出对犯罪人是否从重、从轻、减轻或者免除处罚的决定。刑法总则和分则规定了各种从重、从轻、减轻或者免除处罚的情节，对于这些法定的量刑情节，法院在量刑时都必须严格遵守与执行。

二、罪责刑相适应原则

罪责刑相适应原则是刑法的基本原则，也是量刑的指导原则。该原则要求在量刑时既要考虑被告人所犯罪行的轻重，又要考虑被告人应负刑事责任的大小，做到罪责刑相适应。长期以来，在司法实践中存在着重定罪、轻量刑的错误倾向，认为只要定性准确，在量刑幅度内多判几年或少判几年无关紧要。基于这种不正常认识，二审法院在处理上诉、申诉案件时，就形成了不成文规则，即只有定性错误或者量刑畸轻畸重才予以改判，对于量刑偏轻偏重的，一般不予改判。司法实践中，必须纠正这种错误倾向，把定罪准确和量刑适当置于同等重要的地位。罪责刑相适应的本来含义是在承认和确立犯罪的基础上，实现刑罚的合理化、适当化。也就是说，罪责刑相适应原则之所以作为一项重要原则出现，其侧重点和出发点在于"刑"，而非"罪"，解决的是"刑"，即判处的刑罚同犯罪相适应的问题，因此，量刑必须贯彻罪责刑相适应原则。

三、贯彻宽严相济刑事政策原则

宽严相济刑事政策是以犯罪和犯罪人的多样性、复杂性、罪责刑相适应原则与对犯罪人的处罚目的等为依据而提出的。其基本含义是该宽则宽，当严则严，严中有宽，宽中有严，宽严相济，宽严有度，罚当其罪。该政策作为一项基本刑事政策，贯穿于刑事立法、司法和执法全过程。因此，量刑时必须贯彻该原则。对于严重的刑事犯罪，根据其社会危害性和人身危险性，予以严惩；对于较轻的刑事犯罪，尤其是具有自首、坦白、立功、退赃、认罪认罚等人身危险性较小的犯罪，予以从宽。当然严也不是无限加重，宽也不是法外施恩，而是在法律规定的量刑幅度内适度从严从宽，实现量刑政治效果、法律效果和社会效果的统一。

四、量刑均衡原则

量刑均衡原则是指同类性质同样情节的案件，所判处的刑罚应当基本均衡。《量刑指导意见》规定："量刑要客观、全面把握不同时期不同地区的经济社会发展和治安形势的变化，确保刑法任务的实现；对于同一地区同一时期案情相似的案件，所判处的刑罚应当基本均衡。""对于同一地区同一时期案情相似的案件，所判处的刑罚应当基本均衡"是量刑均衡原则的基本要求，对此不存在争议。对于不同时期不同地区的案情类似的案件，量刑是否应当均衡？是否允许量刑的时间差和地方差？我们认为，量刑的时间差具有一定的合理性。不同时期犯罪情势不同，刑法任务不同，量刑有一定差异实属正常。但是对于量刑的地方差问题是否合理尚需考量。长期以来，不同地方法院对于类似犯罪的处罚经常轻重悬殊。也就是说，同一性质、犯罪情节基本相同的案件，如果由不同地方的法院审理，最终判决的结果往往差别较大。例如，同为一家股份制银行中并非由党委或者党政联席会议任命的人员收受贿赂，有的地方法院认定为（国家工作人员）受贿罪，有的地方法院认定为非国家工作人员受贿罪，定性的不同导致量刑结果差异悬殊。如果允许量刑的地方差存在，量刑不平衡的问题必然长期存在，而且《量刑指导意见》、最高人民法院《关于统一法律适用加强类案检索的指导意见（试行）》，以及最高法院发布的典型案例和指导性案例，这些规范量刑、确保量刑均衡的指导性文件和案例也将失去存在价值。因此，我们认为，即使是不同地区的同类性质、犯罪情节基本相同的案件，量刑也应当基本均衡。

第三节　刑罚裁量情节

一、刑罚裁量情节的概念

刑罚裁量情节，简称量刑情节，是指在某种行为已经构成犯罪的前提下，人民法院在依法对犯罪人裁量决定刑罚时应当考虑的，作为决定刑罚轻重或者免除刑罚处罚的各种事实情况。

二、刑罚裁量情节的特征

（1）刑罚裁量情节必须是在某种行为构成犯罪的前提下，于量刑时应当考虑的情况。即刑罚裁量情节不属于犯罪构成的要素，如果它属于犯罪构成的要素，那就不是量刑情节。例如，我国《刑法》第 402 条规定："行政执法人员徇私舞弊，对依法应当移交司法机关追究刑事责任的不移交，情节严重的，处三年以下有期徒刑或者拘役……"。这里的"情节严重"是犯罪构成的要素，而不是刑罚裁量的情节。

（2）刑罚裁量情节是选择法定刑的档次和决定宣告刑的依据。在一个犯罪具有几个档次的法定刑时，法官应当根据案件的情节在刑法规定的法定刑范围内选择法定刑。例如，《刑法》第 248 条第 1 款规定："监狱、拘留所、看守所等监管机构的监管人员对被监管人进行殴打或者体罚虐待，情节严重的，处三年以下有期徒刑或者拘役；情节特别严重的，处三年以上十年以下有期徒刑……"其中的"情节特别严重"便成为选择法定刑档次的标准。在选定了法定刑的档次后，在这个档次中究竟决定多重的宣告刑，也是由量刑情节决定。

三、刑罚裁量情节的分类

对刑罚裁量的情节可以根据不同的标准进行分类。

（1）以刑法有无明文规定为标准，可以将量刑情节分为法定量刑情节与酌定量刑情节。法定量刑情节，是指刑法明文规定在量刑时必须考虑的各种量刑情节。如刑法规定的从重、从轻、减轻、免除处罚情节等。酌定量刑情节是指虽无刑法的明文规定，但根据刑事政策和审判实践经验，在量刑时予以酌情考虑的情节。如犯罪动机、犯罪手段、犯罪的时间、地点、犯罪对象、犯罪人罪前的一贯表现、犯罪人罪后的态度、前科等。

（2）以对量刑起作用的形式为标准，可以将量刑情节分为从严情节与从宽情节。从严情节是指具有加重犯罪人的刑事责任、适当增加应判刑罚的情节，如从重处罚情节。从宽情节是指具有减轻犯罪人的刑事责任、适当减低应判刑罚的情节，包括从轻处罚、减轻处罚、免除处罚情节。

（3）以量刑时是否必须适用为标准，可以将量刑情节分为应当型情节与可以型情节。应当型情节，又称为命令性情节，是指在量刑时必须适用的情节，否则判决违法。通常法条以"应当……"来表示。可以型情节，又称为授权性情节，是指在量刑时可以适用也可以不适用的情节，是否适用，由法院根据案件的具体情况决定，不适用也不违反法律。通常法条以"可以"进行限定。

（4）以情节所具有的功能多少为标准，可以将量刑情节分为单功能情节与多功能情节。单功能情节是指在量刑时只具有一种作用的情节。如对累犯，只能从重处罚。多功能情节是指对量刑具有多种作用的情节。例如，对于从犯，应当从轻、减轻处罚或者免除处罚，究竟是从轻处罚还是减轻处罚，甚至是免除处罚，由法官根据案件具体情况从中选择。

（5）以情节在量刑中适用的先后顺序为标准，可以分为先适用情节和后适用情节。先适用情节是指在犯罪过程中形成的量刑时首先适用的情节，包括未成年人犯罪、已满75周岁的老年人犯罪、尚未完全丧失辨认或者控制自己行为能力的精神病人犯罪、又聋又哑的人或者盲人犯罪、防卫过当、避险过当、预备犯、未遂犯、中止犯、从犯、共犯中罪行较轻的主犯、胁从犯、教唆犯、被害人有过错、犯罪对象是未成年人、老年人、残疾人、孕妇等弱势人员等。后适用情节是指上述情节之后适用的反映人身危险性程度的情节，包括累犯、前科、自首、坦白、当庭自愿认罪、立功、退赃、退赔、积极赔偿被害人经济损失等。

四、刑罚裁量情节的适用

（一）从重、从轻处罚情节的适用

我国《刑法》第 62 条规定："犯罪分子具有本法规定的从重处罚、从轻处罚情节的，应当在法定刑的限度内判处刑罚。"因此，从轻处罚不得低于法定最低刑。不得将多个从轻量刑情节合并为减轻量刑情节。同样，从重处罚不得高于法定最高刑。

（二）减轻处罚情节的适用

我国《刑法》第 63 条第 1 款规定："犯罪分子具有本法规定的减轻处罚的情节的，应当在法定刑以下判处刑罚；本法规定有数个量刑幅度的，应当在法定刑幅度的下一个量刑幅度内判处刑罚。"该条第 2 款规定："犯罪分子虽然不具有本法规定的减轻处罚情节，但是根据案件的特殊情况，经最高人民法院核准，也可以在法定刑以下判处刑罚。"其中，"在法定刑以下判处刑罚"，是指在法定量刑幅度的最低刑以下判处刑罚。如刑法分则中规定的"处十年以上有期徒刑、无期徒刑或者死刑"，是一个量刑幅度，而不是"十年以上有期徒刑""无期徒刑"和"死刑"三个量刑幅度。具体来说，减轻处罚的适用规则有三类。

（1）对具有法定减轻处罚情节而在法定刑以下判处刑罚的案件，刑法规定有数个量刑幅度的，应当在法定量刑幅度的下一个量刑幅度内判处刑罚，而不能跨越量刑幅度判处刑罚，更不能减至免予刑事处罚。例如，2005 年 5 月至 2006 年期间，被告人刘某利用职务便利，多次采取虚开发票多报销或者重复报销等手段侵吞公款共计人民币 36974.98 元。法院判决被告人刘某构成贪污罪。但鉴于刘某归案后能积极退缴涉案赃款，综合考虑其犯罪情节、认罪态度、悔罪表现，依法可对刘某减轻处罚，判处刘某免予刑事处罚。该案逐级报请最高人民法院核准。最高人民法院依法组成合议庭对本案进行了复核，裁定不核准在法定刑以下对刘某判处免予刑事处罚判决。[①]

（2）对不具有法定减轻处罚情节而在法定刑以下判处刑罚的案件，更应当遵循在法定量刑幅度的下一个量刑幅度内判处刑罚的原则。但是对极个别涉及政

---

① 《刑事审判参考》第 786 号。

治、国防、外交等特殊情况的案件，应当根据具体情况，决定减轻刑罚的幅度，不受在法定量刑幅度的下一个量刑幅度内判处刑罚这一原则的限制。

（3）对于法定量刑幅度已是最低量刑幅度的案件，适用减轻处罚能否判处免予刑事处罚。如果具体罪行所对应的法定量刑幅度已是最低量刑幅度，但该法定量刑幅度中最低的刑种尚不是最轻的，适用减轻情节时，是否可以突破刑法的规定，以比该法定量刑幅度中最低的法定刑更轻的刑种判处刑罚，对此问题，最高人民法院研究室1994年2月5日下发的《关于适用刑法第五十九条第二款减轻处罚能否判处刑法分则条文没有规定的刑罚问题的答复》（以下简称《答复》）……作了如下明确答复："在法定刑以下判处刑罚，包括判处刑法分则条文没有规定的不同种的刑罚。……在没有规范性文件明确提出相反的意见之前，《答复》确立的原则至今依然可以适用。"以战时自伤案件为例，如果与具体罪行对应的法定量刑幅度是"三年以下有期徒刑"，在适用减轻处罚情节时，可以对被告人判处拘役或者管制；如果与具体罪行对应的法定量刑幅度中最低的法定刑已是最低刑种，即没有再适用减轻处罚的空间的，则可以直接适用《刑法》第37条免予刑事处罚的规定，不必以适用减轻处罚情节的方式判处免予刑事处罚。例如，扰乱法庭秩序罪的法定刑是"三年以下有期徒刑、拘役、管制或者罚金"，对本罪已无适用减轻处罚情节的空间，如果犯罪情节轻微不需要判处刑罚的，完全可以直接通过适用《刑法》第37条的规定，对被告人判处免予刑事处罚①。

（三）免除处罚情节的适用

《刑法》第37条规定"对于犯罪情节轻微不需要判处刑罚的，可以免予刑事处罚。"因此，免除处罚是基于行为人犯罪情节轻微不需要判处刑罚而适用，通常在行为人具有刑法所规定的具体免刑情节时，才能决定免除处罚。免除处罚时行为人依然构成犯罪，只是不判处刑罚而给以非刑罚处理方法的处罚。如予以训诫或者责令具结悔过、赔礼道歉、赔偿损失等。

（四）常见量刑情节的适用②

1. 常见量刑情节适用的一般原则

量刑时应当充分考虑各种法定和酌定量刑情节，根据案件的全部犯罪事实以

---

① 《刑事审判参考》第786号。
② 《最高人民法院、最高人民检察院关于常见犯罪的量刑指导意见试行》（法发〔2021〕21号）。

及量刑情节的不同情形，依法确定量刑情节的适用及其调节比例。对黑恶势力犯罪、严重暴力犯罪、毒品犯罪、性侵未成年人犯罪等危害严重的犯罪，在确定从宽的幅度时，应当从严掌握；对犯罪情节较轻的犯罪，应当充分体现从宽。具体确定各个量刑情节的调节比例时，应当综合平衡调节幅度与实际增减刑罚量的关系，确保罪责刑相适应。

2. 常见量刑情节的具体适用

（1）对于未成年人犯罪，综合考虑未成年人对犯罪的认知能力、实施犯罪行为的动机和目的、犯罪时的年龄、是否初犯、偶犯、悔罪表现、个人成长经历和一贯表现等情况，应当予以从宽处罚。已满 12 周岁不满 16 周岁的未成年人犯罪，减少基准刑的 30% ~60%；已满 16 周岁不满 18 周岁的未成年人犯罪，减少基准刑的 10% ~50%。

（2）对于已满 75 周岁的老年人故意犯罪，综合考虑犯罪的性质、情节、后果等情况，可以减少基准刑的 40% 以下；过失犯罪的，减少基准刑的 20% ~50%。

（3）对于又聋又哑的人或者盲人犯罪，综合考虑犯罪性质、情节、后果以及聋哑人或者盲人犯罪时的控制能力等情况，可以减少基准刑的 50% 以下；犯罪较轻的，可以减少基准刑的 50% 以上或者依法免除处罚。

（4）对于未遂犯，综合考虑犯罪行为的实行程度、造成损害的大小、犯罪未得逞的原因等情况，可以比照既遂犯减少基准刑的 50% 以下。

（5）对于从犯，综合考虑其在共同犯罪中的地位、作用等情况，应当予以从宽处罚，减少基准刑的 20% ~50%；犯罪较轻的，减少基准刑的 50% 以上或者依法免除处罚。

（6）对于自首情节，综合考虑自首的动机、时间、方式、罪行轻重、如实供述罪行的程度以及悔罪表现等情况，可以减少基准刑的 40% 以下；犯罪较轻的，可以减少基准刑的 40% 以上或者依法免除处罚。恶意利用自首规避法律制裁等不足以从宽处罚的除外。

（7）对于坦白情节，综合考虑如实供述罪行的阶段、程度、罪行轻重以及悔罪表现等情况，确定从宽的幅度。如实供述自己罪行的，可以减少基准刑的 20% 以下；如实供述司法机关尚未掌握的同种较重罪行的，可以减少基准刑的 10% ~30%；因如实供述自己罪行，避免特别严重后果发生的，可以减少基准刑的 30% ~50%。

（8）对于当庭自愿认罪的，根据犯罪的性质、罪行的轻重、认罪程度以及悔罪表现等情况，可以减少基准刑的 10% 以下。依法认定自首、坦白的除外。

（9）对于立功情节，综合考虑立功的大小、次数、内容、来源、效果以及罪行轻重等情况，确定从宽的幅度。一般立功的，可以减少基准刑的 20% 以下；重大立功的，可以减少基准刑的 20% ~ 50%；犯罪较轻的，减少基准刑的 50% 以上或者依法免除处罚。

（10）对于退赃、退赔的，综合考虑犯罪性质，退赃、退赔行为对损害结果所能弥补的程度，退赃、退赔的数额及主动程度等情况，可以减少基准刑的 30% 以下；对抢劫等严重危害社会治安犯罪的，应当从严掌握。

（11）对于积极赔偿被害人经济损失并取得谅解的，综合考虑犯罪性质、赔偿数额、赔偿能力以及认罪悔罪表现等情况，可以减少基准刑的 40% 以下；积极赔偿但没有取得谅解的，可以减少基准刑的 30% 以下；尽管没有赔偿，但取得谅解的，可以减少基准刑的 20% 以下。对抢劫、强奸等严重危害社会治安犯罪的，应当从严掌握。

（12）对于当事人根据《刑事诉讼法》第 288 条达成刑事和解协议的，综合考虑犯罪性质、赔偿数额、赔礼道歉及真诚悔罪等情况，可以减少基准刑的 50% 以下；犯罪较轻的，可以减少基准刑的 50% 以上或者依法免除处罚。

（13）对于被告人在羁押期间表现好的，可以减少基准刑的 10% 以下。

（14）对于被告人认罪认罚的，综合考虑犯罪的性质、罪行的轻重、认罪认罚的阶段、程度、价值、悔罪表现等情况，可以减少基准刑的 30% 以下；具有自首、重大坦白、退赃退赔、赔偿谅解、刑事和解等情节的，可以减少基准刑的 60% 以下；犯罪较轻的，可以减少基准刑的 60% 以上或者依法免除处罚。认罪认罚与自首、坦白、当庭自愿认罪、退赃退赔、赔偿谅解、刑事和解、羁押期间表现好等量刑情节不作重复评价。

（15）对于累犯，综合考虑前后罪的性质、刑罚执行完毕或赦免以后至再犯罪时间的长短以及前后罪罪行轻重等情况，应当增加基准刑的 10% ~ 40%，一般不少于 3 个月。

（16）对于有前科的，综合考虑前科的性质、时间间隔长短、次数、处罚轻重等情况，可以增加基准刑的 10% 以下。前科犯罪为过失犯罪和未成年人犯罪的除外。

（17）对于犯罪对象为未成年人、老年人、残疾人、孕妇等弱势人员的，综合考虑犯罪的性质、犯罪的严重程度等情况，可以增加基准刑的 20% 以下。

（18）对于在重大自然灾害、预防、控制突发传染病疫情等灾害期间故意犯罪的，根据案件的具体情况，可以增加基准刑的 20% 以下。

第四节　刑罚裁量方法

一、刑罚裁量方法的概念

刑罚裁量方法是指量刑的具体操作步骤和方法。长期以来，我国司法实践中不重视刑罚裁量的方法，出现了同罪异罚，量刑不一的现象，严重损害了司法公信力。

二、刑罚裁量的方法概述

（一）刑罚裁量方法的理论学说

在刑法理论上，学者们在从严、从宽情节相冲突时，曾提出过多种刑罚裁量方法，如择一适用法、抵消法、优势情节优先适用法等①。

1. 择一适用法

主张一案存在量刑情节冲突时，审判人员不需要适用全部量刑情节，只需选择适用对案件最具有意义、比其他量刑情节都占有优势的一个量刑情节即可。这种方法在意大利刑法中得到了明确规定，该国《刑法典》第 69 条规定："当加重和减轻情节一同出现并且法官认为前者占优势时，不考虑为减轻情节规定的减刑，只实行加重情节规定增刑。如果减轻情节被认为优于加重情节，不考虑为后者规定的增刑，只实行为减轻情节规定的减刑。"显然，择一适用法只选择适用多个量刑情节中的一个，明显不符合全面适用量刑情节的原则，这种做法无法律依据，也使审判人员拥有过大的自由裁量权，导致刑事案件量刑的不公正，不规范，损害司法的威严。

2. 抵消法

主张在一案中既有从宽处罚情节，又有从严处罚情节时，应将两种作用相对

---

① 曲伶俐主编：《刑罚学》，中国民主法制出版社 2009 年版，第 154 页。

的情节相互抵消，既不从轻，也不从重。如何相抵呢？有学者认为一个加重情节可以和一个减轻或免除情节相抵消，一个从轻情节可以抵消一个从重情节。抵消法虽然具有操作简单、方便量刑的特点，但是从宽和从严这两种作用相反的量刑情节对量刑的价值并非完全相等，量刑也不是简单的互抵。

3. 优势情节优先适用法

主张在一案中存在着的不同情节之间是存在着优先顺序的，量刑时应该选择顺序在前的情节优先适用。而对于情节之间的优先顺序，有学者认为应当型情节优于可以型情节，罪中情节优于罪前或罪后情节，应当的从宽情节优于应当的从严情节，法定量刑情节优于酌定的量刑情节。该方法指出了情节之间的先后适用顺序是合理的，也得到了有关省份《常见犯罪量刑指导意见实施细则》的认可，但是在优势情节的确立上存在混乱。

（二）刑罚裁量方法的实践做法

1. 估堆量刑法

主张根据案件基本事实，全面考虑案件的各种情节，对案件进行综合分析，一次性地估量出对犯罪人应判处的刑罚。在审判实践中，长期存在着量刑过程不明晰、量刑步骤不清楚的问题。很多法官在对被告人量刑时，习惯于依据案件基本事实和量刑情节"估堆"。这种方法，在《量刑指导意见》出台以前，以及在未列入《量刑指导意见》的犯罪中，尤为突出。由于其主要依靠法官的个人经验，难免有失科学性，容易导致量刑上的失衡。

2. 人工智能辅助量刑法

随着人工智能时代的到来，人工智能在司法中的适用也越来越多，包括量刑的确定。近年来，检察机关高度重视并积极推进量刑建议的智能化探索。检察机关依托大数据分析技术，在智能抓取相关量刑情节基础上，对刑期进行数据归纳、分析和智能输出，逐渐探索量刑建议智能辅助系统。目前，全国检察机关已逐步推行人工智能量刑系统，人工智能在量刑建议的提出中发挥着主要作用。2006年山东某基层法院开发了"电脑量刑"软件系统。2017年《最高人民法院关于加快建设智慧法院的意见》提出以人工智能、大数据等高科技手段促进法官"类案同判和量刑规范化"，解决"同案不同判""案多人少"问题。为此，上海利用"案例数据＋算法"等科技手段研发的"刑事案件智能辅助办案系统"随之诞生，这类系统能够根据行为人的量刑情节、犯罪行为特征以及社会危害程度等要素，快速为法官提供量刑建议。无可否认，在"互联网＋"的信息智能化时代，充分发挥大数据、人工智能的优势，为司法活动提供必要参考，具有重要的方法论意义。当然，大数据、人工智能并不能取代人，对于人工智能量刑系统不能过度依赖①。因为人工智能只是数量的统计与计算，只能对量刑情节进行"定量"分析，不能对主观恶性等进行"价值"判断。同时，大数据的研判基础是大量的量刑判决，对于不常见犯罪，由于数据基础的不足，刑罚值未必科学。而且由于个案的复杂性，人工智能量刑系统也不可能穷尽所有的情节。因此，人工智能量刑系统只能作为量刑的辅助手段，不能过分依赖。

3. 类案检索法

类案，是指与待决案件在基本事实、争议焦点、法律适用问题等方面具有相似性，且已经人民法院裁判生效的案件。量刑中的类案检索法是指法官在量刑时，对正在量刑的疑难、复杂、新型的待决案件，参考具有相似性的已经生效的案件，以作出本案判决的方法。类案检索法有助于统一法律适用，提升司法公信力。

2005年《人民法院第二个五年改革纲要》提出"建立和完善案例指导制度"，试图通过"指导性案例"参照适用的方式，来解决同案不同判问题。近些年，最高人民法院发布了一系列指导性案例和典型案例，在一定程度上解决了"同案不同判"难题。为了进一步统一法律适用，促进司法公正，2020年最高人民法院印发了《关于统一法律适用加强类案检索的指导意见（试行）》，开始推行类案检索的量刑方法。该意见共计十四条，对类案检索的适用范围、检索主体及平台、检索范围和方法、类案识别和比对、检索报告或说明、结果运用、法官回应、法律分歧解决、审判案例数据库建设等予以明确。

应当进行类案检索的有四种情形：一是拟提交专业（主审）法官会议或者审判委员会讨论的；二是缺乏明确裁判规则或者尚未形成统一裁判规则的；三是院长、庭长根据审判监督管理权限要求进行类案检索的；四是其他需要进行类案检索的。

类案检索的范围一般包括：最高人民法院发布的指导性案例；最高人民法院发布的典型案例及裁判生效的案件；本省（自治区、直辖市）高级人民法院发布的参考性案例及裁判生效的案件；上一级人民法院及本院裁判生效的案件。除指导性案例以外，优先检索近三年的案例或者案件；已经在前一顺位中检索到类案的，可以不再进行检索。

---

① 孙佑海：《人工智能作用巨大但不能取代人的智慧》，正义网，2020年10月11日。

类案检索的效力。该意见要求，检索到的类案为指导性案例的，人民法院应当参照作出裁判；检索到其他类案的，人民法院可以作为作出裁判的参考。如果检索到的类案存在法律适用不一致的，人民法院可以依照《最高人民法院关于建立法律适用分歧解决机制的实施办法》等规定，通过法律适用分歧解决机制予以解决。同时明确，公诉机关、案件当事人及其辩护人、诉讼代理人等提交指导性案例作为控（诉）辩理由的，人民法院应当在裁判文书说理中回应是否参照并说明理由；提交其他类案作为控（诉）辩理由的，人民法院可以通过释明等方式予以回应。

4. 量刑规范化方法

为进一步规范量刑活动，规范法官裁量权，同时将量刑纳入法庭审理程序，引入量刑建议，增强量刑公开性与透明度，2008 年最高人民法院开始了量刑规范化改革试点，2010 年最高人民法院制定了《人民法院量刑指导意见（试行）》（2015 年失效）及《关于规范量刑程序若干问题的意见（试行）》（2020 年失效），标志着量刑规范化量刑方法正式确立。2013 年最高人民法院发布《关于常见犯罪量刑指导意见》，该指导意见又于 2017 年修改发布。2020 年最高人民法院、最高人民检察院、公安部、国家安全部、司法部联合制定了《关于规范量刑程序若干问题的意见》，进一步修改完善了量刑程序。2021 年最高人民法院、最高人民检察院又联合制定了《关于常见犯罪的量刑指导意见试行》。根据 2021 年的《量刑指导意见》，量刑的基本方法为：量刑时，应当以定性分析为主，定量分析为辅，依次确定量刑起点、基准刑和宣告刑。具体分为以下三个方面。

（1）量刑步骤。首先根据基本犯罪构成事实在相应的法定刑幅度内确定量刑起点。其次根据其他影响犯罪构成的犯罪数额、犯罪次数、犯罪后果等犯罪事实，在量刑起点的基础上增加刑罚量确定基准刑。最后根据量刑情节调节基准刑，并综合考虑全案情况，依法确定宣告刑。

（2）调节基准刑的方法。一是具有单个量刑情节的，根据量刑情节的调节比例直接调节基准刑。二是具有多个量刑情节的，一般根据各个量刑情节的调节比例，采用同向相加、逆向相减的方法调节基准刑；具有未成年人犯罪、老年人犯罪、限制行为能力的精神病人犯罪、又聋又哑的人或者盲人犯罪，防卫过当、避险过当、犯罪预备、犯罪未遂、犯罪中止，从犯、胁从犯和教唆犯等量刑情节的，先适用该量刑情节对基准刑进行调节，在此基础上，再适用其他量刑情节进行调节。三是被告人犯数罪，同时具有适用于个罪的立功、累犯等量刑情节的，先适用该量刑情节调节个罪的基准刑，确定个罪所应判处的刑罚，再依法实行数罪并罚，决定执行的刑罚。

（3）确定宣告刑的方法。一是量刑情节对基准刑的调节结果在法定刑幅度内，且罪责刑相适应的，可以直接确定为宣告刑；具有应当减轻处罚情节的，应当依法在法定最低刑以下确定宣告刑。二是量刑情节对基准刑的调节结果在法定最低刑以下，具有法定减轻处罚情节，且罪责刑相适应的，可以直接确定为宣告刑；只有从轻处罚情节的，可以依法确定法定最低刑为宣告刑；但是根据案件的特殊情况，经最高人民法院核准，也可以在法定刑以下判处刑罚。三是量刑情节对基准刑的调节结果在法定最高刑以上的，可以依法确定法定最高刑为宣告刑。四是综合考虑全案情况，独任审判员或合议庭可以在20%的幅度内对调节结果进行调整，确定宣告刑。当调节后的结果仍不符合罪责刑相适应原则的，应当提交审判委员会讨论，依法确定宣告刑。五是综合全案犯罪事实和量刑情节，依法应当判处无期徒刑以上刑罚、拘役、管制或者单处附加刑、缓刑、免予刑事处罚的，应当依法适用。

如果判处罚金刑，应当以犯罪情节为根据，并综合考虑被告人缴纳罚金的能力，依法决定罚金数额。

如果适用缓刑，应当综合考虑被告人的犯罪情节、悔罪表现、再犯罪的危险以及宣告缓刑对所居住社区的影响，依法作出决定。

《量刑指导意见》同时对交通肇事罪、危险驾驶罪、非法吸收公众存款罪、集资诈骗罪、信用卡诈骗罪、合同诈骗罪、故意伤害罪、强奸罪、非法拘禁罪、抢劫罪、盗窃罪、诈骗罪、抢夺罪、职务侵占罪、敲诈勒索罪、妨害公务罪、聚众斗殴罪、寻衅滋事罪、掩饰、隐瞒犯罪所得、犯罪所得收益罪、走私、贩卖、运输、制造毒品罪、非法持有毒品罪、容留他人吸毒罪、引诱、容留、介绍卖淫罪量刑进行规范化。

 思 考 题

1. 如何适用"以案件事实为依据，以法律为准绳的原则"？
2. 减轻处罚情节应如何适用？
3. 量刑规范化量刑方法如何确定量刑起点、基准刑和宣告刑？

案例分析[①]

被告人王某，男，1979 年 6 月 28 日出生。2008 年 5 月 8 日因犯掩饰、隐瞒犯罪所得罪被判处有期徒刑 10 个月，并处罚金人民币 6000 元。2010 年 9 月 10 日因犯开设赌场罪被判处有期徒刑 2 年 1 个月，并处罚金人民币 5 万元。2011 年 12 月 5 日刑满释放。2014 年 4 月 10 日因涉嫌犯故意伤害罪被逮捕。

浙江省绍兴市上虞区人民检察院以被告人王某犯故意伤害罪，向绍兴市上虞区人民法院提起公诉。

绍兴市上虞区人民法院经审理查明：2014 年 2 月 18 日傍晚，被告人王某因赌资问题与被害人程某某发生争执，后在绍兴市上虞区崧厦镇共何村一村道上发生斗殴。在互殴过程中，王某持刀将程某某右手拇指及中指砍伤。经鉴定，程某某之损伤构成重伤二级。

绍兴市上虞区人民法院认为，被告人王某故意伤害他人身体，致一人重伤。其行为已构成故意伤害罪。王某在前罪有期徒刑刑罚执行完毕后 5 年以内再犯应当判处有期徒刑以上刑罚之罪，系累犯，依法应当从重处罚；持械伤害他人，可酌情从重处罚。王某犯罪后自动投案，如实供述自己的罪行，具有自首情节，可依法减轻处罚；赔偿被害人损失并取得谅解，可酌情从轻处罚。依照《中华人民共和国刑法》第 234 条、第 65 条第 1 款、第 67 条第 1 款的规定，绍兴市上虞区人民法院认定被告人王某犯故意伤害罪，判处有期徒刑 2 年 10 个月。

一审宣判后，被告人王某未提出上诉。公诉机关亦未抗诉，该判决已发生法律效力。

请结合上述案情与裁判，评析量刑情节和量刑方法的适用。

---

① 南英主编：《量刑规范指导案例》案例 19，法律出版社 2016 年版，第 79 页。

第十章

刑罚裁量制度

 学习要点

我国刑法规定的刑罚裁量制度有累犯、自首、坦白、立功、数罪并罚和缓刑。累犯分为一般累犯和特殊累犯。自首分为一般自首、准自首和特别自首。坦白是犯罪嫌疑人被动归案之后的如实供述自己罪行的行为。立功有一般立功和重大立功。数罪并罚是依照一定的原则和法律规定的方法针对一人犯有数罪的合并处罚。缓刑是判处刑罚的同时宣告附条件的不执行原判刑罚，但保留着执行原判刑罚的可能性。

 重点问题

1. 累犯的认定
2. 自首、坦白和立功的认定
3. 数罪并罚的原则及方法
4. 缓刑的适用

第一节 累犯

一、累犯的概念

累犯，是指因犯罪而受过一定的刑罚处罚，在刑罚执行完毕或者赦免以后在法定期限内又犯一定之罪的犯罪分子。

根据我国刑法的规定，刑法理论将累犯分为一般累犯和特殊累犯两种。

二、一般累犯

根据《刑法》第 65 条的规定，一般累犯，又称"普通累犯"，是指因故意犯罪被判处有期徒刑以上刑罚，刑罚执行完毕或者赦免以后，在 5 年以内再犯应当判处有期徒刑以上刑罚的故意犯罪的犯罪分子。一般累犯的构成要件如下。

1. 前后两罪必须都是故意犯罪

如果两罪或者其中一罪为过失犯罪，均不能构成一般累犯。

2. 前罪被判处的刑罚和后罪应判处的刑罚都是有期徒刑以上刑罚

这里的"前罪被判处的刑罚"，是指人民法院最后确定的宣告刑为有期徒刑以上刑罚。"后罪应判处的刑罚"，是指根据事实和法律实际上对行为人应当判处有期徒刑以上刑罚，而不是说该罪的法定刑中含有有期徒刑以上的刑罚，否则将无限制地扩大累犯的适用范围。"有期徒刑以上刑罚"包括有期徒刑、无期徒刑和死刑缓期执行。如果前罪被判处的是拘役、管制或者单处附加刑，无论后罪多么严重，也不成立累犯。反之，如果前罪被判处有期徒刑以上刑罚，但后罪被判处拘役、管制或者单处附加刑，同样不构成一般累犯。另外，被判处有期徒刑宣告缓刑的犯罪分子，如果在缓刑考验期满后又犯罪，不构成累犯。

3. 后罪发生在前罪刑罚执行完毕或者赦免以后 5 年之内

如果后罪发生在前罪执行期间，不构成累犯，而是数罪并罚；如果后罪发生在前罪刑罚执行完毕或赦免 5 年以后，也不构成累犯，而是独立新罪。这里的"刑罚执行完毕"，是指主刑执行完毕，若主刑执行完毕而附加刑尚在执行中，不影响一般累犯的构成。关于"5 年"期限的计算，已经执行刑罚或者被赦免的犯罪分子，从刑罚执行完毕之日或者赦免之日起算。对于被假释的犯罪分子，从假释期满之日起计算。因而，被假释的犯罪分子，在假释考验期满 5 年之内又犯新罪的，构成累犯。而在假释考验期又犯新罪，则不成立累犯。对于判处无期徒刑和死刑缓期执行的犯罪分子，尽管在宣告时尚不存在"刑罚执行完毕"的问题，但是由于我国刑法规定了减刑制度和假释制度，被判处无期徒刑和死刑缓期执行的犯罪分子只要认真悔过，积极接受改造，存在减刑而刑罚执行完毕的情形，也存在假释之后再犯罪的情形。因此，被判处无期徒刑和死刑缓期执行的犯罪分子出狱后再次犯罪存在构成累犯的可能性。

4. 已满 18 周岁的人犯罪才构成累犯

具体来说，如果前、后罪都是在不满 18 周岁实施的，不构成累犯；如果前罪发生在不满 18 周岁时，后罪发生在已满 18 周岁的，也不构成累犯；只有前罪与后罪都必须是在已满 18 周岁以上实施的，才构成累犯。刑法将不满 18 周岁的人犯罪排除在累犯之外，体现了对未成年人的特殊保护。

三、特殊累犯

根据《刑法》第 66 条规定，特殊累犯是指危害国家安全犯罪、恐怖活动犯罪、黑社会性质的组织犯罪的犯罪分子在刑罚执行完毕或者赦免以后，在任何时候再犯上述任一类罪的情形。其构成要件如下。

1. 前后两罪必须是危害国家安全犯罪、恐怖活动犯罪、黑社会性质的组织犯罪

可以是前后两罪都是性质相同的犯罪，也可以是前后两罪分属上述类别不同的犯罪，如前罪是危害国家安全的犯罪，后罪是黑社会性质的组织犯罪。如果前后两罪都不是上述三类犯罪或者其中只有一个是上述三类犯罪，都不构成特殊累犯。至于是否构成一般累犯，应根据一般累犯的构成条件去认定。

2. 前罪须判处刑罚

如果前罪被免刑，即使以后又犯危害国家安全犯罪、恐怖活动犯罪、黑社会性质的组织犯罪，也不成立特殊累犯。特殊累犯不同于一般累犯的是对前罪和后罪判处的刑罚没有限制。凡是以前犯过危害国家安全犯罪、恐怖活动犯罪、黑社会性质的组织犯罪三类犯罪之一，现在又犯危害国家安全犯罪、恐怖活动犯罪、黑社会性质的组织犯罪任一类的，即使前后两罪或者其中一罪判处拘役、管制，甚至单处附加刑，也不影响特殊累犯的构成。

3. 后罪发生的时间须在前罪刑罚执行完毕或者赦免以后

与一般累犯不同的是，此处只有一个限制，即后罪可以发生在前罪刑罚执行完毕或者赦免以后的任何时候，对前后两罪相隔时间的长短没有限制。刑法之所以如此规定，主要是因为危害国家安全犯罪、恐怖活动犯罪、黑社会性质的组织犯罪是危害性最严重的三类犯罪。

四、单位累犯

按照我国刑法的规定，自然人构成累犯没有异议，但是对于单位能否构成累犯，理论界有争议。我们认为，我国刑法规定了单位累犯。根据《刑法》第 66

条规定，只要前后罪均是危害国家安全犯罪、恐怖活动犯罪、黑社会性质的组织犯罪且均被判处刑罚，则构成特殊累犯。而危害国家安全犯罪中的资助危害国家安全犯罪活动罪，恐怖活动犯罪中的资助恐怖活动罪，单位均可成立，如果某单位先实施了资助危害国家安全犯罪活动罪被判处刑罚，刑罚执行完毕后又犯了资助恐怖活动罪应该判处刑罚，可以成立累犯。据此，我国刑法在特殊累犯中规定了单位累犯。另外，《刑法》第 356 条规定："因走私、贩卖、运输、制造、非法持有毒品被判过刑，又犯本节规定之罪的，从重处罚"。这一关于毒品犯罪的规定之中，由于前后罪都可以由单位构成，因此，单位因走私、贩卖、运输、制造、非法持有毒品被判过刑，再犯毒品犯罪的，当然构成毒品累犯。

五、对累犯的处罚

由于累犯是在刑罚执行完毕或者赦免以后的特定时间内再次犯罪，说明其具有更大的人身危险性和再犯可能性，表明其特殊预防的必要性大。因此，我国刑法对累犯的处罚作出了特别的规定：一是对累犯，应当从重处罚。二是对累犯，不能适用缓刑，也不能适用假释。

第二节 自首

根据《刑法》第 67 条规定，自首是指犯罪以后自动投案，如实供述自己的罪行；或被采取强制措施的犯罪嫌疑人、被告人和正在服刑的罪犯，如实供述司法机关还未掌握的本人其他罪行的行为。据此，自首分为一般自首、准自首和特别自首三种。

一、一般自首

一般自首，是指犯罪分子犯罪以后自动投案，如实供述自己罪行的行为。成立一般自首必须具备以下条件。

（一）自动投案

犯罪以后自动投案。这是成立一般自首的前提条件。根据 1998 年 4 月 6 日最高人民法院《关于处理自首和立功具体应用法律若干问题的解释》（以下简称《自首立功解释》）第 1 条的规定，自动投案，是指犯罪事实或者犯罪嫌疑人未被司法机关发觉，或者虽被发觉，但犯罪嫌疑人尚未受到讯问、未被采取强制措施时，主动直接向公安机关、人民检察院或者人民法院投案。结合 2010 年 12 月 22 日施行的《最高人民法院关于处理自首和立功若干具体问题的意见》，要准确理解以下要素。

1. 投案的时间

应是在犯罪人尚未归案之前投案。包括以下情况：（1）犯罪事实和犯罪嫌疑人没有被发觉以前，犯罪分子投案的。（2）犯罪事实已经被发觉，但犯罪嫌疑人尚未被发现。（3）犯罪事实和犯罪嫌疑人都已经被发觉，但还没有对犯罪嫌疑人采取拘留、逮捕等强制措施的，或尚未被群众扭送的。（4）案发后，犯罪嫌疑人被通缉、追捕过程中自动投案的。这种情况一般是指犯罪分子仍可继续潜逃的情况下自愿放弃潜逃，到案接受司法机关的追究。如果犯罪分子被群众、公安人员围追堵截，本身已经走投无路，被迫放弃逃跑，而当场投案的，不能视为自首。（5）行为人仅仅因为形迹可疑，被有关组织或者司法机关盘问、教育后，主动交代自己的罪行的，也应认为是自动投案。但有关部门、司法机关在其身上、随身携带的物品、驾乘的交通工具等处发现与犯罪有关的物品的，不能认定为自动投案。（6）经查实犯罪嫌疑人确已准备去投案而被公安机关抓获，也应视为自动投案。此种情形必须有证据证明行为人主观上有投案的决心，客观上有投案的准备活动。

另外，犯罪嫌疑人具有以下情形之一的，也应当视为自动投案：（1）犯罪后主动报案，虽未表明自己是作案人，但没有逃离现场，在司法机关询问时交代自己罪行的。（2）明知他人报案而在现场等待，抓捕时无拒捕行为，供认犯罪事实的。（3）在司法机关未确定犯罪嫌疑人，尚在一般性排查询问时主动交代自己罪行的。（4）因特定违法行为被采取行政拘留、司法拘留、强制隔离戒毒等行政、司法强制措施期间，主动向执行机关交代尚未被掌握的犯罪行为的。如甲因为盗窃乙的自行车（价值 460 元）被抓获，公安机关对其作出行政拘留 15 日的处罚。在被行政拘留期间，甲主动交代了盗窃丙的摩托车（价值 2 万元）的犯罪事实，该事实经公安机关查证属实。对甲主动交代盗窃摩托车的行为成立自首。（5）其他符合立法本意，应当视为自动投案的情形。这里的立法本意，就是自动投案要体现出犯罪嫌疑人投案的主动性和自愿性。

2. 投案的对象

一般应是犯罪人向公安、司法机关投案；对于犯罪人向所在单位、城乡基层组织或者其他有关负责人投案的，也应视为投案。无论向谁投案，都必须向有关机关或个人承认自己实施了特定犯罪。即投案之后必须向有关机关、单位、组织和个人承认自己实施了特定犯罪或承认某一特定犯罪系自己所为。

3. 投案的方式

投案的方式可以是多种多样的，包括：犯罪分子自己到司法机关或有关机关投案；犯罪分子因病、受伤或者为了弥补损失、抢救伤员而让他人先代为投案；犯罪分子因在外地，以信、电（电话、电报、电子邮件）等方式投案。亲友主动报案后，将犯罪嫌疑人送去投案的，也应视为自动投案。如果犯罪分子亲友是采取哄骗、扭送、捆绑等方法，将犯罪分子送往司法机关归案的，则不应视为自首。

对于交通肇事后保护现场、抢救伤者，并向公安机关报告的，应认定为自动投案，构成自首。如乙交通肇事后留在现场救助伤员，并报告交管部门发生了事故。交警到达现场询问时，乙承认了自己的行为。乙成立自首。该行为虽然系犯罪嫌疑人的法定义务，但是因其符合投案的主动性和自愿性，应该认定为自首，只是对其是否从宽及从宽的幅度要适当从严掌握。对于交通肇事逃逸后自动投案，如实供述自己罪行的，应认定为自首，但鉴于肇事者是逃逸后才自首的具体情节，量刑时应依法以较重法定刑为基准，视情况决定对其是否从宽处罚以及从宽处罚的幅度。

4. 投案的动机

从司法实践中看，自动投案的动机比较复杂，如出于真诚悔悟、惧怕法律威严、潜逃在外生活无着落、争取宽大处理或经亲友规劝教育而醒悟等。动机如何不影响自动投案的成立。但必须是基于犯罪分子本人的意志而自动归案。这是认定自动投案是否成立的关键条件。也即犯罪分子的归案，并不是违背犯罪分子的本意的原因所造成的。

5. 投案的结果

自动投案还必须自愿置于有关机关和个人的控制之下，等待进一步交代犯罪事实，接受国家司法机关的审查和裁判。根据《自首立功解释》第 1 条的规定，犯罪嫌疑人自动投案后又逃跑的，不能认定为自首。但是，犯罪分子自动投案并如实供述自己罪行后，为自己进行辩护，或者提出上诉，这是法律赋予被告人的权利，不能视为拒不接受审查和裁判。根据 2004 年 3 月 26 日最高人民法院《关于被告人对行为性质的辩解是否影响自首成立问题的批复》，行为人对行为性质的辩解不影响自首的成立。如甲故意杀人后如实交代了自己的客观罪行，司法机关根据其交代认定其主观罪过为故意，甲辩称其为过失，成立自首。另外司法实践中，有的犯罪分子匿名将赃物送回司法机关或原财物所有人，或者用电话、书信等方式向司法机关报案并指出赃物所在，而不亲自到案或者讲明自己的真实姓名的，显然不想接受审查和裁判，不能视为自动投案。如甲给监委打电话，承认自己收受他人 10 万元贿赂，并交代了事情经过，但却出走不知所踪，因此不属于自首成立。

（二）如实供述自己的罪行

这是自首成立的关键性条件。所谓如实供述自己的罪行，是指犯罪嫌疑人自动投案后，如实供述自己的主要犯罪事实和姓名、年龄、职业、住址、前科等情况。犯罪嫌疑人供述的身份等情况与真实情况虽有差别，但不影响定罪量刑的，应认定为如实供述自己的罪行。犯罪嫌疑人自动投案后隐瞒自己的真实身份等情况，影响对其定罪量刑的，不能认定为如实供述自己的罪行。

对于"如实供述自己的主要犯罪事实"的把握，应注意以下几种情形：（1）犯罪嫌疑人多次实施同种罪行的，应当综合考虑已交代的犯罪事实与未交代的犯罪事实的危害程度，决定是否认定为如实供述主要犯罪事实；（2）虽然投案后没有交代全部犯罪事实，但如实交代的犯罪情节重于未交代的犯罪情节，或者如实交代的犯罪数额多于未交代的犯罪数额，一般应认定为如实供述自己的主要犯罪事实；（3）无法区分已交代的与未交代的犯罪情节的严重程度，或者已交代的犯罪数额与未交代的犯罪数额相当，一般不认定为如实供述自己的主要犯罪事实。另外，犯罪嫌疑人自动投案时，虽然没有交代自己的主要犯罪事实，但在司法机关掌握其主要犯罪事实之前主动交代的，应认定为如实供述自己的罪行。

司法实践中，对于行为人虽然有投案行为，但只供述自己的次要罪行，隐瞒自己的主要犯罪事实，以及犯罪嫌疑人自动投案并如实供述自己的罪行后一审判决以前又翻供的，不能认定为自首；但在一审判决前又能如实供述的，应当认定为自首。

需要注意的是，职务犯罪自首的认定较为严格。根据 2009 年最高人民法院、最高人民检察院《关于办理职务犯罪案件认定自首、立功等量刑情节若干问题的意见》（以下简称《职务犯罪自首立功意见》），成立自首需同时具备自动投案和如实供述自己的罪行两个要件。犯罪事实或者犯罪分子未被办案机关掌握，或者虽被掌握，但犯罪分子尚未受到调查谈话、讯问，或者未被宣布采取调查措施或者强制措施时，向办案机关投案的，是自动投案。在此期间如实交代自己的主要犯罪事实的，应当认定为自首。没有自动投案，在办案机关调查谈话、讯问、采取调查措施或者强制措施期间，犯罪分子如实交代办案机关掌握的线索所针对的事实的，不能认定为自首。据此，在司法实践中，只要监察机关经过初核掌握了犯罪线索，犯罪嫌疑人被通知到案接受监察机关调查谈话期间，如实供述犯罪事实的，往往较难以认定为自首。

二、准自首

准自首，是指被采取强制措施的犯罪嫌疑人、被告人和正在服刑的罪犯，如实供述司法机关还未掌握的本人其他罪行的行为。

根据《刑法》第 67 条第 2 款的规定，准自首的成立必须具备以下条件。

1. 准自首的主体必须是被采取强制措施的犯罪嫌疑人、被告人和正在服刑的罪犯

所谓强制措施，是指我国刑事诉讼法所规定的拘传、取保候审、监视居住、拘留和逮捕。所谓犯罪嫌疑人，是指在公诉案件中因涉嫌犯罪而正在被立案侦查、立案调查和审查起诉的人。所谓被告人，是指因涉嫌犯罪而被检察机关提起公诉或者被自诉人提起自诉的人。所谓正在服刑的罪犯，是指已经人民法院判决，正在执行所判刑罚的罪犯。

2. 准自首的时间只能发生在采取强制措施以后或者服刑期间

3. 必须如实供述司法机关还未掌握的本人其他罪行

司法机关尚未掌握的罪行，是指采取强制措施时或判决时，司法机关尚未发现的罪行。对于犯罪嫌疑人、被告人在被采取强制措施期间，向司法机关主动如实供述本人的其他罪行，该罪行能否认定为"司法机关已掌握"，应根据不同情形区别对待：如果该罪行已被通缉，一般应以该司法机关是否在通缉令发布范围内作出判断，不在通缉令发布范围内的，应认定为还未掌握，在通缉令发布范围内的，应视为已掌握；如果该罪行已录入全国公安信息网络在逃人员信息数据库，应视为已掌握；如果该罪行未被通缉，也未录入全国公安信息网络在逃人员信息数据库，应以该司法机关是否已实际掌握该罪行为标准。这里的"其他罪行"，是指与司法机关已掌握或者判决所确定的罪行属于不同种的罪行。如果供

述的罪行与司法机关掌握的罪行属同种罪行，不能认定为自首，而只能认定为坦白。需要注意的是，《职务犯罪自首立功意见》规定，虽然没有自动投案，但办案机关所掌握线索针对的犯罪事实不成立，在此范围外犯罪分子交代同种罪行的，成立自首。同种罪行还是不同种罪行，一般应以罪名区分，罪名相同的属于同种罪行。有时虽然如实供述的其他罪行的罪名与司法机关已掌握犯罪的罪名不同，但如实供述的其他犯罪与司法机关已掌握的犯罪属选择性罪名或者在法律、事实上密切关联，如因受贿被采取强制措施后，又交代因受贿为他人谋取利益的行为，构成滥用职权罪的，应认定为同种罪行。

三、特别自首

《刑法》第164条第4款规定，行贿人在被追诉前主动交代行贿行为的，可以减轻处罚或者免除处罚。第390条第3款规定，行贿人在被追诉前主动交代行贿行为的，可以从轻或者减轻处罚。其中，犯罪较轻的，对调查突破、侦破重大案件起关键作用的，或者有重大立功表现的，可以减轻或者免除处罚。第392条第2款规定，介绍贿赂人在被追诉前主动交代介绍贿赂行为的，可以减轻处罚或者免除处罚。上述条款是我国刑法关于特别自首的规定。

根据我国刑法规定，特别自首的成立须具备以下条件。

1. 行为人必须是犯了刑法分则所规定的特定犯罪

特别自首是针对行贿罪、非国家工作人员行贿罪、介绍贿赂罪三种特定犯罪所设立。犯有上述三种犯罪以外的人员，在被追诉前主动向司法机关如实供述其犯罪行为的，只可能成立一般自首或者准自首，不能成立特别自首。

2. 必须是刑法分则所规定的特定犯罪被追诉之前，行为人主动交代所犯特定犯罪

包括以下几种情况：一是行为人在犯罪之后归案之前，自动投案，如实向司法机关供述自己所犯的特定罪行；二是行为人因犯其他罪行，在被采取了强制措施或正在服刑的情况下，如实供述司法机关还未掌握的本人所犯的特定犯罪；三是由于群众举报，司法机关采取强制措施后，行为人供述自己所犯的特定犯罪[1]。

---

[1] 曲伶俐主编：《刑罚学》，中国民主法制出版社2009年版，第166页。

四、单位自首

实践中，自然人犯罪自首认定获得了普遍认可，但在单位犯罪中如何认定自首和单位自首后如何适用刑罚，仍存在认识和处理上的模糊，包括对单位犯罪中自然人实施的自首行为能否被认定为单位自首，哪些自然人实施的行为能被认定为自首，法定代表人、直接负责的主管人员或直接责任人员的自首行为是否直接认定为单位自首等尚存在不确定性。

理论上通常认为单位犯罪自首的成立条件为：一是自动投案的实施者是单位的主管人员或者其他直接责任人员；二是自动投案是单位集体研究决定或者负责人决定；三是主管人员或者其他直接责任人员不仅要交代自己的罪行，还要交代其他人的罪行。

实践中，对于单位自首的认定，可根据《职务犯罪自首立功意见》予以认定。即单位犯罪案件中，单位集体决定或者单位负责人决定而自动投案，如实交代单位犯罪事实的，或者单位直接负责的主管人员自动投案，如实交代单位犯罪事实的，应当认定为单位自首。单位自首的，直接负责的主管人员和直接责任人员未自动投案，但如实交代自己知道的犯罪事实的，可以视为自首；拒不交代自己知道的犯罪事实或者逃避法律追究的，不应当认定为自首。单位没有自首，直接责任人员自动投案并如实交代自己知道的犯罪事实的，对该直接责任人员应当认定为自首。2012年最高人民法院、最高人民检察院《关于办理行贿刑事案件具体应用法律若干问题的解释》又对单位行贿特别自首的认定作出了规定，单位行贿的，在被追诉前，单位集体决定或者单位负责人决定主动交代单位行贿行为的，依照《刑法》第390条第3款的规定，对单位及相关责任人员可以减轻处罚或者免除处罚；受委托直接办理单位行贿事项的直接责任人员在被追诉前主动交代自己知道的单位行贿行为的，对该直接责任人员可以依照《刑法》第390条第3款的规定减轻处罚或者免除处罚。也即单位自首也可以分别归属于一般自首、准自首和特别自首予以认定。

五、自首的认定

（一）共同犯罪自首的认定

共同犯罪案件中的犯罪嫌疑人，除如实供述自己的罪行外，还应当供述所知的同案犯的犯罪事实，才能认定为自首。具体来说，作为首要分子的主犯，必须供述其组织、策划、指挥下的全部罪行，其他主犯、从犯、胁从犯需要供述自己和同案犯共同实施的全部犯罪事实，教唆犯不仅要供述自己实施的教唆犯罪行为，而且必须供述其所知道的被教唆人产生犯罪意图之后实施的犯罪行为。

（二）数罪自首的认定

犯有数罪的犯罪嫌疑人仅如实供述所犯数罪中部分犯罪的，只对如实供述部分犯罪的行为，认定为自首。例如，一人犯了数罪，主动投案时只交代了一罪，或者虽然交代了几罪，但仍有罪行未予交代而在追诉或者在服刑中被查出，只对主动投案并如实交代的罪行认定自首，没有主动交代的罪行不成立自首，即自首的效力不能及于查处的余罪。

（三）电话通知到案自首的认定

司法实践中，有的犯罪嫌疑人是经办案机关电话通知主动到案，并如实供述自己的罪行，对此，应否认定为自首？目前，公安机关办理的普通刑事案件经电话通知到案认定为自首一般没有异议。但是，对于监察机关办理的职务犯罪案件经监委调查人员电话通知到案是否认定为自首，各地司法机关认定不一。我们认为，电话通知到案认定为自动投案，符合立法规定和立法本意。

1. 电话通知的性质不属于强制措施

根据《治安管理处罚法》《刑事诉讼法》等规定可知，传唤分为书面传唤、口头传唤和强制传唤，书面传唤应有书面的传唤证，犯罪嫌疑人还需签名捺印；而口头传唤仅适用于现场发现的犯罪嫌疑人；强制传唤不能单独适用，只能在进行口头传唤或书面传唤后犯罪嫌疑人无正当理由拒绝接受传唤的情形下，才可以实施强制传唤。电话通知既不具备书面传唤的条件也不具备口头传唤的条件，所以电话通知不是传唤，不是强制性措施。

2. 自首的立法本意是强调被调查人归案的自愿性和主动性

电话通知到案的被调查人能主动、直接向监察机关投案，即有归案的自愿性和主动性。被调查人在接到监察机关的电话通知后，其人身自由尚未受到限制，可以选择拒不到案，甚至可以选择逃跑，其能主动到案接受调查，表明其具有认罪悔改、接受惩罚的主观心态，具有归案的自愿性和主动性，属于自动投案。

六、自首者的处罚

《刑法》第 67 条第 1 款规定："对于自首的犯罪分子，可以从轻或者减轻处罚。其中，犯罪较轻的，可以免除处罚。"据此，对于自首的犯罪分子应分不同情况予以从宽处罚。至于决定是否从轻、减轻或者免除处罚以及从轻、减轻处罚的幅度，应当根据犯罪的事实、性质、情节和对于社会的危害程度，结合自动投案的动机、阶段、客观环境，交代犯罪事实的完整性、稳定性以及悔罪表现等具体情节，综合判定。

第三节　坦白

一、坦白的概念

坦白，是指犯罪嫌疑人在被动归案之后，被依法提起公诉之前，如实供述自己罪行的行为。

坦白是我国刑法为进一步落实"坦白从宽"的刑事司法政策，在《刑法修正案（八）》中新设立的制度，从而将坦白从宽的刑事司法政策上升为立法规定。

二、坦白的成立条件

根据《刑法》第 67 条第 3 款的规定，成立坦白必须具备以下条件。

1. 坦白的主体只能是犯罪嫌疑人，不包括被告人和正在服刑的罪犯

2. 坦白的时间是犯罪嫌疑人被动归案之后，被依法提起公诉之前

被动归案与自动投案相对应，凡是不属于司法解释规定的自动投案的情形均属于被动归案。通常被动归案包括以下情形：一是因司法机关采取强制措施而归案；二是被司法机关传唤到案；三是被群众扭送归案；四是未被认定为自首的电话通知到案。坦白的成立被限定在依法提起公诉之前的诉讼阶段，主要在于鼓励犯罪嫌疑人尽早交代犯罪事实，协助侦破案件，节约司法资源，提高诉讼效率。案件若已被提起公诉进入审理阶段，表明案件证据已经达到确实充分的程度，此

时被告人再如实供述司法机关已经掌握的犯罪事实，对于侦破案件已无意义。当然，在此阶段如果被告人认罪认罚，将有助于节约司法资源，提高诉讼效率。

3. 犯罪嫌疑人必须如实供述自己的罪行

这里的"如实供述自己的罪行"除与自首的该要素同义外，尚需具备两点：一是必须主动交代自己的犯罪事实，如果是在办案机关出示证据之后，无法抵赖才予以交代，不成立坦白。二是坦白交代的罪行可以是已被司法机关掌握的犯罪事实；也可以是司法机关未掌握的同种罪行。

三、坦白与自首的关系

坦白与自首的相同之处是：都以实施了犯罪行为为前提，都如实供述自己的罪行，都有一定的悔罪表现。

二者不同之处在于：（1）主体不同。坦白的主体只能是犯罪嫌疑人；自首的主体可以是犯罪嫌疑人，也可以是被告人和正在服刑的罪犯。（2）归案形式不同。坦白是犯罪嫌疑人被动归案；而自首是犯罪嫌疑人自动投案。（3）所交代的罪行不同。坦白的犯罪嫌疑人所交代的罪行，是已被司法机关掌握的犯罪事实，或者司法机关未掌握的同种罪行；而自首的犯罪嫌疑人所交代的罪行，有的是司法机关已经掌握的犯罪事实，但多数是司法机关尚未掌握的犯罪事实。（4）悔罪程度不同。坦白表现为消极的、被动的形式，虽有悔改也是被迫而为；而自首表现为积极的、主动的形式。

四、坦白者的处罚

根据《刑法》第67条第3款规定，对于坦白的犯罪分子，可以从轻处罚；因其如实供述自己罪行，避免特别严重后果发生的，可以减轻处罚。司法实践中根据案件的具体事实、情节决定从宽处罚的种类和幅度。

第四节　立功

一、立功的概念

根据《刑法》第68条和《自首立功解释》的规定，立功是指犯罪分子有揭发他人犯罪行为经查证属实的，或者提供重要线索从而得以侦破其他案件等的行为。

二、立功的成立条件

1. 立功的主体是指刑事诉讼中的犯罪嫌疑人和被告人

即立功必须是犯罪分子本人实施的行为。为使犯罪分子得到从轻处理，犯罪分子亲友直接向有关机关揭发他人犯罪行为，提供侦破其他案件的重要线索，或者协助司法机关抓捕其他犯罪嫌疑人的，不能认定为犯罪分子的立功表现。

2. 立功行为必须发生在刑事诉讼阶段

作为量刑情节的立功，必须发生在刑事侦查、起诉、审判（包括一审和二审）过程中。而在判决生效以后的立功，属于服刑过程中的立功，是减刑和假释的条件，而不是量刑情节。

3. 必须有立功的行为表现和效果

根据我国《刑法》第 68 条的规定和《自首立功解释》以及《职务犯罪自首立功意见》，作为量刑情节的一般立功主要有以下几种情况。

（1）犯罪分子揭发他人的罪行，经查证属实。这里的"他人的罪行"必须是司法机关尚未掌握的罪行，而且揭发的他人罪行材料应当指明具体犯罪事实，包括共同犯罪案件中的犯罪分子揭发同案犯共同犯罪以外的其他犯罪。对于司法机关已掌握的"他人的罪行"，犯罪分子在不知晓的情况下，误以为司法机关未掌握而向司法机关检举、揭发的，不能认定为立功。犯罪分子揭发他人犯罪行为时没有指明具体犯罪事实的，揭发的犯罪事实与查实的犯罪事实不具有关联性的，不能认定为立功表现。同时在实效上，该揭发行为必须查证属实。仅有揭发行为，查证不属实，或者无法查证的，也不成立立功。需要注意的是，行贿人揭发受贿人与其行贿无关的其他犯罪行为，查证属实的，成立立功。

（2）向司法机关提供重要线索，从而得以侦破其他案件。所谓重要线索，是指足以侦破其他案件的线索，而且据以立功的线索对于侦破案件要有实际作用。提供的线索对于其他案件的侦破不具有实际作用的，不成立立功。该线索材料来源必须符合相关规定。如果犯罪分子通过贿买、暴力、胁迫等非法手段，或者被羁押后与律师、亲友会见过程中违反监管规定，获取他人犯罪线索并"检举揭发"的，不能认定为有立功表现。犯罪分子将本人以往查办犯罪职务活动中掌握的，或者从负有查办犯罪、监管职责的国家工作人员处获取的他人犯罪线索予以检举揭发的，也不能认定为有立功表现。因行贿人在被追诉前主动交代行贿行为而破获相关受贿案件的，行贿人不成立立功，而成立自首。

（3）阻止他人犯罪活动。如犯罪嫌疑人或被告人在羁押期间及时报告其他在押人员阴谋脱逃。

（4）协助司法机关抓捕其他犯罪嫌疑人（包括同案犯），并且协助行为对于侦破案件或者抓捕犯罪嫌疑人要有实际作用。如果协助行为对于其他案件的侦破或者其他犯罪嫌疑人的抓捕不具有实际作用的，不成立立功。根据司法解释，犯罪分子具有下列行为之一，使司法机关抓获其他犯罪嫌疑人的，属于"协助司法机关抓捕其他犯罪嫌疑人"：①按照司法机关的安排，以打电话、发信息等方式将其他犯罪嫌疑人（包括同案犯）约至指定地点；②按照司法机关的安排，当场指认、辨认其他犯罪嫌疑人（包括同案犯）；③带领侦查人员抓获其他犯罪嫌疑人（包括同案犯）；④提供司法机关尚未掌握的其他案件犯罪嫌疑人的联络方式、藏匿地址。但是犯罪分子提供同案犯姓名、住址、体貌特征等基本情况，或者提供犯罪前、犯罪中掌握、使用的同案犯联络方式、藏匿地址，司法机关据此抓捕同案犯的，不能认定为协助司法机关抓捕同案犯。

（5）具有其他有利于国家和社会的突出表现。如遇有自然灾害、意外事故中奋不顾身进行排除，从而避免重大人员伤亡和财产损失的；与破坏看守所或监狱者作斗争的；在生产中有发明创造、重大技术革新，并取得重大成果的等。

重大立功有以下几种情况。

根据《自首立功解释》，犯罪分子有检举、揭发他人重大犯罪行为，经查证属实；提供侦破其他重大案件的重要线索，经查证属实；阻止他人重大犯罪活动；协助司法机关抓捕其他重大犯罪嫌疑人（包括同案犯）；对国家和社会有其他重大贡献等表现的，应当认定为有重大立功表现。这里的"重大犯罪""重大案件""重大犯罪嫌疑人"的标准，一般是指犯罪嫌疑人、被告人可能被判处无期徒刑以上刑罚，或者案件在本省、自治区、直辖市或者全国范围内有较大影响等情形。其中的"可能被判处无期徒刑以上刑罚"，是指根据犯罪行为的事实、情节可能判处无期徒刑以上刑罚。案件已经判决的，以实际判处的刑罚为准。但是，根据犯罪行为的事实、情节应当判处无期徒刑以上刑罚，因被判刑人有法定情节经依法从轻、减轻处罚后判处有期徒刑的，应当认定为重大立功。

三、立功者的处罚

根据《刑法》第 68 条规定，有一般立功的，可以从轻或者减轻处罚；有重大立功的，可以减轻或者免除处罚。司法实践中根据案件的具体事实、情节决定从轻、减轻还是免除处罚。

第五节　数罪并罚

一、数罪并罚的特征

数罪并罚，是指一人犯有数罪，人民法院对其所犯各罪分别定罪量刑之后，依照法定原则和方法，决定应当执行的刑罚的一种量刑制度。概括地讲，数罪并罚就是一人犯数罪合并处罚的量刑制度。

数罪并罚具有以下特征。

1. 一人犯有数罪

数罪并罚的前提是一人犯有数罪。这里的"一人"既可以是单独犯罪中的独立的一个人，也可以是共同犯罪中的数人组合而成的整体。这里的"数罪"，是指基于数个独立的犯意（包括故意、过失），实施数个独立的犯罪行为，具备数个独立的犯罪构成（包括未完成形态的犯罪构成）的情况。可以是一人犯两个以上的犯罪，或者数人共同犯数罪。一人犯一罪以及数人共同犯一罪，均不在数罪并罚之列。

2. 数罪必须发生在法定期限内

数罪必须发生在法定期限内即必须是判决宣告以前一人犯数罪，以及判决宣告以后刑罚执行完毕以前，发现被判刑的犯罪分子还有漏罪或者又犯新罪。

3. 依照法定的原则和方法并罚

并罚是在对犯罪分子所犯各罪分别定罪量刑的基础上，依照法定的并罚原则、方法，决定应当执行的刑罚。

二、数罪并罚的原则

数罪并罚原则，是指对一人犯数罪实行合并处罚所依据的基本准则。

（一）各国刑法中数罪并罚的原则

纵观古今中外的刑事立法例，各国所采用的数罪并罚原则，主要可归纳为以下四种。

1. 并科原则

并科原则又称"相加原则""累加原则"或"合并原则"，它是指对数罪分别宣告刑罚，然后将数刑相加，相加所得的总和就是应执行的刑罚。这一原则的理论依据是有罪必罚、一罪一罚。这一原则的缺陷是一人犯有多个数罪，每个数罪均被判处长期徒刑时，其相加的刑期结果可能长达上百年甚至上千年，显然过于严酷，难以实际执行。此外，如果数罪中有被判处死刑或者无期徒刑的，同其他刑罚也无法相加合并执行。

2. 吸收原则

这里的"吸收"，是指从数罪的刑罚中，选择其中最重的刑罚作为执行的刑罚，其余较轻的刑罚均为最重的刑罚所吸收而不予执行。这一原则的特点是适用方便，简单易行。这一原则对于最重刑罚是死刑或者无期徒刑来说是适宜的，但适用于其他刑种就可能会造成一人犯数罪与一人犯一罪刑罚处罚相同的现象，违背罪责刑相适应的原则，导致重罪轻罚，丧失刑罚威慑功能。

3. 限制加重原则

限制加重原则又称限制相加原则，是指对数罪分别裁量刑罚后，在数刑中最高刑期以上，数刑的总和刑期以下，决定执行的刑期，并规定刑期最高不得超过一定的限度。这里的"加重"，是指在数刑中最高刑基础上的加重。这里的"限制"，是指总和刑期的限制和决定执行的最高刑期的限制。这一原则克服了并科原则和吸收原则的缺陷和不足，使审判人员在一定范围内可以灵活运用刑罚，对犯有数罪的罪犯既不失之过严又不失之过宽，比较灵活、科学、合理，因而为多数国家作为主要原则所采用。但是，这一原则也存在局限性，不能适用于死刑和无期徒刑等刑种的并罚①。

---

① 曲伶俐主编：《刑事法律原理与实务》，中国政法大学出版社 2022 年版，第 151 页。

4. 折衷原则

折衷原则亦称"混合原则"或"综合原则"，是指对数罪不是单采上述三种原则中的一种，而是取长补短、综合采用，根据不同情况分别确定对一人犯数罪所应执行的刑罚。由于折衷原则具有适用面广、灵活性大、针对性强等特点，因而成为当今各国刑法普遍采用的数罪并罚原则。

（二）我国刑法中数罪并罚的原则

《刑法》第 69 条第 1 款规定："判决宣告以前一人犯数罪的，除判处死刑和无期徒刑的以外，应在总和刑期以下、数罪中最高刑期以上，酌情决定执行的刑期，但是管制最高不能超过三年，拘役最高不能超过一年，有期徒刑总和刑期不满三十五年的，最高不能超过二十年；总和刑期在三十五年以上的，最高不能超过二十五年。"第 2 款规定："数罪中有判处有期徒刑和拘役的，执行有期徒刑。""数罪中有判处有期徒刑和管制，或者拘役和管制的，有期徒刑、拘役执行完毕后，管制仍须执行。"第 3 款规定："数罪中有判处附加刑的，附加刑仍须执行，其中附加刑种类相同的，合并执行，种类不同的，分别执行"。据此可以看出，我国刑法对数罪并罚也采取折衷原则，即以限制加重原则为主，以吸收原则和并科原则为补充的原则。根据这一原则，对判决宣告以前一人犯数罪的，应根据不同情况，采取不同的并罚原则。

（1）数罪中有判处死刑或无期徒刑的，数罪中有判处有期徒刑和拘役的，采用吸收原则。具体来说，①数罪中有判处数个死刑或者最高刑为死刑（含死缓）的，只执行一个死刑，其他刑罚被吸收，不可能再执行。②数罪中有判处数个无期徒刑或者最高刑为无期徒刑的，只执行一个无期徒刑，其他刑罚被吸收，不再执行。不允许将两个无期徒刑合并升格为死刑。③数罪中有判处有期徒刑和拘役的，执行有期徒刑。因为有期徒刑和拘役均是剥夺犯罪人的人身自由，且有期徒刑性质重于拘役，刑期通常也长于拘役，所以按照吸收原则，只执行有期徒刑。④《刑法》第 69 条第 3 款规定，"附加刑种类相同的，合并执行"，但是对于如何合并，并没有司法解释予以明确。我国刑法规定的附加刑有罚金、剥夺政治权利、没收财产和驱逐出境。如果对于判处数个相同附加刑的，显然不能单采并科原则，应结合附加刑的性质、特点来适用。对于数罪中有判处数个驱逐出境，只执行一个驱逐出境；数罪中判处数个没收财产刑中有没收全部财产的，执行没收全部财产；数罪中判处数个剥夺政治权利刑中有终身剥夺政治权利的，执行剥夺政治权利终身，采取的均是吸收原则。

（2）数罪中的各罪被判处的刑罚均为有期徒刑或均为拘役或管制的，采取限制加重原则。即在"总和刑期以下、数罪中最高刑期以上，酌情决定执行的刑期，但是管制最高不能超过三年，拘役最高不能超过一年，有期徒刑总和刑期不满三十五年的，最高不能超过二十年，总和刑期在三十五年以上的，最高不能超过二十五年"。刑法上述规定是对同种有期自由刑的并罚处罚原则。

（3）数罪中有判处有期徒刑和管制，或者拘役和管制的，根据《刑法》第69条第2款的规定，采用并科原则，有期徒刑、拘役执行完毕后，管制仍须执行；数罪中有判处附加刑的，根据《刑法》第69条第3款规定，采用并科原则，即在执行主刑的同时或者之后，附加刑仍须执行；数罪中有判处不同种类附加刑的，根据《刑法》第69条第3款规定，也采用并科原则，即数个不同种类的附加刑应分别执行。

三、数罪并罚的适用

（一）判决宣告前一人犯数罪的并罚

判决宣告以前一人犯数罪，直接按照《刑法》第69条的规定进行并罚。具体的并罚方法是：先对行为人所犯各罪分别定罪量刑，然后，按照第69条规定的数罪并罚原则决定应当执行的刑罚。如被告人在判决宣告以前犯有甲乙丙三罪，人民法院判决甲罪15年有期徒刑，判决乙罪12年有期徒刑，判决丙罪9年有期徒刑，需要在15年以上36年以下决定执行的刑期，由于总和刑期超过35年，需要限制在25年以内，即人民法院只能在15年以上25年以下决定执行的刑期。

对于判决宣告以前一人犯同种数罪的应否实行数罪并罚，则存在分歧。一般认为，对于判决宣告以前实施数个同种犯罪，原则上无须并罚，只需在该种犯罪的法定刑幅度内作为一罪从重处罚。但如果不并罚不符合罪责刑相适应原则时，可以有限制的并罚。

（二）判决宣告以后刑罚执行完毕以前发现漏罪的并罚

即判决宣告以后，刑罚执行完毕以前，发现被判刑的犯罪人在判决宣告以前还有其他罪没有判决。根据《刑法》第70条的规定："应当对新发现的罪作出判决，把前后两个判决所判处的刑罚，依照本法第六十九条的规定，决定执行的刑期。已经执行的刑期，应当计算在新判决决定的刑期以内。"即通常所说的"先并后减"合并处罚方法。具体操作方法分三步：第一步，对新发现的罪作出判决；第二步，将前后两个判决所判处的刑罚，依照《刑法》第 69 条的规定决定执行的刑罚；第三步，已经执行的刑期，在新判决决定的刑期减去。这种计算刑期的方法称为"先并后减"。例如，被告人在判决宣告以前犯有甲乙二罪，但人民法院只判决甲罪 10 年有期徒刑，执行 4 年后发现乙罪，人民法院对乙罪判处 8 年有期徒刑，需要在 10 年以上 18 年以下决定执行的刑期，如果决定执行 16 年，那么已经执行的 4 年便计算在这 16 年之中，被告人应再执行 12 年有期徒刑。

适用《刑法》第 70 条应注意的问题有：

（1）在原判为数罪的刑罚执行过程中发现一个漏罪时，是将漏判之罪的刑罚与原判数罪的刑罚并罚，还是与原判决决定执行的刑罚并罚？应当与原判决决定执行的刑罚并罚，而不能与原判决中各罪的数个宣告刑罚并罚。举例：被告人在判决宣告以前犯有甲乙丙三罪，但人民法院只判决甲罪 8 年有期徒刑、乙罪 12 年有期徒刑，决定合并执行 18 年有期徒刑。执行 5 年后，发现丙罪，人民法院判处丙罪 5 年有期徒刑。此次并罚应把 5 年有期徒刑与 18 年有期徒刑并罚，即"数刑中的最高刑期"是 18 年，"总和刑期"是 23 年但应限制在 20 年以内，人民法院应在 18 年以上 20 年以下决定应执行的刑期。如果决定执行 19 年，已经执行的 5 年应计算在这 19 年之中，被告人还需要执行 14 年。

（2）在发现数个漏罪时，是将新发现的数个漏罪分别定罪量刑合并处罚后，再把对前罪所判处的刑罚与对新发现的数个漏罪并罚后的刑罚，依照《刑法》第 69 条的规定决定执行的刑罚，还是应当对新发现的数个漏罪分别定罪量刑，然后将各自判处的刑罚与前罪所判处的刑罚，依照《刑法》第 69 条的规定决定执行的刑罚。应取后一种观点。举例：被告人在判决宣告以前犯有甲乙丙丁四罪，但人民法院只判决甲罪 8 年有期徒刑、乙罪 12 年有期徒刑，决定合并执行 18 年有期徒刑。执行 5 年后，发现丙罪与丁罪，人民法院判处丙罪 5 年有期徒刑，丁罪 7 年有期徒刑。此次并罚应把 5 年有期徒刑、7 年有期徒刑与 18 年有期徒刑并罚，即"数刑中的最高刑期"是 18 年，"总和刑期"是 30 年但应限制在 20 年以内，人民法院应在 18 年以上 20 年以下决定应执行的刑期。如果决定执行 19 年，已经执行的 5 年应计算在这 19 年之中，被告人还需要执行 14 年。

（3）刑满释放后再犯罪并发现漏罪的合并处罚。根据有关司法解释，在处理被告人刑满释放后又犯罪的案件时，发现他在前罪判决宣告以前，或者在前罪判处的刑罚执行期间，还犯有其他罪行，未经处理，并且没有超过追诉时效的，如果漏罪与新罪不属于同种数罪，就应对漏罪与刑满后又犯的新罪分别定罪量刑，并依照《刑法》第 69 条的规定，实行数罪并罚。如果漏罪与新罪系同种数罪，可判处一罪从重处罚，不必实行数罪并罚。

（4）在缓刑考验期限内发现漏罪的并罚。根据《刑法》第 77 条的规定，被宣告缓刑的犯罪分子，在缓刑考验期限内发现判决宣告以前还有其他罪没有判决的，应当撤销缓刑，对新发现的罪作出判决，把前罪和后罪所判处的刑罚，依照《刑法》第 69 条的规定，决定执行的刑罚。

（5）判决宣告以后，尚未交付执行时，发现犯罪人还有其他罪没有处理的，应当依照《刑法》第 70 条的规定实行并罚。但是，如果判决宣告后还没有发生法律效力时，被告人提出上诉或者人民检察院提出抗诉，第二审人民法院在审理期间，发现原审被告人在第一审判决宣告以前还有漏罪没有判决的，应当裁定撤销原判，发回原审人民法院重审。

（三）判决宣告以后刑罚执行完毕以前又犯新罪的并罚

判决宣告以后，刑罚执行完毕以前，犯罪人又犯新罪，根据《刑法》第 71 条的规定："应当对新犯的罪作出判决，把前罪没有执行的刑罚和后罪所判处的刑罚，按照本法第六十九条的规定，决定执行的刑期。"具体操作方法分三步：第一步，把已经执行的刑期从前罪的刑期中减去，剩余刑期为没有执行的刑期；第二步，对新犯的罪作出判决；第三步，把前罪没有执行的刑罚和后罪所判处的刑罚，依照《刑法》第 69 条的规定决定执行的刑罚，如果分别判处管制、拘役、有期徒刑的，把前罪没有执行的刑期和后罪刑期采用限制加重原则处理，决定执行的刑期。这种计算刑期的方法称为"先减后并"。例如，被告人因犯某罪被判处有期徒刑 16 年，执行 10 年后又犯新罪，对新罪判处有期徒刑 8 年。依照"先减后并"的方法，应当将没有执行的 6 年与新罪的 8 年实行并罚，即在 8 年以上 14 年以下决定执行的刑期，如果决定执行 12 年，则被告人还需服刑 12 年。加上已执行的刑期，被告人实际执行的刑期为 22 年。

"先减后并"的结果比"先并后减"的结果要重。一是实际执行的起点刑期提高了。二是实际执行的刑期可能超过刑法规定的数罪并罚法定最高刑的限制。以上例为例，如果采取"先并后减"的方法，实际执行的起点刑为 16 年，最高刑期不得超过 20 年；而采取"先减后并"的方法，实际执行的起点刑为 18 年，最高刑期可以是 24 年。三是犯罪人在刑罚执行期间所犯新罪的时间距离前罪所判刑罚执行完毕的期限越近，实际执行的刑期的最低期限就越长。

适用《刑法》第71条的规定，还应注意以下问题。

（1）判决宣告以后刑罚还没有执行完毕以前，被判刑的犯罪分子又犯数个新罪的并罚。应当首先对数个新罪分别定罪量刑，而后将判决所宣告的数个刑罚，即数个宣告刑与前罪未执行的刑罚并罚，即实行一次并罚。举例：犯罪人所犯甲罪已被人民法院判处10年有期徒刑，执行4年后，犯罪人又犯乙罪和丙罪，人民法院分别判处5年和7年有期徒刑。于是，应将甲罪余刑的6年有期徒刑和新罪的5年和7年有期徒刑实行并罚，在7年以上18年以下决定应当执行的刑罚。如果决定执行15年，则犯罪人还需服刑15年。

（2）判决宣告以后刑罚执行完毕以前，被判刑的犯罪分子既犯新罪又有漏罪的并罚。此种情况同时涉及"先并后减"和"先减后并"，一般认为，如果犯罪人在刑罚执行期间又犯新罪，并且发现其在原判决宣告以前的漏罪，则应先将漏罪与原判决的罪，根据《刑法》第70条规定的"先并后减"的方法进行并罚；再将新罪的刑罚与前一并罚后的刑罚还没有执行的刑期，根据《刑法》第71条规定的"先减后并"的方法进行并罚，所得结果即为整个数罪并罚的结果。举例：犯罪人所犯甲罪已被人民法院判处8年有期徒刑，执行5年后，犯罪人又犯乙罪，人民法院判处9年有期徒刑，对所发现的原判决宣告以前的漏罪判处6年有期徒刑。于是，先将漏罪的6年有期徒刑与甲罪的8年有期徒刑实行并罚，在8年以上14年以下决定应当执行的刑罚，如果决定执行12年有期徒刑，则犯罪人还需执行7年有期徒刑。然后，再将乙罪的9年有期徒刑与没有执行的7年，实行并罚，在9年以上16年以下决定应当执行的刑罚，如果决定执行11年，则犯罪人实际上执行16年。

（3）在缓刑考验期限内又犯新罪的并罚。根据《刑法》第77条的规定，被宣告缓刑的犯罪分子，在缓刑考验期限内又犯新罪的，应当撤销缓刑，对新犯的罪作出判决，把前罪和后罪所判处的刑罚，依照《刑法》第69条的规定，决定执行的刑罚。

（4）在假释考验期限内再犯新罪的并罚。根据《刑法》第86条的规定，被假释的犯罪分子，在假释考验期限内又犯新罪的，应当撤销假释，依照《刑法》第71条的规定实行数罪并罚。

第六节　缓刑

一、缓刑的类型

根据《刑法》第 72~77 条、第 449 条的规定，缓刑分为一般缓刑和战时缓刑两种。

一般缓刑是指人民法院对于判处拘役、3 年以下有期徒刑的犯罪分子，在其具备犯罪情节较轻，有悔罪表现，没有再犯罪的危险，宣告缓刑对所居住社区没有重大不良影响的条件时，规定一定的考验期，暂不执行原判刑罚的制度。

战时缓刑是指在战时，对于被判处 3 年以下有期徒刑没有现实危险宣告缓刑的犯罪军人，暂缓其刑罚执行，允许其戴罪立功，确有立功表现时，可以撤销原判刑罚，不以犯罪论处的制度。

缓刑不是独立的刑种，而是刑罚具体运用的一种制度。判处缓刑必须以判处刑罚为先决条件，其特点是在判刑的同时宣告暂不执行，但在一定时间内保留执行的可能性。

二、一般缓刑的适用条件

（1）一般缓刑的适用对象是犯罪分子被判处的刑罚是拘役或 3 年以下有期徒刑。这里的刑罚，指的是宣告刑。缓刑是附条件不执行原判刑罚，决定了缓刑的适用对象只能是罪行较轻的犯罪人。而被判处拘役或 3 年以下有期徒刑的犯罪分子，属于罪行较轻，社会危害性较小。至于罪行相对更轻的被判处管制的犯罪分子，由于管制对犯罪人不予关押，仅限制其一定自由，故无适用缓刑之必要。对于一人犯数罪，犯罪人在数罪并罚的条件下能否适用缓刑的问题，刑法学界存在着不同的认识。根据最高人民检察院《关于对数罪并罚决定执行刑期为三年以下有期徒刑的犯罪分子能否适用缓刑问题的复函》，对于判决宣告以前犯数罪的犯罪分子，只要判决执行的刑罚为拘役、三年以下有期徒刑，且符合根据犯罪分子的犯罪情节和悔罪表现，适用缓刑确实不致再危害社会的案件，依法可以适用缓刑。

（2）一般缓刑的实质条件是犯罪分子同时符合犯罪情节较轻、有悔罪表现、没有再犯罪的危险、宣告缓刑对所居住社区没有重大不良影响四个条件。其中"犯罪情节较轻"，是指犯罪人的行为性质不严重、犯罪情节不恶劣。"有悔罪表现"，是指犯罪人对于其犯罪行为能够认识到错误，真诚悔悟并有悔改的意愿和行为，如积极向被害人道歉、赔偿被害人的损失、获取被害人的谅解等。"没有再犯罪的危险"，是指对犯罪人适用缓刑没有再犯罪的可能，这是对犯罪分子将来再犯的预测，可根据其罪前的一贯表现，罪中的犯罪情节，罪后的认罪、悔罪表现，综合判断其社会危险性。"宣告缓刑对所居住社区没有重大不良影响"，是指对犯罪人适用缓刑不会对其所居住社区的安全、秩序和稳定带来重大的、现实的不良影响，具体情形由法官根据个案情况来判断。适用缓刑的上述四项条件必须同时具备，缺一不可。

（3）一般缓刑的排除条件为犯罪分子不是累犯和犯罪集团的首要分子。累犯屡教不改，主观恶性较深，有再犯之可能性，适用缓刑难以防止其再危害社会等。犯罪集团的首要分子，是在犯罪集团中起组织、策划、指挥作用的犯罪分子，没有这种首要分子，也就没有犯罪集团，所以犯罪集团首要分子主观恶性极大，是我国刑法打击的重点中的重点，不具备适用缓刑的资格。

（4）一般缓刑的硬性条件为对宣判时不满18周岁的犯罪分子、怀孕的妇女和已满75周岁的犯罪分子，只要符合缓刑条件的，应当宣告缓刑，不允许有例外。刑法该规定的目的是发扬人道主义，更好地保护未成年人、怀孕的妇女和老年人的利益。

三、战时缓刑的适用条件

（1）战时缓刑的适用对象只适用于除累犯和首要分子以外的被判处3年以下有期徒刑的犯罪军人。不是犯罪的军人，或者虽是犯罪的军人，但被判处的刑罚为3年以上有期徒刑的，不能适用此种缓刑。

（2）战时缓刑的适用时间只能在战时适用。所谓战时，是指国家宣布进入战争状态、部队受领作战任务或者遭敌突然袭击时，以及部队执行戒严任务或者处置突发性暴力事件时。

（3）战时缓刑适用的实质条件是在战时状态下适用缓刑"没有现实危险"。是否有现实危险，应根据犯罪军人所犯罪行的性质、情节、危害程度、犯罪军人的悔罪表现和一贯表现作出综合评判。

战时缓刑在适用方法上，没有缓刑考验期，缓刑的考验内容为犯罪军人是否有立功表现。战时缓刑的法律后果为犯罪军人确有立功表现，应当撤销缓刑，原判刑罚也予以撤销，不以犯罪论处。

 思 考 题

1. 累犯应如何认定？
2. 自首应如何认定？
3. 坦白、立功应如何认定和适用？
4. 数罪并罚如何适用？
5. 缓刑的适用条件如何把握？

 案 例 分 析[①]

被告人张某某与被害人管某某结婚后，因怀疑管某某婚前行为不检点而时常发生争吵。2002年5月22日晚8时许，酒后的张某某被其父母、姐姐拽回家，服了安定药欲睡觉。在卧室内张某某又与管某某发生口角，管收拾行李欲外出打工，张不同意，发生厮打。厮打中，张某某将管某某推倒在床上，用手卡扼管的颈部，致管窒息死亡。张某某的亲属闻讯后遂向公安机关报案，并对因服了安定药而已熟睡的张进行看守以防止其外逃。当公安人员赶到后，张某某的亲属带领公安人员到张的睡觉处将张抓获。经法医鉴定：死者管某某系遭扼颈至机械性窒息而死亡。

结合本案事实，分析被告人的行为是否成立自首。

---

① 《刑事审判参考》第 241 号。

第十一章

各种刑罚的裁量

 学习要点

生命刑的裁量，须符合合法性、公正性、谦抑性以及目的性原则。"死刑只适用于罪行极其严重的犯罪分子"是死刑立即执行与死刑缓期执行共同的裁量根据；"不是必须立即执行的"是死刑立即执行与死刑缓期执行裁量的唯一区分点。自由刑的裁量，除了无期徒刑只需考虑是否适用外，其余的有期徒刑、拘役及管制，既要确定是否适用，还要确定合适的刑期。刑期的确定，应当依次确定量刑起点、基准刑和宣告刑。财产刑的裁量，应首先确定是否适用罚金或没收财产，再确定罚金的数额或没收财产的范围。剥夺政治权利的裁量，主要解决是否适用、刑期及并罚问题。

 重点问题

1. 死刑缓期执行的裁量
2. 有期徒刑的裁量
3. 罚金的裁量
4. 剥夺政治权利的裁量

第一节 生命刑的裁量

一、生命刑裁量的原则

（一）合法性原则

罪刑法定原则是刑法的基石，合法性原则是生命刑裁量的首要原则。人民法院对于生命刑的裁量，应当严格依照刑法、刑事诉讼法以及其他相关法律的有关规定进行。刑法总则规定了死刑适用的对象及其限制，刑法分则规定了能够适用死刑的罪名范围及情节要求，刑事诉讼法规定了死刑案件的管辖、审理、复核、执行等的程序。这些明确性的法律规定，是人民法院裁量适用死刑必须要首先遵循的。

（二）公正性原则

党的二十大报告指出："公正司法是维护社会公平正义的最后一道防线。深化司法体制综合配套改革，全面准确落实司法责任制，加快建设公正高效权威的社会主义司法制度，努力让人民群众在每一个司法案件中感受到公平正义。"[1] 公正性，作为刑法的首要价值，意味着刑法中的一切问题都应当让位于公正性[2]。生命刑关乎生死，社会影响巨大，裁量的公正性尤为重要。

（三）谦抑性原则

死刑的谦抑性原则，简单而言就是尽可能不用或少用死刑，这与我国的死刑政策是一致的。我国当前的死刑政策是保留死刑，但严格限制死刑的适用。这一政策综合考量了死刑的利弊，体现了刑罚理性，是谦抑性原则在死刑问题上的具体应用。要落实这一政策，实现生命刑裁量的谦抑性，就是要坚持少杀和慎杀。少杀要求人民法院裁量决定死刑案件时，能适用无期徒刑替代的，尽可能不适用死刑；能适用死刑缓期执行的，尽可能不适用死刑立即执行，以减少死刑的适用人数，确保死刑只适用于罪行极其严重的犯罪分子。慎杀要求人民法院裁量决定死刑案件时，严格证据的审查判断，防止错杀。死刑复核程序的设置无疑体现了慎杀的理念。

（四）目的性原则

刑罚的目的是预防犯罪，裁量适用死刑必须符合预防犯罪的目的性要求。预防犯罪包括特殊预防和一般预防两个方面。适用死刑以预防犯罪，必须合乎特殊预防的目的性要求，即罪行极其严重，不适用死刑则难以预防该犯罪人继续危害

---

① 习近平：《高举中国特色社会主义伟大旗帜　为全面建设社会主义现代化国家而团结奋斗——在中国共产党第二十次全国代表大会上的报告》，中国政府网，2022 年 10 月 25 日。
② 陈兴良：《本体刑法学》，商务印书馆 2001 年版，第 55 页。

社会，才能同时追求震慑潜在犯罪人的一般预防效果①。决不能为了一般预防的需要，对罪不当死，不符合特殊预防目的性要求的犯罪人裁量适用死刑。当然，既不符合特殊预防的目的性要求，又无一般预防的必要的，更不能裁量适用死刑。

二、生命刑裁量的依据和标准

（一）生命刑裁量的根据

生命刑裁量的根据是由《刑法》第 48 条第 1 款明确规定的，即"死刑只适用于罪行极其严重的犯罪分子"。目前绝大多数学者以及参与立法的人都将"罪行极其严重"理解为包括犯罪行为的客观危害性与犯罪人的主观恶性以及人身危险性都极其严重两个方面。犯罪行为的客观危害性与犯罪人的主观恶性以及人身危险性通常是一致的，因为犯罪的客观危害性是犯罪人的主观恶性以及人身危险性的外在表现，犯罪人的主观恶性以及人身危险性是犯罪行为客观危害性的内在基础。另外，从主客观两方面对死刑的适用进行限制，要求死刑的适用不仅考虑罪的因素，还要考虑责的因素，也有利于罪责刑相适应原则的贯彻。

（二）生命刑裁量的标准

生命刑裁量标准，是"死刑只适用于罪行极其严重的犯罪分子"这一生命刑裁量的根据在刑法分则具体罪名适用死刑时的具体化、个别化，也就是说每一类甚至每一个死刑罪名都有自己个性化的符合"罪行极其严重"的具体标准②。下面是几类常见死刑罪名的裁量标准。

（1）危害国家安全犯罪，有 7 个罪名可适用死刑，裁量标准《刑法》第 113 条规定为"对国家和人民危害特别严重、情节特别恶劣的"。

（2）危害公共安全犯罪，如放火、决水、爆炸及投放危险物质、以危险方法危害公共安全罪，裁量标准《刑法》第 115 条规定为"致人重伤、死亡或者使公私财产遭受重大损失的"。又如劫持航空器罪，裁量标准《刑法》第 121 条规

---

① 马克昌主编：《刑罚通论》，武汉大学出版社 1999 年版，第 429 页。
② 故意杀人罪为例外。《刑法》第 232 条规定："故意杀人的，处死刑、无期徒刑或者十年以上有期徒刑……"该罪的法定刑设置是刑法分则唯一一个由重到轻排列的条文，且未规定死刑适用的具体标准（以总则标准为适用依据），因为故意杀人罪是直接剥夺他人生命的最严重犯罪，应优先选择适用重刑（包括死刑），只有具备从轻减轻处罚情节的，才会适用轻刑。

定为"致人重伤、死亡或者使航空器遭受严重破坏的"。

（3）生产、销售、提供假药罪和生产、销售有毒、有害食品罪的裁量标准，《刑法》第141条和《刑法》第144条都规定为"致人死亡或者有其他特别严重情节的"。

（4）故意伤害罪的裁量标准，《刑法》第234条规定为"致人死亡或者以特别残忍手段致人重伤造成严重残疾的"。

（5）强奸罪的裁量标准，《刑法》第236条规定为"强奸妇女、奸淫幼女情节恶劣的；强奸妇女、奸淫幼女多人的；在公共场所当众强奸妇女、奸淫幼女的；二人以上轮奸的；奸淫不满14岁的幼女或者造成幼女伤害的；致使被害人重伤、死亡或者造成其他严重后果的"。

（6）绑架罪的裁量标准，《刑法》第239条规定为"杀害被绑架人的，或者故意伤害被绑架人，致人重伤、死亡的"。

（7）抢劫罪的裁量标准，《刑法》第263条规定为"入户抢劫的；在公共交通工具上抢劫的；抢劫银行或者其他金融机构的；多次抢劫或者抢劫数额巨大的；抢劫致人重伤、死亡的；冒充军警人员抢劫的；持枪抢劫的；抢劫军用物资或者抢险、救灾、救济物资的"。

（8）贪污罪和受贿罪的裁量标准，《刑法》第383条规定为"数额特别巨大，并使国家和人民利益遭受特别重大损失的"。

总体来看，生命刑裁量标准较为常见的表述有"情节特别严重""后果特别严重""危害特别严重""致人重伤、死亡"等。这些表述，虽然较"罪行极其严重"相对具体一些，但含义仍然是不清晰的，作为裁量标准不容易把握，可操作性较差。今后，刑事立法应当对死刑裁量标准作出更为明确化的规定。

三、死刑立即执行和死刑缓期执行的裁量

首先应当明确，死刑立即执行与死刑缓期执行，只是死刑在执行制度上的差异，都同属于死刑这一刑种。那么，死刑立即执行与死刑缓期执行的裁量根据应当是相同的，即"死刑只适用于罪行极其严重的犯罪分子"。同理，死刑立即执行与死刑缓期执行的裁量标准也应当是相同的。换句话说，符合死刑的裁量根据和标准，是适用死刑立即执行与死刑缓期执行共同的前提与标准。

《刑法》第48条第1款规定："对于应当判处死刑的犯罪分子，如果不是必须立即执行的，可以判处死刑同时宣告缓期二年执行。"很显然，"不是必须立即

执行的”是裁量适用死刑立即执行与死刑缓期执行的唯一区分点。那么，在确认犯罪分子确实属于“应当判处死刑的”基础上，如何理解与适用“不是必须立即执行的”就成为裁量死刑立即执行和死刑缓期执行的关键问题。对这一问题的回答，众说纷纭，尚无明确的刑事立法规定和统一的司法适用标准，只有一些有代表性的学理解释和散见于各种审理具体犯罪案件的司法解释可供参考。

（一）代表性的学理解释

（1）应当判处死刑但具有下列情形之一的，可以视为“不是必须立即执行的”的犯罪分子：犯罪后自首、立功或者有其他法定从轻情节的；在共同犯罪中罪行不是最严重的或者其他在同一或者同类犯罪案件中罪行不是最严重的；被害人的过错导致犯罪人激愤犯罪的；犯罪人有令人怜悯之处的；有其他应当留有余地情况的等①。

（2）应当从特殊预防和平息民愤两个方面来衡量。从这两点出发，司法实践中，可以从不同角度来考察：第一，犯罪人的人身危险性。人身危险性特别大的适用死刑立即执行，人身危险性不是特别大的适用死刑缓期执行。第二，受害人及其他人在本案中有无过错。对受害人及其他人完全无过错的，适用死刑立即执行，对受害人及其他人有过错的，适用死刑缓期执行。第三，犯罪人是否在共同犯罪中起最重要作用。共同犯罪案件中只应对最重要的主犯适用死刑立即执行，其他重要的主犯适用死刑缓期执行。第四，犯罪人有无自首、悔改或立功表现。对有自首、悔改或立功表现的，应当适用死刑缓期执行；对没有自首、悔改或立功表现，却抵赖罪行，抗拒侦查、审判的，应当适用死刑立即执行。第五，是否属于“疑罪”。对事实完全清楚、证据确实充分的犯罪分子，适用死刑立即执行；对基本事实清楚、基本证据确凿，但仍有个别影响危害程度的事实未查清或不可能查清的，应当适用死刑缓期执行。第六，是否有利于国际影响。有的案件适用死刑缓期执行能够取得好的国际影响，有的案件适用死刑立即执行能够取得好的国际影响，应当具体情况具体分析。第七，是否属于值得保存的“活证据”。如果保存该犯罪人有可能破获其他重大案件，应当适用死刑缓期执行。第八，是否属于土地、山林、草场、水源等边界纠纷或者民族、宗教、宗派斗争导致的犯罪。边界纠纷和民族、宗教、宗派斗争，往往具有复杂的历史、地理等原因，是非极难判断。为了化解矛盾，避免引发新的冲突，一般不宜判处死刑立即执行。

---

① 高铭暄、马克昌：《刑法学》，北京大学出版社、高等教育出版社 2017 年版，第 240 页。

第九，是否属于少数民族、宗教人士、华侨、归侨和侨眷中的犯罪分子。如果属于，尽量不适用死刑立即执行①。

（3）死刑立即执行与死刑缓期执行的适用应当考虑以下因素作为界限：第一，以法定量刑情节为依据，对罪该处死，有法定从重、加重情节的，适用死刑立即执行；但有从轻、减轻情节的，适用死刑缓期执行。第二，看民愤大小，对罪该处死，民愤又大的犯罪分子，适用死刑立即执行；对罪该处死，民愤不大的犯罪分子，适用死刑缓期执行。第三，看认罪态度好坏。对罪该处死并且证据确凿，但拒不认罪甚至抗拒侦查、审判的，适用死刑立即执行；对罪该处死，但有自首情节，愿意坦白悔改的，要具体分析，区别对待。第四，从慎重出发，对犯罪事实基本清楚，基本证据具备，可以定案，但个别情节不够清楚，证据不够扎实，而且由于客观原因很难或无法查实的，应留有余地，判处死刑缓期执行。第五，考虑斗争需要，如国际影响，保存活证据等。第六，避免一案杀人过多。共同犯罪案件，对个别罪行特别严重、情节特别恶劣的主犯，适用死刑立即执行；对于罪该处死，但在共同犯罪中不是起最重要作用的主犯，可适用死刑缓期执行。第七，从团结出发，对于边界纠纷和宗教械斗之类案件，尽量少判或不判死刑。第八，根据我国少数民族政策、宗教政策、华侨政策，对于少数民族、宗教人士以及归侨、华侨和侨眷中的犯罪分子，尽量不判处死刑②。

总结起来，上述观点可归结为四个主要影响因素：首先，案件起因。包括被害人或其他人有无过错，是否属于历史或宗教原因引发的边界纠纷或宗教械斗等。其次，犯罪人个人情况。包括认罪态度好坏，是否在共同犯罪中起最重要作用，以及是否属于少数民族、宗教人士以及归侨、华侨和侨眷中的犯罪分子等。再次，社会影响。包括民愤大小、国际影响等。最后，其他因素。包括是否属于"疑罪"，是否属于值得保存的"活证据"等。

（二）1999 年《全国法院维护农村稳定刑事审判工作座谈会纪要》

要准确把握故意杀人犯罪适用死刑的标准。对故意杀人犯罪是否判处死刑，不仅要看是否造成了被害人死亡结果，还要综合考虑案件的全部情况。对于因婚姻家庭、邻里纠纷等民间矛盾激化引发的故意杀人犯罪，适用死刑一定要十分慎重，应当与发生在社会上的严重危害社会治安的其他故意杀人犯罪案件有所区

---

① 马克昌主编：《刑罚通论》，武汉大学出版社 1999 年版，第 433～435 页。
② 陈兴良主编：《刑种通论》，中国人民大学出版社 2007 年版，第 59 页。

别。对于被害人一方有明显过错或对矛盾激化负有直接责任，或者被告人有法定从轻处罚情节的，一般不应判处死刑立即执行。

(三) 2008 年《全国部分法院审理毒品犯罪案件工作座谈会纪要》

具有下列情形之一的，可以判处被告人死刑：(1) 具有毒品犯罪集团首要分子、武装掩护毒品犯罪、暴力抗拒检查、拘留或者逮捕、参与有组织的国际贩毒活动等严重情节的；(2) 毒品数量达到实际掌握的死刑数量标准，并具有毒品再犯、累犯，利用、教唆未成年人走私、贩卖、运输、制造毒品，或者向未成年人出售毒品等法定从重处罚情节的；(3) 毒品数量达到实际掌握的死刑数量标准，并具有多次走私、贩卖、运输、制造毒品，向多人贩毒，在毒品犯罪中诱使、容留多人吸毒，在戒毒监管场所贩毒，国家工作人员利用职务便利实施毒品犯罪，或者职业犯、惯犯、主犯等情节的；(4) 毒品数量达到实际掌握的死刑数量标准，并具有其他从重处罚情节的；(5) 毒品数量超过实际掌握的死刑数量标准，且没有法定、酌定从轻处罚情节的。

毒品数量达到实际掌握的死刑数量标准，具有下列情形之一的，可以不判处被告人死刑立即执行：(1) 具有自首、立功等法定从宽处罚情节的；(2) 已查获的毒品数量未达到实际掌握的死刑数量标准，到案后坦白尚未被司法机关掌握的其他毒品犯罪，累计数量超过实际掌握的死刑数量标准的；(3) 经鉴定毒品含量极低，掺假之后的数量才达到实际掌握的死刑数量标准的，或者有证据表明可能大量掺假但因故不能鉴定的；(4) 因特情引诱毒品数量才达到实际掌握的死刑数量标准的；(5) 以贩养吸的被告人，被查获的毒品数量刚达到实际掌握的死刑数量标准的；(6) 毒品数量刚达到实际掌握的死刑数量标准，确属初次犯罪即被查获，未造成严重危害后果的；(7) 共同犯罪毒品数量刚达到实际掌握的死刑数量标准，但各共同犯罪人作用相当，或者责任大小难以区分的；(8) 家庭成员共同实施毒品犯罪，其中起主要作用的被告人已被判处死刑立即执行，其他被告人罪行相对较轻的；(9) 其他不是必须判处死刑立即执行的。

(四) 2015 年《全国部分法院审理毒品犯罪案件工作座谈会纪要》

对于有证据证明确属受人指使、雇用运输毒品，又系初犯、偶犯的被告人，即使毒品数量超过实际掌握的死刑数量标准，也可以不判处死刑；尤其对于其中被动参与犯罪，从属性、辅助性较强，获利程度较低的被告人，一般不应当判处死刑。对于不能排除受人指使、雇用初次运输毒品的被告人，毒品数量超过实际掌握的死刑数量标准，但尚不属数量巨大的，一般也可以不判处死刑。

在案被告人的罪行不足以判处死刑，或者共同犯罪人归案后全案只宜判处其一人死刑的，不能因为共同犯罪人未到案而对在案被告人适用死刑；在案被告人与未到案共同犯罪人的罪责大小难以准确认定，进而影响准确适用死刑的，不应对在案被告人判处死刑。

对于买卖同宗毒品的上下家，涉案毒品数量刚超过实际掌握的死刑数量标准的，一般不能同时判处死刑。

涉案毒品为其他滥用范围和危害性相对较小的新类型、混合型毒品的，一般不宜判处被告人死刑。

（五）2016年最高人民法院、最高人民检察院《关于办理贪污贿赂刑事案件适用法律若干问题的解释》

贪污、受贿数额特别巨大，犯罪情节特别严重、社会影响特别恶劣、给国家和人民利益造成特别重大损失的，可以判处死刑。但具有自首，立功，如实供述自己罪行、真诚悔罪、积极退赃，或者避免、减少损害结果的发生等情节，不是必须立即执行的，可以判处死刑缓期二年执行。

第二节 自由刑的裁量

自由刑的裁量，是指人民法院对犯罪分子裁处酌量适用自由刑的刑事审判活动。具体包括无期徒刑的裁量、有期徒刑的裁量、拘役的裁量和管制的裁量。

一、无期徒刑的裁量

无期徒刑作为最严厉的自由刑，衔接了有期徒刑和死刑，重于长期有期徒刑但轻于死刑。对于无期徒刑的裁量适用，很关键的一点就是要注意平衡和把握好与死刑适用、长期有期徒刑适用的关系。

（一）无期徒刑的适用对象

（1）犯罪分子的犯罪行为客观危害很严重，但还达不到极其严重的程度；主观恶性和人身危险性很大，但还算不上极其恶劣的。综合考量，尚达不到适用死刑的标准，但适用长期自由刑又明显过轻的犯罪分子。

（2）犯罪分子的犯罪行为客观危害非常严重，甚至达到了极其严重的程度，需要施以严厉的制裁；但犯罪分子的主观恶性和人身危险性不是非常大，有自首、立功、初犯等从宽情节，有改造矫正的余地，适用死刑难以匹配犯罪分子的较小的主观恶性和人身危险性，可以适用无期徒刑以替代死刑。

（3）犯罪时不满 18 周岁的未成年人、审判时怀孕的妇女，罪行极其严重，论罪当死，但由于刑法的限制性规定，只能适用无期徒刑。

需要强调的是，我们反对犯罪分子的犯罪行为客观危害不是很严重，但由于主观恶性和人身危险性大、预防难度大就适用无期徒刑的观点。这是因为预防刑的裁量应该在责任刑的点之下来确定，不能超出责任刑。否则，裁量做出的宣告刑违反比例原则，会导致量刑的畸重，是不公正的。

（二）无期徒刑的适用方式

（1）具体犯罪的法定刑中有期徒刑和无期徒刑同处一个量刑幅度，且最高刑为无期徒刑。如根据《刑法》第 264 条的规定，盗窃"数额特别巨大或者有其他特别严重情节的，处十年以上有期徒刑或者无期徒刑，并处罚金或者没收财产"。在盗窃犯罪案件中裁量适用无期徒刑时，只能适用于不仅实施的盗窃行为客观危害极为严重，具有数额特别巨大或者有其他特别严重情节，而且犯罪分子的主观恶性和人身危险性极大，适用长有期徒刑难以实现罪责刑相适应的犯罪分子。

（2）具体犯罪的法定刑中无期徒刑和死刑同处一个量刑幅度，最高刑为死刑。如根据《刑法》第 239 条的规定，绑架"杀害被绑架人的，或者故意伤害被绑架人，致人重伤、死亡的，处无期徒刑或者死刑，并处没收财产"。在绑架案件中裁量适用无期徒刑时，一是可以适用于虽具有"杀害被绑架人的，或者故意伤害被绑架人，致人重伤、死亡的"情节，但不属于罪行极其严重，不能适用死刑的情形；二是具有上述情节并且达到了罪行极其严重的程度，但犯罪分子的主观恶性和人身危险性不是非常大，可以适用无期徒刑替代死刑。

（3）具体犯罪的法定刑中无期徒刑、有期徒刑和死刑同处一个量刑幅度，最高刑为死刑。如根据《刑法》第 232 条的规定，"故意杀人的，处死刑、无期徒刑或者十年以上有期徒刑；情节较轻的，处三年以上十年以下有期徒刑"。在故意杀人案件中裁量适用无期徒刑时，一是罪行尚未达到极其严重的程度，因而不能适用死刑，但适用长有期徒刑又明显偏轻的情形；二是罪行虽已达到极其严重的程度，论罪应当适用死刑，但犯罪人的主观恶性和人身危险性不是非常大，可以适用无期徒刑替代死刑。

（4）具体犯罪的法定刑中死刑单独列为一档，无期徒刑和有期徒刑作为第二档。如根据《刑法》第 121 条的规定，"以暴力、胁迫或者其他方法劫持航空器的，处十年以上有期徒刑或者无期徒刑；致人重伤、死亡或者使航空器遭受严重破坏的，处死刑"。在劫持航空器案件中裁量适用无期徒刑时，应当适用于罪行严重，但又不具备"致人重伤、死亡或者使航空器遭受严重破坏的"情形。否则，如果具备该情形，则只能在减轻处罚时才能裁量适用。

二、有期徒刑的裁量

有期徒刑的时间跨度大，具有可分割性，既可以适用于较轻的犯罪，又可以适用于较重的犯罪，适用范围非常广泛，刑法分则绝大多数犯罪的法定刑都设置了有期徒刑。但有期徒刑的裁量适用较为复杂，因为不单是一个是否判处有期徒刑的问题，有的还需要从多个有期徒刑的刑罚幅度中做出选择，进而才能确定宣告刑。

（一）是否适用有期徒刑

（1）以死刑或者无期徒刑为法定最高刑，有期徒刑为法定最低刑。如根据《刑法》第 234 条的规定，故意伤害"致人死亡或者以特别残忍手段致人重伤造成严重残疾的，处十年以上有期徒刑、无期徒刑或者死刑"。又如，根据《刑法》第 142 条的规定，生产、销售、提供劣药"后果特别严重的，处十年以上有期徒刑或者无期徒刑，并处罚金或者没收财产"。此时有期徒刑的裁量适用包括两种情形：一是虽然满足所在法定刑幅度的情节要求，但危害相对较小，犯罪人的主观恶性和人身危险性相对不大的情形；二是危害较为严重，本应适用无期徒刑，但犯罪人的主观恶性和人身危险性较小，具有从宽处罚情节，改造难度不大的情形。

（2）以有期徒刑为法定最高刑，拘役或者管制为法定最低刑。如根据《刑法》第 133 条的规定，"违反交通运输管理法规，因而发生重大事故，致人重伤、死亡或者使公私财产遭受重大损失的，处三年以下有期徒刑或者拘役"。又如，根据《刑法》第 234 条的规定，"故意伤害他人身体的，处三年以下有期徒刑、拘役或者管制"。此时有期徒刑主要裁量适用于符合此幅度的情节要求，但危害程度相对比较严重的情形。

（3）以无期徒刑为第一档法定最高刑，有期徒刑作为第二档法定刑。如根据《刑法》第 151 条的规定，"走私武器、弹药、核材料或者伪造的货币的，处七年以上有期徒刑，并处罚金或者没收财产；情节特别严重的，处无期徒刑，并处没收财产"。此时有期徒刑主要裁量适用于本应适用无期徒刑，但具有减轻处罚情节的情形。

（4）以有期徒刑作为法定刑唯一刑种。如根据《刑法》第 233 条的规定，"过失致人死亡的，处三年以上七年以下有期徒刑；情节较轻的，处三年以下有期徒刑"。在这样的犯罪中，有期徒刑作为唯一的主刑应当直接适用。

（二）选择正确的法定刑幅度

（1）具体犯罪的不同法定刑档次，刑法明文规定了不同的情节适用要求，按照所裁量案件的具体情节"对号入座"即可。如根据《刑法》第 234 条的规定，故意伤害他人身体的，处 3 年以下有期徒刑、拘役或者管制。致人重伤的，处 3 年以上 10 年以下有期徒刑；致人死亡或者以特别残忍手段致人重伤造成严重残疾的，处 10 年以上有期徒刑、无期徒刑或者死刑。如果裁量的故意伤害案件，确定适用有期徒刑，那么应当根据后果等情节选择正确的法定刑幅度：致人轻伤的，选择 3 年以下有期徒刑；致人重伤的，处 3 年以上 10 年以下有期徒刑；致人死亡或者以特别残忍手段致人重伤造成严重残疾的，处 10 年以上有期徒刑。

（2）具体犯罪有不同的法定刑档次，有的法定刑档次刑法明文规定了具体的情节适用要求，有的法定刑档次没有规定。如果所裁量案件的具体情节不符合规定了具体情节适用要求的量刑档次，那么要选择没有规定情节适用要求的量刑档次。如根据《刑法》第 263 条的规定，抢劫罪的八种加重情节对应的法定刑档次为"处十年以上有期徒刑、无期徒刑或者死刑"。如果裁量的抢劫案件，确定适用有期徒刑，但又不具有八种加重情节中的任何一种，那么只能选择剩余的一档法定刑档次，即"三年以上十年以下有期徒刑"。

（3）具体犯罪有不同的法定刑档次，但没有明文规定具体相对应的情节，只是概括规定了"情节严重"或者"情节特别严重"等。如根据《刑法》第 295 条的规定，"传授犯罪方法的，处五年以下有期徒刑、拘役或者管制；情节严重的，处五年以上十年以下有期徒刑；情节特别严重的，处十年以上有期徒刑或者无期徒刑"。这种情况下，选择法定刑档次通常有赖于司法解释对"情节严重"或者"情节特别严重"的具体情形进行明确；如果尚缺乏有关的司法解释，那么只能具体分析该案中犯罪的社会危害性大小，选择合适的法定刑幅度。

（三）确定合适的宣告刑

根据《量刑指导意见》，有期徒刑的裁量适用，是在确定量刑起点、基准刑的基础上，根据量刑情节调节基准刑，并综合考虑全案情况，依法确定宣告刑。

三、拘役的裁量

拘役作为最轻的剥夺自由刑，主要适用于犯罪较轻，但具有关押矫正需要的犯罪分子。由于拘役刑期短、跨度小，我国刑法分则设置的拘役法定刑，并没有刑罚幅度的区分。因此，拘役的裁量适用，主要可以分为以下两个步骤。

（一）是否适用拘役

（1）有期徒刑和拘役同处一个量刑幅度，拘役作为法定最低刑。如根据《刑法》第237条，"以暴力、胁迫或者其他方法强制猥亵他人或者侮辱妇女的，处五年以下有期徒刑或者拘役"。此时拘役的裁量适用包括两种情形：一是危害相对较小，犯罪人的主观恶性和人身危险性不大的情形；二是危害较为严重，本应适用有期徒刑，但犯罪人的主观恶性和人身危险性较小，具有从宽处罚情节，改造难度不大的情形。

（2）拘役与有期徒刑、管制同处一个量刑幅度，管制作为法定最低刑。如根据《刑法》第284条，"非法使用窃听、窃照专用器材，造成严重后果的，处二年以下有期徒刑、拘役或者管制"。此时拘役的裁量适用包括两种情形：一是危害居于中间程度，适用管制偏轻但适用有期徒刑又偏重的；二是危害较为严重，本应适用有期徒刑，但犯罪人的主观恶性和人身危险性较小，具有从宽处罚情节的情形。

（3）拘役与管制同处一个量刑幅度，管制作为法定最低刑。如根据《刑法》的第284条之一，"代替他人或者让他人代替自己参加第一款规定的考试的，处拘役或者管制，并处或者单处罚金"。此时拘役主要裁量适用于符合此幅度的情节要求，但危害程度相对比较严重，有关押必要，判处管制难以实现罪责刑相适应的情形。

（4）以拘役作为主刑唯一刑种。如根据《刑法》的第133条之一，具有危险驾驶四种情形之一的，"处拘役，并处罚金"。在这样的情形下，拘役作为唯一的主刑应当直接适用。

（5）以有期徒刑作为法定最低刑。拘役可适用于本应处以有期徒刑，但具有减轻处罚情节的情形。

（二）拘役刑期的确定

同有期徒刑一样，拘役刑期的确定也应根据《量刑指导意见》，在确定量刑起点、基准刑的基础上，根据量刑情节调节基准刑，并综合考虑全案情况，依法确定宣告刑。

四、管制的裁量

管制作为我国刑法中唯一的限制自由刑，主要适用于罪行轻微，且人身危险性较小，无关押改造必要的犯罪分子。管制的裁量适用，主要可分为以下三个步骤。

（一）是否适用管制

（1）管制与有期徒刑、拘役同处一个量刑幅度，或者管制与拘役同处一个量刑幅度，管制作为法定最低刑。如根据《刑法》第133条之二，"对行驶中的公共交通工具的驾驶人员使用暴力或者抢控驾驶操纵装置，干扰公共交通工具正常行驶，危及公共安全的，处一年以下有期徒刑、拘役或者管制，并处或者单处罚金"。又如，根据《刑法》的第284条之一，"代替他人或者让他人代替自己参加第一款规定的考试的，处拘役或者管制，并处或者单处罚金"。此时管制的裁量适用包括两种情形：一是危害较小，犯罪人的主观恶性和人身危险性不大，无须关押的情形；二是危害较大，本应适用拘役，但犯罪人的主观恶性和人身危险性较小，具有从宽处罚情节，无须关押改造的情形。

（2）管制与有期徒刑、拘役、附加刑同处一个量刑幅度。如根据《刑法》第277条，"以暴力、威胁方法阻碍国家机关工作人员依法执行职务的，处三年以下有期徒刑、拘役、管制或者罚金"。此时，管制属于该幅度内中等偏下的刑种，主要裁量适用于符合此幅度的情节要求，但危害程度相对比较小，无关押必要，单处罚金难以实现罪责刑相适应的情形。

（3）以拘役作为法定最低刑。管制可适用于本应处以拘役，但具有减轻处罚情节的情形。

（二）管制刑期的确定

同有期徒刑、拘役一样，管制刑期的确定也应根据《量刑指导意见》，在确定量刑起点、基准刑的基础上，根据量刑情节调节基准刑，并综合考虑全案情况，依法确定宣告刑。

（三）是否适用禁止令以及内容

根据《刑法》第38条的规定："判处管制，可以根据犯罪情况，同时禁止犯罪分子在执行期间从事特定活动，进入特定区域、场所，接触特定的人。"因此，在裁量适用管制时，还要同时考虑适用禁止令的必要性以及禁止令的内容。

（1）对判处管制的犯罪分子，人民法院根据犯罪情况，认为从促进犯罪分子教育矫正、有效维护社会秩序的需要出发，确有必要禁止其在管制执行期间内从事特定活动，进入特定区域、场所，接触特定人的，同时宣告禁止令。

（2）人民法院宣告禁止令，应当根据犯罪分子的犯罪原因、犯罪性质、犯罪手段、犯罪后的悔罪表现、个人一贯表现等情况，充分考虑与犯罪分子所犯罪行的关联程度，有针对性地决定禁止其在管制执行期间内"从事特定活动，进入特定区域、场所，接触特定的人"的一项或者几项内容①。

第三节 财产刑的裁量

一、罚金刑的裁量

（一）是否适用罚金

目前刑法规定罚金的条文共有200个左右，主要集中于破坏社会主义市场经济罪、侵犯财产罪、妨害社会管理秩序罪以及贪污贿赂罪等。裁量刑罚时需要根据刑法分则对于罚金刑的设置予以适用。

---

① 最高人民法院、最高人民检察院、公安部、司法部2011年发布了《关于对判处管制、宣告缓刑的犯罪分子适用禁止令有关问题的规定（试行）》。

（1）选处罚金。如根据《刑法》第 277 条，"以暴力、威胁方法阻碍国家机关工作人员依法执行职务的，处三年以下有期徒刑、拘役、管制或者罚金。"此时如果裁量罚金，则不得适用有期徒刑、拘役和管制三种主刑。选处罚金主要适用于罪行较轻微且犯罪分子具有缴纳能力的情形。

（2）单处罚金。对于单位犯罪，法院只能对单位判处罚金。

（3）并处罚金。如根据《刑法》第 280 条之二，"盗用、冒用他人身份，顶替他人取得的高等学历教育入学资格、公务员录用资格、就业安置待遇的，处三年以下有期徒刑、拘役或者管制，并处罚金。"此时，法院对犯罪分子判处主刑的同时，必须附加判处罚金。

（4）并处或单处罚金。如根据《刑法》第 280 条之一，"在依照国家规定应当提供身份证明的活动中，使用伪造、变造的或者盗用他人的居民身份证、护照、社会保障卡、驾驶证等依法可以用于证明身份的证件，情节严重的，处拘役或者管制，并处或者单处罚金。"此时，法院既可以对于罪行较为轻微的犯罪单独判处罚金，也可以在判处主刑的同时，判处罚金。

需要注意的是，刑法规定"并处"罚金的犯罪，人民法院在对犯罪分子判处主刑的同时，必须依法判处罚金；刑法规定"可以并处"罚金的犯罪，人民法院应当根据案件具体情况及犯罪分子的财产状况，决定是否适用罚金。另外，根据 2000 年最高人民法院《关于适用财产刑若干问题的规定》（以下简称《财产刑规定》）第 4 条，犯罪情节较轻，适用单处罚金不致再危害社会并具有下列情形之一的，可以依法单处罚金：（1）偶犯或者初犯；（2）自首或者有立功表现的；（3）犯罪时不满 18 周岁的；（4）犯罪预备、中止或者未遂的；（5）被胁迫参加犯罪的；（6）全部退赃并有悔罪表现的；（7）其他可以依法单处罚金的情形。

（二）罚金数额的确定

人民法院在对犯罪人适用罚金刑，具体罚金数额如何确定，是一个司法实践中具有现实意义的问题。《刑法》第 52 条规定："判处罚金，应当根据犯罪情节决定罚金数额。"只对罚金刑的适用作了原则规定，而没有规定罚金的数额范围。

在刑法中不规定罚金的具体数额范围，不利于实现罪责刑相适应的刑罚原则，造成司法实践中量刑的随意性。针对这种情况，最高法院在司法解释中进一步详细化。《财产刑规定》第 2 条规定"人民法院应当根据犯罪情节，如违法所得数额、造成损失的大小等，并综合考虑犯罪分子缴纳罚金的能力，依法判处罚金。刑法没有明确规定罚金数额标准的，罚金的最低数额不能少于 1000

元。对未成年人犯罪应当从轻或者减轻判处罚金，但罚金的最低数额不能少于500元。"

根据上述法律的规定，对犯罪人决定罚金数额时，坚持"以犯罪情节为主，以犯罪人的经济情况为辅"的量刑原则，综合考虑犯罪分子的违法所得数额，造成的损失大小，犯罪分子缴纳罚金的能力等因素，确定罚金的具体数额。但罚金最低限额不得少于1000元，对未成年人犯罪适用罚金刑时，应当从轻或者减轻处罚，但罚金的最低数额不能少于500元。

实践中，一些未成年人实施的财产犯罪，通常设置了罚金刑，如盗窃罪、抢劫罪、抢夺罪、诈骗罪等。由于未成年人大多还没有经济收入，因此可能会面临两难的困境：如果适用罚金，可能会转嫁到亲属身上，殃及无辜，违反罪责自负的原则；如果不适用罚金，会违反罪刑法定原则。对此，2006年最高人民法院《关于审理未成年人刑事案件具体应用法律若干问题的解释》第15条，规定对未成年罪犯实施刑法规定的"并处"没收财产或者罚金的犯罪，应当依法判处相应的财产刑；对未成年罪犯实施刑法规定的"可以并处"没收财产或者罚金的犯罪，一般不判处财产刑。对未成年罪犯判处罚金刑时，应当依法从轻或者减轻判处，并根据犯罪情节，综合考虑其缴纳罚金的能力，确定罚金数额。但罚金的最低数额不得少于500元人民币。对被判处罚金刑的未成年罪犯，其监护人或者其他人自愿代为垫付罚金的，人民法院应当允许。

（三）罚金缴纳方法的确定

根据《刑法》第53条的规定，罚金的缴纳方式主要有主动缴纳、强制缴纳、随时追缴、延期缴纳、酌情减免五种方式，法院在裁量刑罚时，应当判决被告人在一定期限内缴纳罚金的数额。执行期满不予缴纳的，执行机关可以强制缴纳或者随时追缴。犯罪人确因合理事由造成无法缴纳罚金的，人民法院可以裁定延期缴纳、酌情减免。

（四）数罪并罚时罚金的裁量

根据《刑法》第69条第3款的规定，数罪中有判处附加刑的，附加刑仍须执行，其中附加刑种类相同的，合并执行。根据《财产刑规定》第3条，依法对犯罪分子所犯数罪分别判处罚金的，应当实行并罚，将所判处的罚金数额相加，执行总和数额。据此，对于犯罪分子犯数罪，并被判处两个以上罚金刑的，采用将罚金数额相加的方法，不适用限制加重原则。

二、没收财产的裁量

（一）没收财产的适用原则

我国刑罚适用的原则根据《刑法》第 61 条的规定可以概括为"以事实为根据，以法律为准绳"，没收财产刑的适用当然也要遵循该原则，即适用没收财产时应该以犯罪的事实、性质、情节为主要依据，同时适当考虑犯罪人的财产状况及家庭经济状况的原则。

1. 以犯罪性质、情节为主原则

犯罪的事实与性质是确定行为人是否构成犯罪以及构成什么罪的关键，只有根据犯罪事实、性质，确定犯罪人构成了刑法规定的有适用没收财产的罪名后，才会进入没收财产刑的具体裁量阶段。但是，在犯罪性质相同的犯罪中，犯罪情节不尽相同，犯罪的社会危害程度也不一样，要使刑罚与犯罪的社会危害性和犯罪人的人身危险性相适应，就必须使刑罚与犯罪情节相适应。这是罪责刑相适应原则的基本要求。因此，犯罪的性质及情节的严重程度是法官决定是否适用没收财产以及决定没收的财产量的重要依据，两者应当成正比。

2. 适当考虑犯罪人财产和家庭经济状况原则

现代刑法思想更多地强调在感化、教育与改善罪犯基础上使罪犯重新社会化。既然要强调感化、教育犯罪人，那么，对于经济状况不佳、负担较重的犯罪人，如果因为其犯罪严重而判处过重的没收财产，则势必造成其家庭成员生活陷入更大的困难，影响犯罪人在狱内的改造效果，也会给犯罪人将来出狱后重新社会化带来困难。因此，适用没收财产时，应当遵循以犯罪性质、情节为主要根据，同时又考虑犯罪人财产状况和家庭负担的原则。

（二）是否适用没收财产

没收财产只能适用于刑法分则法定刑设置了没收财产的犯罪，主要集中于危害国家安全罪、破坏社会主义市场经济秩序罪、侵犯财产罪、贪污贿赂罪等。刑法分则具体犯罪对于没收财产法定刑的设置，主要有三种情形。

1. 并处

如根据《刑法》第 239 条，犯绑架罪，杀害被绑架人的，或者故意伤害被绑架人，致人重伤、死亡的，处无期徒刑或者死刑，并处没收财产。"并处"

没收财产的犯罪，人民法院在对犯罪分子判处主刑的同时，必须依法判处没收财产。

2. 可以并处

如根据《刑法》第 113 条，犯刑法分则第一章危害国家安全罪的，可以并处没收财产。"可以并处"没收财产的犯罪，人民法院应当根据案件具体情况及犯罪分子的财产状况，决定是否适用没收财产。

3. 与罚金选择并处

如根据《刑法》第 120 条之二，犯准备实施恐怖活动罪，并处罚金或者没收财产。此时，没收财产可以附加主刑适用，也可以不适用而代之以罚金附加主刑适用。

由以上适用情形可以看出，没收财产只能附加于主刑适用，不能单独适用。

（三）没收财产的范围的确定

根据《刑法》第 59 条的规定，在判处没收财产的时候，不得没收属于犯罪分子家属所有或者应有的财产，体现了罪责自负原则。因此，裁量没收财产应当确定哪些财产是犯罪分子个人所有的财产。犯罪分子个人所有的财产包括：（1）所有权已明确归属犯罪人的财产，如婚前约定属于犯罪分子个人的财产。（2）家庭共同财产中犯罪分子应有的财产，即夫妻共同财产、家庭财产中享有所有权的份额。

没收全部财产的，应当对犯罪分子个人及其扶养的家属保留必需的生活费用。根据最高人民法院 2014 年《关于刑事裁判涉财产部分执行的若干规定》，执行没收财产或罚金刑，应当参照被扶养人住所地政府公布的上年度当地居民最低生活费标准，保留被执行人及其所扶养家属的生活必需费用。这既体现了人道主义，也有利于维护社会的稳定。

（四）没收财产数量的确定

刑法规定没收犯罪分子的财产，可以没收其全部财产也可以没收其部分财产。由于分则中并没有具体规定没收全部财产和没收部分财产的具体情形，因此在司法实践中主要由审判人员根据案件情况决定。

1. 对犯罪分子所判主刑的轻重是确定没收其财产的全部还是部分的重要依据

根据刑法规定对犯罪分子适用没收财产的主刑有三种情况：一是相对确定的法定刑，即规定在 5 年以上的有期徒刑、无期徒刑、死刑中选择主刑。在这种情况下，确定没收财产的数额应当与判处的主刑相适应。对判处有期徒刑的犯罪分子，既要体现罪责刑相适应的原则，又要考虑到其回归生活后的生存，应没收其部分财产，而对判处无期徒刑、死刑的犯罪分子则可以没收其全部财产。二是绝对确定的法定刑，即在情节特别严重、数额特别巨大、致人死亡等法定情形下，刑法规定判处死刑并处没收财产时，一般应当没收其全部财产。因为在这种情况下，犯罪分子是为了牟取非法财产而进行犯罪的，所以应当剥夺其全部财产，从而对其做经济上最严厉的制裁。三是对于特定类型的犯罪根据犯罪分子在共同犯罪中所处的地位和作用不同分别裁量。如 2019 年最高人民法院、最高人民检察院、公安部、司法部《关于办理恶势力刑事案件中财产处置若干问题的意见》指出，要彻底摧毁黑社会性质组织的经济基础，防止其死灰复燃。对于组织者、领导者一般应当并处没收个人全部财产。对于确属骨干成员或者为该组织转移、隐匿资产的积极参加者，可以并处没收个人全部财产。对于其他组织成员，应当根据所参与实施违法犯罪活动的次数、性质、地位、作用、违法所得数额以及造成损失的数额等情节，依法决定财产刑的适用。

2. 没收全部财产的，应当对犯罪分子个人及其抚养的家属保留必需的生活费用

这是刑罚严厉性和人道主义的统一。在对犯罪分子制裁的同时，兼顾其家属和本人将来的生存，即使没收其全部财产，也应保留必需的生活费用。

总之，没收财产数量的立法规定具有高度的概括性，这就要求法官在裁量刑罚时必须实行精准化，尤其是在部分没收时，到底没收哪些物品、没收多少财产时，都应在判决书中列明。

（五）与罚金刑选择适用时没收财产的裁量

没收财产在大多数情况下都与罚金刑选择适用，在作出裁量时应遵循两个原则。

一是没收财产刑重于罚金刑。尽管没收财产与罚金往往规定在同一法定刑中，但是应当明确没收财产是比罚金重的刑罚，不应认为判处没收财产和判处罚金一样，罚金可以代替没收财产。所以根据罪责刑相适应的原则，对犯罪严重的适用没收财产，而对犯罪轻的适用罚金。换言之，没收财产应当附加较重的主刑，罚金应当附加较轻的主刑。

二是有利于执行。在具体案件中判处罚金刑还是没收财产刑，应考虑到实际执行的情况。首先，一般情况下根据犯罪分子的财产状况，不动产多的没收财产

刑易执行，动产多的则罚金刑易执行。其次，罚金刑对没收财产刑的内容有一定的制约。罚金刑在我国刑法中有限额罚金刑、倍比罚金刑和无限额几种，没收财产与限额罚金刑和倍比罚金刑选择适用时，如果适用没收财产时，判处没收财产的财产价值应当大于限额罚金或倍比罚金的数额。如果没收财产所判数额比法定的罚金数额小，则违背了没收财产重于罚金这一刑罚规则。所以罚金与没收财产同时选择时，不仅要注意刑种的选择，而且要重视财产数额的大小。

（六）数罪并罚时没收财产的裁量

根据《刑法》第69条的规定，数罪中有判处附加刑的，附加刑仍须执行，其中附加刑种类相同的，合并执行，种类不同的，分别执行。因此，数罪并罚时，没收财产的适用可能呈现三种情形：一是没收全部财产与没收部分财产并罚，应当采取吸收原则，适用没收全部财产；二是没收部分财产与没收部分财产并罚，应当合并执行；三是罚金与没收财产并罚，应当分别执行。

（七）正当债务的清偿

我国《刑法》第60条规定"没收财产以前犯罪分子所负的正当债务，需要以没收的财产偿还的，经债权人请求，应当偿还。"可见用没收的财产偿还债务应具备以下条件：（1）必须是正当债务。所谓正当债务是指犯罪分子由于家庭经济困难，合法买卖、合法经营等原因所负的债务。法律保护这种债权人的权利，所以可以用犯罪分子的财产予以偿还。对于不正当的债务，如赌债或者其他因进行非法活动所欠债务，债权人无权要求以没收的财产清偿。（2）债权人必须请求。在人民法院对犯罪分子执行没收财产之前，债权人必须明确主张其债权，即向人民法院提出以犯罪分子的财产偿还债务的要求。如果债权人不明确主张其债权则视为放弃权利。上述条件经人民法院查证属实且同时具备，就可以以没收的财产偿还犯罪分子的债务。

第四节　资格刑的裁量

资格刑的裁量，包括剥夺政治权利的裁量和驱逐出境的裁量。但由于驱逐出境不具有普遍适用的意义，我们对驱逐出境的裁量暂不做探讨。

一、是否适用剥夺政治权利

剥夺政治权利的适用对象比较广泛，既可以适用于重罪，也可以适用于轻罪。从刑法的规定来看，剥夺政治权利的适用方式主要有三种情形。

1. 应当附加剥夺政治权利。即法院必须附加剥夺政治权利，没有自由裁量的余地

根据《刑法》第 56 条的规定，对于危害国家安全的犯罪分子应当附加剥夺政治权利。这主要从犯罪性质上确定剥夺政治权利的适用。也就是说，不管这类犯罪主刑适用何种刑罚，均需适用剥夺政治权利附加刑。同时，根据《刑法》第 57 条的规定，对于被判处死刑、无期徒刑的犯罪分子，应当剥夺政治权利终身。这主要从主刑的刑种上确定剥夺政治权利的适用。也就是说，不管被判处死刑、无期徒刑的犯罪分子实施的犯罪性质如何，均需适用剥夺政治权利附加刑。

2. 可以附加剥夺政治权利

即是否附加剥夺政治权利，由法院自由裁量。根据《刑法》第 56 条的规定，对于故意杀人、强奸、放火、爆炸、投放危险物质、抢劫等严重破坏社会秩序的犯罪分子，可以附加剥夺政治权利。另外，根据 1998 年最高人民法院《关于对故意伤害、盗窃等严重破坏社会秩序的犯罪分子能否附加剥夺政治权利问题的批复》，对故意伤害、盗窃等其他严重破坏社会秩序的犯罪，犯罪分子主观恶性较深、犯罪情节恶劣、罪行严重的，也可以依法附加剥夺政治权利。从刑法和司法解释来看，对于没有严重破坏社会秩序、罪行轻微的犯罪，通常不需要附加政治权利。

3. 独立适用

即剥夺政治权利与主刑并列供选择适用，一旦适用剥夺政治权利，则不能再适用主刑，主要适用于罪行轻微的犯罪。如根据《刑法》第 256 条的规定，破坏选举情节严重的，处 3 年以下有期徒刑、拘役或者剥夺政治权利。

二、剥夺政治权利刑期的确定

根据《刑法》第 55 条和第 57 条的规定，剥夺政治权利的刑期可分为四种情形：第一，对于被判处死刑、无期徒刑的犯罪分子，应当剥夺政治权利终身。第

二，在死刑缓期执行减为有期徒刑或者无期徒刑减为有期徒刑的时候，应当把附加剥夺政治权利的期限改为 3 年以上 10 年以下。第三，独立适用或者判处有期徒刑、拘役附加剥夺政治权利的期限，为 1 年以上 5 年以下。第四，判处管制附加剥夺政治权利的，剥夺政治权利的期限与管制的期限相等。上述第一种和第四种情形，不存在刑期的裁量确定问题。但第二种和第三种，需要进一步裁量确定剥夺政治权利的刑期。剥夺政治权利刑期的裁量确定，主要应当考虑两个方面的因素：一是犯罪的轻重。犯重罪的，一般主刑时间长，附加剥夺政治权利的期限也应当相对长一些，以体现罪刑相适应，否则反之；二是预防的难度大小，如果罪行本身不重，主刑较短或者单处剥夺政治权利，但犯罪人将来再次利用政治权利进行犯罪的可能性较大的，附加或单处剥夺政治权利的期限也应当相对长一些，否则反之。

三、数罪并罚时剥夺政治权利的裁量

根据《刑法》第 69 条的规定，数罪中有判处附加刑的，附加刑仍须执行，其中附加刑种类相同的，合并执行，种类不同的，分别执行。按照这一规定，剥夺政治权利与主刑以及其他种类附加刑的并罚容易解决。但数个剥夺政治权利的并罚，由于刑期、起算较为复杂，如何"合并执行"，需要具体讨论。

（1）在数个剥夺政治权利中，如有一个剥夺政治权利终身，则只需执行一个剥夺政治权利终身即可。

（2）在判处 2 个以上管制而又剥夺政治权利的，由于数罪并罚时管制最高刑期为 3 年，并且判处管制附加剥夺政治权利的，剥夺政治权利的期限与管制的期限相等，所以这种情形下，并罚后剥夺政治权利的期限最高也只能为 3 年。

（3）数个有期徒刑附加剥夺政治权利、数个拘役附加剥夺政治权利、有期徒刑附加剥夺政治权利与单处剥夺政治权利并罚或者拘役附加剥夺政治权利与单处剥夺政治权利并罚时，剥夺政治权利的期限应当合并执行。

（4）有期徒刑附加剥夺政治权利与拘役附加剥夺政治权利的并罚。根据《刑法》第 69 条的规定，数罪中有判处有期徒刑和拘役的，执行有期徒刑。因此，剥夺政治权利并罚时，期限合并执行即可。

（5）有期徒刑附加剥夺政治权利与管制附加剥夺政治权利或者拘役附加剥夺政治权利的并罚。根据《刑法》第 69 条的规定，数罪中有判处有期徒刑和管制，或者拘役和管制的，有期徒刑、拘役执行完毕后，管制仍须执行。同时，《刑法》

第 55 条规定，判处管制附加剥夺政治权利的，剥夺政治权利的期限与管制的期限相等，同时执行。这意味着，有期徒刑、拘役执行完毕后，要执行管制，同时执行管制附加剥夺的政治权利。而根据《刑法》第 58 条的规定，附加剥夺政治权利的刑期，从有期徒刑、拘役执行完毕之日或者从假释之日起计算。那么，会面临这样的问题：有期徒刑、拘役执行完毕之日起，执行的剥夺政治权利是管制附加剥夺政治权利的刑期还是有期徒刑、拘役附加剥夺的刑期？目前这一问题缺乏明确的意见。我们认为，按照罪刑法定原则保障人权的理念出发，做有利于犯罪人的理解，应当认为这一时期的执行为同时执行，无须等到管制执行期满，再执行有期徒刑、拘役附加剥夺的刑期。

 思 考 题

1. 死刑立即执行与死刑缓期执行裁量时如何区分？
2. 有期徒刑如何裁量？
3. 试论述罚金刑的裁量根据。

 案 例 分 析[①]

被告人蒋某某，男，1971 年 12 月 30 日生，汉族，初中文化程度，无业。1991 年因犯盗窃罪被判处有期徒刑 12 年，1996 年刑满释放。2011 年 1 月 14 日被逮捕。

甘肃省天水市秦州区人民检察院以被告人蒋某某犯盗窃罪向天水市秦州区人民法院提起公诉。

天水市秦州区人民法院经公开审理查明：2010 年 12 月 11 日 4 时许被告人蒋某某在甘肃省天水市区中华西路步行街新浪网吧找人时，将上网人员被害人霍某放在网吧吧台上的黑色挎包盗走，包内装有现金 5052 元及棕色手套一双、指甲刀一把等物品。案发后被盗财物已追回，并发还失主。

天水市秦州区人民法院认为，被告人蒋某某以非法占有为目的秘密窃取公私财物，数额较大，其行为构成盗窃罪。蒋某某有前科，但在审理中能够

---

① 黄尔梅主编：《量刑规范化案例指导》，法律出版社 2012 年版，第 7 页。

自愿认罪，被查财物已被追回，故可酌情从轻处罚。依照《中华人民共和国刑法》第264条的规定，认定被告人蒋某某犯盗窃罪，判处有期徒刑1年并处罚金人民币2000元。

一审宣判后，在法定期限内，公诉机关未提出抗诉，被告人亦未提出上诉判决现已生效。

问题：如何根据盗窃数额确定量刑起点和基准刑？

第十二章

刑罚执行概述

 学习要点

刑罚执行，分为广义的刑罚执行和狭义的刑罚执行。刑罚执行是刑法的本质、意义和目的最终得以实现的过程。刑罚执行具有法定性、强制性、目的性等基本特征。在刑罚执行活动中，应遵循合法性原则、人道性原则、教育性原则、个别化原则以及社会化原则。

 重点问题

1. 刑罚执行的概念及特征
2. 刑罚执行的原则

第一节 刑罚执行的概念及特征

一、刑罚执行的概念

刑罚执行的概念有广义和狭义之分。

广义的刑罚执行，是指国家司法机关将人民法院已经发生法律效力的刑事判决或裁定付诸实施的活动①。其刑罚执行主体包括监狱、拘役所、看守所、公安机关、人民法院、社区矫正机构等。刑罚执行对象包括各种主刑和附加刑。狭义的刑罚执行，是指监狱依照法律规定的执行范围将人民法院已经发生法律效力的

---

① 左卫民主编：《中国司法制度》，中国政法大学出版社 2021 年版，第 133 页。

刑事判决或裁定付诸实施的活动①。其刑罚执行主体主要是指监狱。刑罚执行对象是被判处有期徒刑、无期徒刑和死刑缓期二年执行的罪犯。我们阐述的是广义的刑罚执行。

二、刑罚执行的基本特征

（一）刑罚执行的法定性

刑罚执行的法定性，是指刑罚执行机关，必须严格依照刑法、刑事诉讼法、监狱法及其他相关法律、法规所规定的内容和程序实施各项刑罚执行活动。其表现如下。

1. 刑罚执行依据的法定性

刑罚执行是将刑罚付诸实施的一项刑事司法活动，这项活动的依据必须是有法律规定的。根据《刑事诉讼法》第 259 条的规定，刑罚执行机关对罪犯执行刑罚的依据必须是人民法院发生法律效力的下列刑事判决和裁定：（1）已过法定期限没有上诉、抗诉的判决和裁定；（2）终审的判决和裁定；（3）最高人民法院核准的死刑判决和高级人民法院核准的死刑缓期二年执行的判决。没有生效的判决、裁定不得执行。

2. 刑罚执行机关的法定性

刑罚执行活动是实现国家刑罚权的具体体现，只能由法律规定的国家机关进行。在我国，根据我国刑法及刑事诉讼法的相关规定，人民法院执行死刑、财产刑；监狱执行被判处死刑缓期二年执行、无期徒刑、有期徒刑的罪犯；未成年犯管教所执行未成年犯；公安机关执行被判处拘役、剥夺政治权利、驱逐出境的罪犯；社区矫正机构执行管制、缓刑、假释、监外执行等。未经国家授权的其他任何机关和个人都无权执行刑罚。

3. 刑罚执行程序的法定性

刑罚执行活动要严格依照法律规定的程序进行，这些程序突出地体现在各种刑罚执行的法律制度中，其中包括各种手续、数量换算、场所规定等方面。

---

① 左卫民主编：《中国司法制度》，中国政法大学出版社 2012 年版，第 133 页。

（二）刑罚执行的强制性

刑罚执行的强制性，是指刑罚执行机关，依法通过强制手段，对罪犯实施生效的刑事裁判所确定的刑罚。这种强制性具体体现在：一是刑罚执行的依据是具有强制力的、已经发生法律效力的刑事裁判；二是刑罚执行活动的实施以国家强制力作为后盾，这种强制力通过监狱、警察等强制工具体现出来；三是对刑罚执行活动，不论是刑罚执行机关，还是刑罚执行人员，还是接受刑罚惩罚的刑罚执行对象，都必须严格遵守法律、法规规定的刑罚执行的内容和程序，没有"自愿选择"的权力或权利。当然，在对罪犯强制执行刑罚的过程中，需要同时保障罪犯依法享有的申诉的正当权利。但在申诉期间，不得中止刑罚的执行。

（三）刑罚执行的目的性

刑罚执行的目的性，是指刑罚执行机关在刑罚执行活动中，要有意识地实现刑罚的目的。从一般意义上讲，刑罚执行的直接目的就是将人民法院生效的刑事裁判，所确定的刑罚内容付诸实施。但是，在现代文明社会中，执行刑罚的目的并不仅仅是为了惩罚罪犯，而是要通过执行刑罚达到特殊预防和一般预防的目的，以最大限度地发挥刑罚的积极效应。

第二节 刑罚执行的原则

一、刑罚执行原则的概念

刑罚执行的原则，是刑罚执行机关在执行刑罚的过程中必须遵循的、保证刑罚目的得以实现的基本准则。它使刑罚执行的组织和运作过程更加具体、明确，既有利于保证刑罚执行活动的方向性、规范性，又有利于体现刑罚执行的内在要求。

二、刑罚执行的原则

（一）合法性原则

合法性原则是指刑罚执行活动必须依法进行。详言之，执行主体必须是合法的刑罚执行机关；刑罚执行的依据必须是人民法院具有法律效力的刑事判决与裁定；刑罚执行内容与方式必须严格依据刑法与监狱法等法律的规定；刑罚执行的程序必须符合刑事诉讼法的规定等。

刑罚执行严格禁止侵犯罪犯权利的各种违法行为。为保障监狱执行刑罚的合法性，我国检察机关加大了刑事执行检察业务的力度，设有专门的监所检察机构，向监狱、看守所派驻检察机关工作人员，对监狱以及公安机关的执行刑罚工作进行法律监督。同时人民检察院对监狱、看守所实行巡回检察，保障被监管人合法权益，维护监管秩序稳定，纠防冤错案件，促进监狱、看守所严格执法，保障刑事诉讼活动顺利进行，保证国家法律在刑罚执行和监管活动中的正确实施。

（二）人道性原则

人道性原则是指在刑罚执行过程中要尊重罪犯人格，关心罪犯的实际困难，实行文明监管，禁止使用残酷的、不人道的刑罚执行手段，注重罪犯的政治思想和文化、技能教育，促使其成为自食其力的新人。

坚持人道性原则，要注意以下几点。

（1）从观念上把罪犯当人看待，在人格上不歧视罪犯，要关心他们的生活，避免对他们进行体罚虐待，使其树立起新生的信心。

（2）生活上关心罪犯，尤其对未成年犯，医治其心灵上的创伤。

（3）积极为刑满释放人员提供参加学习、工作和劳动的机会。考虑他们未来的生活和出路，为他们回归社会以后的生活和就业作必要准备。

（三）教育性原则

教育性原则是指执行刑罚应从实现特殊预防及一般预防的目的出发，对罪犯进行积极教育，而非消极的惩罚与威慑。根据《中华人民共和国监狱法》（以下简称《监狱法》）第3条规定："监狱对罪犯实行惩罚和改造相结合、教育和劳动相结合的原则，将罪犯改造成为守法公民。"

教育性原则要求刑罚执行机关做到以下几个方面。

（1）坚持惩罚与改造相结合、教育和劳动相结合的原则。虽然刑罚执行是对罪犯进行法律惩罚的活动，但是，在刑罚执行过程中，不能仅着眼于对罪犯权利进行限制和剥夺，或仅对罪犯进行惩罚和改造，更要考虑维护社会稳定的大局和着眼于罪犯的未来生活。对罪犯开展文化教育、技术教育、心理健康教育、生活方式教育以及法制教育等多方面的教育培养活动，为罪犯的未来生活进行有效的准备工作，努力把罪犯教育培养成为守法、具有一定的工作和生活技能的公民，使他们在回归社会之后，过上正常生活，避免重新犯罪。

（2）对罪犯的改造，要以教育疏导为主、以强制性的执行措施为辅。虽然刑罚执行工作是由国家行使公权力的过程，具有明显的强制性，但是，除了对故意违反法律或者不遵守规章制度和有关纪律的罪犯依法进行必要的强制外，在刑罚执行过程中应该尽可能少采取具有明显强制性的手段。刑罚执行机关的人员应当通过教育引导，循循善诱，使罪犯明白自己的罪行以及对他人造成的后果和伤害，能够明白事理，学会分辨是非黑白，自愿服从管理，接受改造。即使对于违反法规和纪律而需要给予处罚的罪犯，在进行处罚时，也要让罪犯清楚对于其进行处罚的原因、事实和法律根据，使罪犯能够心服口服，而不是勉强或者抗拒地接受处罚，甚至在处罚的过程中进行对抗，造成其他不良后果。

（3）实行区别对待方针，根据每个罪犯的个人性格、犯罪种类、人身危险程度等，采取不同的教育方法。

（四）个别化原则

个别化原则是指在刑罚执行过程中，根据罪犯本人的具体情况，给予不同的处罚，采取不同的教育改造方法。其中所说的本人的具体情况，即根据罪犯的年龄、性别、性格特点、文化程度、生理状况、犯罪性质及情节、罪行严重程度及人身危险性大小、受刑种类与刑期等。

个别化原则主要体现在以下几个方面。

（1）管理个别化。我国的监狱根据罪犯的不同类型，实行分管分押的制度。对此，《监狱法》第39条规定："监狱对成年男犯、女犯和未成年犯实行分开关押和管理，对未成年犯和女犯的改造，应当照顾其生理、心理特点。监狱根据罪犯的犯罪类型、刑罚种类、刑期、改造表现等情况，对罪犯实行分别关押，采取不同的方式管理。"实践证明，实行分管分押，有利于防止罪犯的"交叉感染"，保证和提高行刑质量。同时，在日常生活管理中采用个别化管理，对不同类型的罪犯尽量实行区别对待，能够使刑罚执行工作更有针对性，更好地提高管理工作的效率。

（2）改造个别化。改造个别化包括劳动改造的个别化和教育改造的个别化。劳动改造个别化要求刑罚执行机关根据罪犯的身体条件、个人特长、文化程度等因素，分配适当工种，制定合理定额。《监狱法》第4条规定："监狱对罪犯应当依法监管，根据改造罪犯的需要，组织罪犯从事生产劳动，对罪犯进行思想教育、文化教育，技术教育。"根据罪犯的具体情况，安排罪犯能够胜任的工种和劳动强度，首先能够减少罪犯对于劳动的抵触心理，避免罪犯因为抵触而产生消极怠工，甚至在劳动中故意出差错、闹事、毁坏工具的情况发生；其次有助于罪犯通过劳动产生成就感，明白劳动改造的真正意义所在。

教育改造个别化是指在对罪犯进行教育改造的过程中，要根据罪犯认罪态度和思想改造的难易程度，采取不同的教育方式。在教育改造中，刑罚执行机关要根据罪犯的年龄、文化程度、个人自身经历、对于事物的看法和态度等，安排适合罪犯学习的教育内容，制订矫治方案。

（3）奖惩个别化。《监狱法》第56条规定："监狱应当建立罪犯的日常考核制度，考核的结果作为对罪犯奖励和处罚的依据。"我国监狱中的奖惩包括刑罚奖惩、行政奖惩和经济奖惩等。有奖有罚，才能既让罪犯遵守法律法规和监狱的规章制度，同时又能够给罪犯及时的鼓励与促进，从正面引导罪犯积极改造。

奖惩的依据是罪犯日常考核的结果，因此，刑罚执行机关在对罪犯进行考核的过程中，要充分考虑罪犯之间的差异，在考核指标的确定、考核活动的进行、奖惩方法的选择和奖惩手段的适用等方面采用个别化的方式，使考核结果能够反映罪犯的真实情况。同时，使罪犯能够在受到处罚时真正感受到痛苦，在奖励时尽可能使用罪犯最需要和迫切获得的奖励形式，这样，才能最大限度地发挥奖惩制度的作用，最大限度地促进罪犯改造。

（五）社会化原则

社会化原则是指在刑罚执行过程中要尽可能创造出类似于正常社会的环境和利用社会资源改造罪犯的原则。刑罚执行社会化包括三个方面的内容，即执行刑罚场所社会化、执行刑罚主体社会化、执行刑罚内容社会化。这一原则要求刑罚执行机关要做到以下几个方面。

1. 营造社会化的服刑环境

服刑环境社会化，指的是服刑场所（监狱和其他监禁刑执行场所）为使罪犯在更加贴近外部社会的监狱环境中改造、服刑，尽可能缩小服刑场所与正常社会环境的差距，让罪犯的服刑改造环境更加贴近外部社会环境。若服刑场所的环境与外部社会的环境差异过大甚至完全不同，极大程度上增加扭曲罪犯的心理健康、异化罪犯的行为模式的可能性，而罪犯异常的心理和行为，将直接为其出狱后重新回归社会造成极大的阻碍。

2. 加强罪犯与外界的沟通、联系与交流

被监禁的罪犯与外界的社会联系是多样且紧密的，这些联系从多个方面和角度极大地影响着罪犯的服刑改造，尤其是对其心理的影响。刑罚执行机关一定要高度重视这种联系，更好地让罪犯在更加平稳的情绪下服刑、接受改造，从而提高罪犯改造的效果，更好地达到刑罚执行的根本目的。同时刑罚执行机关在履行基本职责的前提下，尽可能为罪犯与外界联系提供更加通畅、便利的通道，帮助、鼓励失去自由的罪犯与外界的家人、亲属、朋友和其他人员的正常联系，让他们之间沟通、交流、信息传递的途径和机会得到拓宽，进一步为罪犯服刑期满后融入社会、回归社会起到推动作用。

3. 利用社会资源改造罪犯

刑罚执行机关要尽可能充分调动多样的社会资源，提升对罪犯的管理水平，使罪犯实现更好的改造效果。为此，要做到以下几点。

（1）借鉴并使用当前先进的管理方法和技术，对罪犯进行科学有效的管理。例如，充分利用信息技术、计算机、网络和前沿科技手段，借鉴、重视使用当前先进、科学、高效的人力资源管理手段，提升罪犯的管理效果。

（2）充分使用社会上的各类教育资源，对罪犯进行教育。例如，聘请社会上的专业人员到服刑场所开展罪犯教育活动，特别是对罪犯进行高水平的职业技能培训，使罪犯掌握一定的职业技能，为他们回归社会自主创业创造条件。

（3）与社会心理咨询机构联动，配合服刑场所心理咨询人员，共同对罪犯进行心理矫正、治疗活动，处理罪犯在不同阶段出现的心理问题。

（4）借鉴、采纳社会上的正向因素，帮助和改造罪犯。例如，与社会上的有关部门、组织机构、社会团体等合作，拓宽罪犯改造活动的多样性，同时让罪犯对回归社会充满向往和期待，并以此增强罪犯悔过自新的决心和信心，为刑罚的顺利进行奠定良好的基础。

 思 考 题

1. 刑罚执行的特征是什么？
2. 刑罚执行的原则及其要求？

案例分析[①]

李某，男，31 岁，因严重刑事犯罪被判处死刑，缓期二年执行。2020 年 8 月，李某进入某监狱服刑。通过心理分析表明李某与他人有疏离感，负罪感强烈，心理压力较大，内心铺设了层层防线，极易陷入自我封闭状态，失去自我价值感。经过论证，监狱成立精准教育转化小组，开展行动，干警深入开展个别教育谈话，严格落实各项管理措施，高度关注李某日常动态，寻找突破口。正当干警一筹莫展之时，一张"点歌单"出现了。点歌单是"善德"广播电台设置的栏目。李某的点歌单上有这样一段话："点一首《别哭，我亲爱的人》祝福母亲、女儿健康快乐每一天。"通过歌曲寄托对家人的思念，忏悔自己的罪行。种种迹象表明，亲情是李某生存下去的精神支柱。

然而，几番谈话下来，干警却遇到了瓶颈，李某不愿说，能不能写呢？顺着这个思路，干警开始引导李某写出自己的心路历程。没想到，这一写就是一万两千多字，为打破僵局、赢取主动，奠定了基础。李某的心路历程中有一段辍学的描述，能够集中体现李某的行为逻辑。干警利用萨提亚冰山疗法对此进行精神分析。以"辍学"这个行为为原点，通过六步设问，一层层剥开问题的根源。

同时，监区长第一时间带队前往李某家中进行走访，利用"亲情云"实现了李某与家人的视频连线。一次又一次的走访也让李某的母亲和女儿熟悉了干警的身影。临行前，女儿将前不久写给父亲的信，交到了干警们手中。

从一张歌单到一万两千多字的心路历程，从亲情连线到箱庭疗愈，从视频里母亲声泪俱下的嘱托，到书信中女儿质朴深情的话语，干警大量耐心细致的工作环环相扣，一点一滴直攻李某的内心。李某的心门被干警们打开了。

本案例的刑罚执行过程中主要体现了刑罚执行的哪些原则及具体内容？

---

① 司法部发布《监狱工作指导案例》之"山东省泰安监狱罪犯李某精准教育转化案例"。

第十三章

各种刑罚的执行

学习要点

刑罚的执行具体包括生命刑立即执行；死刑缓期执行、无期徒刑、有期徒刑的执行；拘役、剥夺政治权利、驱逐出境的执行；管制、缓刑、假释、暂予监外执行的执行；罚金、没收财产的执行。

重点问题

1. 生命刑执行的原则
2. 生命刑立即执行的程序
3. 自由刑的执行程序
4. 财产刑的执行程序
5. 资格刑的执行程序

第一节 生命刑的执行

一、生命刑执行的原则

党的二十大报告指出，我国的国家安全得到全力加强。共建共治共享的社会治理制度进一步健全，民族分裂势力、宗教极端势力、暴力恐怖势力得到有效遏制，扫黑除恶专项斗争取得阶段性成果。在这些伟大的变革和成果实现过程中，中国的死刑执行制度有着积极的作用，尤其是对于暴力恐怖犯罪、黑恶势力犯罪方面起到了极大的惩罚及震慑效果。当然我国的生命刑执行也有着严格的执行原则，主要包括以下内容。

（一）谨慎原则

这一原则要求在生命刑立即执行的最后阶段认真审查，严防错杀。必须按照我国刑事立法关于死刑立即执行的有关规定，做到：（1）除由最高人民法院所作的死刑判决外，未经最高人民法院核准的死刑判决不得执行。（2）没接到执行死刑的命令，不得执行。（3）执行死刑前必须依法严格审查，审查发现判决可能有错误或者发现罪犯有揭发重大犯罪事实或者有其他重大立功表现，或者发现罪犯正在怀孕，都应当停止执行，并且立即报告最高人民法院，由最高人民法院作出裁定。（4）临刑前必须按照《刑事诉讼法》第263条的规定对罪犯验明正身。在执行前，如果发现可能有错误，应当暂停执行，报请最高人民法院裁定。

（二）禁止示众的原则

这一原则要求在生命刑执行时，不能采用有辱受刑人人格，侵犯人权，残暴、野蛮的做法。对此，《刑事诉讼法》第263条第5款专门规定："执行死刑应当公布，不应示众。"

（三）人道主义原则

人道主义原则要求生命刑的执行尽可能采用减少死刑罪犯痛苦的执行方式，禁止使用残酷的死刑执行手段。为减少罪犯痛苦，我国刑事诉讼法明确规定，死刑采用枪决或者注射等方法执行，以尽量减轻受刑人肉体上的痛苦。这是刑罚文明、人道的要求，也反映了刑罚以预防犯罪而不是增加罪犯的痛苦为目的。

二、生命刑立即执行

生命刑立即执行，即死刑立即执行，是相对于死刑缓期执行而言的，是指法院宣判死刑，并经过法律规定的必要程序，死刑判决便付诸实施。死刑立即执行，从宣告判决到实际执行，其间要经过死刑核准、等待签发执行死刑命令等死刑执行程序。收到最高人民法院执行死刑的命令后，执行的法院要在7日之内执行死刑。

（一）生命刑立即执行的依据

根据法律规定，生命刑立即执行的依据包括：（1）由最高人民法院判处和核准的死刑立即执行的判决；（2）由最高人民法院院长签发的执行死刑命令。即是说，只有根据生效的死刑判决和最高人民法院院长签发的执行死刑命令，才能执行死刑。

（二）生命刑立即执行的执行主体

根据我国有关法律的规定，除了最高人民法院直接判决的死刑立即执行的案件之外，其他死刑立即执行案件在最高人民法院院长签发执行死刑的命令后，均由高级人民法院交付第一审人民法院执行。

（三）生命刑立即执行的执行方法

生命刑立即执行的方法，经历了长期的历史发展过程。最初很多生命刑的执行方式极为残忍，如古代欧洲曾经有过蛇坑、压碎、钉十字架、活埋等，随着人类社会及法治理念由野蛮、残暴逐步走向文明、人道，生命刑执行方法也随之发生了很大的变化，这些变化也是人类社会刑罚发展的缩影和代表。从世界各国来看，近现代生命刑立即执行的方法主要有以下几种。

（1）枪决，是指用枪弹射击罪犯身体致其死亡的执行方法。这种方法是当今世界执行死刑最为通行的方法，也是我国长期使用的死刑执行方法。

（2）注射，是指通过向罪犯身体注射致命性药物致其死亡的执行方法。这种方法可以减少罪犯的肉体痛苦，现在越来越多地在死刑执行时使用。

（3）毒杀，是指将罪犯置于特制的毒气室内，然后向毒气室内释放毒气将其毒死的执行方法。

（4）电刑，是指采用特殊手段以电流猛击罪犯身体致其死亡的执行方法。通常是将罪犯置于特制的椅子上，通电致死。

（5）绞刑，是指使用绳索勒紧罪犯的颈部致其窒息死亡的执行方法。中世纪时，英国、法国、德国等欧洲国家多采用这一方法，至今仍有一些国家保留着这一方法。

我国1979年刑法和刑事诉讼法中都规定，死刑采用枪决的方法执行。1996年和2012年、2018年修订的刑事诉讼法明确规定，死刑采用枪决或者注射等方法执行。枪决和注射的死刑执行方法，是当今世界执行死刑的最文明的两种方法。两者比较而言，注射行刑集中体现了当代高新技术成果，生理上属于无痛致死，并且它改变了枪决执行的血腥场面，既体现了法律尊严，也满足了人道主义需求。与枪决执行相比，注射行刑更文明，更人道。

（四）生命刑立即执行的执行场所

根据《刑事诉讼法》第263条第3款的规定："死刑可以在刑场或者指定的羁押场所内执行。"执行死刑的人员，应该严格控制执行死刑的场所，除了依法参与死刑执行工作的执行人员以外，禁止其他任何人进入刑场。

（五）生命刑立即执行的程序

1. 签发执行死刑命令

《刑事诉讼法》第261条第1款规定："最高人民法院判处和核准死刑立即执行的判决，应当由最高人民法院院长签发执行死刑的命令。"

2. 执行死刑的准备

《刑事诉讼法》第262条第1款规定："下级人民法院接到最高人民法院执行死刑的命令后，应当在7日以内交付执行。"接到执行死刑命令后，负责执行的人民法院应做好相关的准备工作。主要包括：（1）确定执行死刑的具体日期、执行死刑的场所及执行死刑的方法；（2）确定执行死刑的工作人员——指挥人员、参与人员及具体执行人员；（3）在交付执行3日前通知同级人民检察院派员临场监督；（4）其他应作的准备工作。

3. 执行死刑的步骤

执行死刑的步骤主要有以下几点。

（1）询问罪犯是否会见近亲属。根据2021年最高人民法院《关于适用〈中华人民共和国刑事诉讼法〉的解释》（以下简称"最高法院《解释》"）第505条的规定，第一审人民法院在执行死刑前，应当告知罪犯有权会见其近亲属。罪犯申请会见并提供具体联系方式的，人民法院应当通知其近亲属。确实无法与罪犯近亲属取得联系，或者其近亲属拒绝会见的，应当告知罪犯。罪犯申请通过录音录像等方式留下遗言的，人民法院可以准许。罪犯近亲属申请会见的，人民法院应当准许并及时安排，但罪犯拒绝会见的除外。罪犯拒绝会见的，应当记录在案并及时告知其近亲属；必要时，应当录音录像。罪犯申请会见近亲属以外的亲友，经人民法院审查，确有正当理由的，在确保安全的情况下可以准许。罪犯申请会见未成年子女的，应当经未成年子女的监护人同意；会见可能影响未成年人身心健康的，人民法院可以通过视频方式安排会见，会见时监护人应当在场。会见一般在罪犯羁押场所进行。会见情况应当记录在案，附卷存档。

（2）验明正身，讯问有无遗言、信札。执行死刑前，根据《刑事诉讼法》第263条第4款规定，指挥执行死刑的审判人员，必须对将要执行死刑的罪犯验明正身。即认真核对被执行人的姓名、性别、年龄、籍贯、基本犯罪事实及其他情况，确保被执行的人就是判决、裁定所确定的死刑罪犯，以防止错杀；还要询问罪犯有无遗言、信札，并制作笔录，然后交付执行人员执行死刑。验明正身是死刑执行程序中防止错杀的最后一道程序，在对于罪犯所有应核情况确认无误的情况下，才能对该罪犯执行死刑。

（3）停止执行或暂停执行。根据《刑事诉讼法》第262条规定，死刑执行前发现有下列情形之一的，应当停止执行，并且立即报告最高人民法院：执行前发现判决可能有错误的；执行前罪犯揭发重大犯罪事实或者有其他重大立功表现，可能需要改判的；执行前发现罪犯正在怀孕的。在停止执行的情况下，执行死刑的人民法院应当立即用书面形式报告核准死刑的最高人民法院，由院长签发停止执行死刑的命令。经过审查核实，如果认为原判决是正确的，必须报请核准的人民法院再签发执行死刑命令，才能执行。如果查明罪犯确实是正在怀孕的妇女，应当报请核准死刑的人民法院依法改判。

（4）执行死刑。对罪犯验明正身后，未发现法律规定的应当停止执行的情况，应在审判人员的指挥下，由执行人员对罪犯执行死刑。

（5）检验尸体，制作笔录、书面报告。执行枪决或者注射之后，由指挥执行的审判人员和临场监督的检察人员负责检验尸体，有法医的可由法医协助验尸，验明罪犯确实死亡后，由书记员当场制作执行笔录。笔录应当记明执行死刑的具体情况，包括执行的时间、场所、方法、指挥执行死刑人员的姓名、临场监督的人民检察院检察人员的姓名、执行死刑的其他具体情况等。上述参与指挥、执行、监督的人员及书记员均应在笔录上签名。交付执行的人民法院应当将执行死刑的情况写出具体报告，并附上执行死刑前后的照片等，及时逐级上报核准执行死刑的最高人民法院。

（6）执行善后。根据最高法院《解释》第510条规定，执行死刑后，负责执行的人民法院应当办理以下事项：①对罪犯的遗书、遗言笔录，应当及时审查；涉及财产继承、债务清偿、家事嘱托等内容的，将遗书、遗言笔录交给家属，同时复制附卷备查；涉及案件线索等问题的，抄送有关机关。②通知罪犯家属在限期内领取罪犯骨灰；没有火化条件或者因民族、宗教等原因不宜火化的，通知领取尸体；过期不领取的，由人民法院通知有关单位处理，并要求有关单位出具处理情况的说明；对罪犯骨灰或者尸体的处理情况，应当记录在案。③对外国籍罪犯执行死刑后，通知外国驻华使领馆相关程序和时限，根据有关规定办理。

4. 生命刑立即执行的监督

根据《刑事诉讼法》第 263 条及 2019 年 12 月 30 日起施行的《人民检察院刑事诉讼规则》（以下简称最高检察院《规则》）的规定，人民法院将罪犯交付执行死刑前，应当通知同级人民检察院派员临场监督。其具体程序为：（1）人民法院应当在交付执行 3 日前通知同级人民检察院；（2）在执行死刑时，人民检察院应当派员临场监督；（3）人民检察院收到同级人民法院执行死刑临场监督通知后，应当查明同级人民法院是否收到最高人民法院核准死刑的判决或者裁定和执行死刑的命令；（4）临场监督执行死刑的检察人员应当依法监督执行死刑的场所、方法和执行死刑的活动是否合法。根据最高检察院《规则》第 649 条的规定，在执行死刑前，发现下列情形之一的，应当建议人民法院立即停止执行：（1）被执行人并非应当执行死刑的罪犯的；（2）罪犯犯罪时不满 18 周岁的，或者审判的时候已满 75 周岁，依法不应当适用死刑的；（3）罪犯正在怀孕的；（4）共同犯罪的其他犯罪嫌疑人到案，共同犯罪的其他罪犯被暂停或者停止执行死刑，可能影响罪犯量刑的；（5）罪犯可能有其他犯罪的；（6）罪犯检举、揭发他人重大犯罪事实或者有其他重大立功表现，可能需要改判的；（7）判决、裁定可能有影响定罪量刑的其他错误的。在执行死刑过程中，人民检察院临场监督人员根据需要可以进行拍照摄像；执行死刑后，人民检察院临场监督人员应当检查罪犯是否确已死亡，并填写死刑临场监督笔录，签名后入卷归档。

三、生命刑缓期执行

（一）生命刑缓期执行的执行主体

监狱是我国死刑缓期执行的执行主体。判处死刑缓期二年执行的罪犯，由公安机关依法将该罪犯送交监狱执行刑罚。

（二）生命刑缓期执行的期间及起算

1. 死刑缓期执行期间起算

死刑缓期执行的期间，从判决或者裁定核准死刑缓期执行的法律文书宣告或者送达之日起计算。因此，罪犯在判决生效后尚未送监执行的期限应当计入二年考验期内；但是对罪犯在判决生效前先行羁押的日期不能折抵在二年考验期内。

2. 死刑缓期二年执行的法律后果及刑期计算

根据《刑法》第50条、《刑事诉讼法》第261条第2款的规定以及当前的司法实践，被判处死刑缓期二年执行的罪犯，依据其在死刑缓期执行期间的表现，死缓判决可作变更，主要有以下几种情形：第一，死刑缓刑考验期内故意犯罪，情节恶劣的，应当层报最高人民法院核准执行死刑。第二，死刑缓刑考验期内故意犯罪，情节不是非常恶劣的，死刑缓期执行的期间应当重新计算，并层报最高人民法院备案。备案不影响判决、裁定的生效和执行。第三，罪犯在死刑缓期执行期间，如果没有故意犯罪，二年期满以后，减为无期徒刑。第四，罪犯在死刑缓期执行期间，如果确有重大立功表现，二年期满以后，减为25年有期徒刑。

死缓减为有期徒刑的，刑期从死刑缓期执行二年考验期满之日起计算，二年考验期和死缓判决前的羁押期间，都不能折抵徒刑的刑期。死缓减为无期徒刑的，则不发生刑期计算问题。对于故意犯罪未执行死刑的，死刑缓期执行的期间重新计算。

第二节　自由刑的执行

我国的刑罚体系中，自由刑分为剥夺自由刑和限制自由刑，刑种包括管制、拘役、有期徒刑、无期徒刑四种。其中，拘役、有期徒刑、无期徒刑均属于剥夺自由刑，是在特定监管场所内执行刑罚；管制属于限制自由刑，则是在社会上执行刑罚。

一、管制刑的执行

（一）管制刑的执行主体

管制刑是对罪犯不予关押，但限制其一定自由，依法实行社区矫正的一种刑罚。因此，管制刑的执行主体是社区矫正机构。

（二）管制刑的执行期间计算

根据《刑法》第 41 条规定，管制的刑期从判决执行之日起计算。判决执行前先行羁押的，羁押 1 日折抵刑期 2 日。

（三）管制刑的执行程序

根据最高法院《解释》第 519 条及其他相关规定，管制刑的执行程序主要包括以下几点。

1. 确定社区矫正执行地

对被判处管制的罪犯，人民法院应当依法确定社区矫正执行地。社区矫正执行地为罪犯的居住地；罪犯在多个地方居住的，可以确定其经常居住地为执行地；罪犯的居住地、经常居住地无法确定或者不适宜执行社区矫正的，应当根据有利于罪犯接受矫正、更好地融入社会的原则，确定执行地。

2. 告知管制犯报到

宣判时，人民法院应当告知罪犯自判决、裁定生效之日起 10 日以内到执行地社区矫正机构报到，以及不按期报到的后果。

3. 通知社区矫正机构和送达法律文书

人民法院应当自判决、裁定生效之日起 5 日以内通知执行地社区矫正机构，并在 10 日以内将判决书、裁定书、执行通知书等法律文书送达执行地社区矫正机构，同时抄送人民检察院和执行地公安机关。人民法院与社区矫正执行地不在同一地方的，由执行地社区矫正机构将法律文书转送所在地的人民检察院和公安机关。

4. 接收管制刑罪犯

在社区服刑的管制刑罪犯，由执行地社区矫正机构接收。被判处管制的罪犯，自判决、裁定生效之日起 10 日以内到执行地社区矫正机构报到。接收罪犯的社区矫正机构应当进行登记，并让罪犯填写有关表格，将其列入社区矫正的管理监督对象。接收标志着管制刑执行的开始。

5. 考核奖惩

社区矫正机构应当按照法律规定对在社区服刑的管制刑罪犯进行监督、考核，并根据法律的相关规定予以奖惩。

6. 解除管制

管制期满，社区矫正机构应立即向本人和其所在单位或者居住地的群众宣布

解除管制。被判处管制的罪犯，管制期满前的一定期限内，一般为 10 天到 15
天，由负责执行的社区矫正机构对罪犯的表现作出书面鉴定；管制期满当日，在
罪犯本人、居住地的公安机关（派出所）、当地街道居委会或村委会、检察机关、
社区矫正工作人员的参加下，由社区矫正机构宣布管制期满，解除管制。

（四）管制刑执行的内容及方法

管制刑执行主要实行的是社区矫正的方式，因此，管制刑执行的内容和方法
主要依据《中华人民共和国社区矫正法》和《中华人民共和国社区矫正法实施
办法》执行。

（五）罪犯在管制刑执行期间的权利和义务

根据《刑法》第 39 条的规定，被判处管制刑的犯罪分子，在执行期间应当
遵守的规定有：遵守法律、行政法规，服从监督；未经执行机关批准，不得行使
言论、出版、集会、结社、游行、示威自由的权利；按照执行机关规定报告自己
的活动情况；遵守执行机关关于会客的规定；离开居住的市、县或者迁居，应当
报经执行机关批准。

被判处管制刑的犯罪分子在刑罚执行期间，除法律规定的管制刑期间的特别
义务外，享有和其他公民同样的权利，参加劳动的，在劳动中实行同工同酬。

二、拘役刑的执行

（一）拘役刑的执行主体及执行场所

根据《刑法》第 43 条第 1 款，拘役的执行机关是公安机关，并且要求就近
执行。"就近执行"的规定始于 1979 年刑法，为了落实这一执行要求，全国各地
原则上设置了拘役所。但在 2005 年，公安部发布《关于做好撤销拘役所有关工
作的通知》，撤销拘役所。目前，对于拘役犯，多由所在市、县的看守所执行。
但必须将被判处拘役的罪犯单独编队或编组，不能与其他罪犯或未决犯混合关押
和管理。

（二）拘役刑的执行期间计算

《刑法》第 44 条规定，拘役的刑期，从判决执行之日起计算。判决执行以

前先行羁押的，羁押 1 日折抵刑期 1 日。先行羁押，既包括因同一犯罪行为被逮捕、刑事拘留而羁押外，还包括因同一行为而被行政拘留、被海关扣留等剥夺人身自由的措施。此外，指定居所监视居住的，监视居住 2 日折抵拘役 1 日。被留置人员涉嫌犯罪移送司法机关后，被依法判处拘役的，留置 1 日折抵拘役 1 日。

（三）拘役刑执行的程序

根据最高法院《解释》，对于判处拘役的罪犯，第一审人民法院应当在判决、裁定生效后 10 日以内，将判决书、裁定书、起诉书副本、自诉状复印件、执行通知书、结案登记表送达公安机关。执行通知书回执经看守所盖章后，应当附卷备查。

拘役犯刑期届满，执行机关应按照法定程序及时予以释放，并出具相应的释放证明。

（四）拘役刑执行的内容和方法

拘役执行的内容和方法，同样也和有期徒刑的内容和方法一样，主要包括狱政管理和教育改造等。

我国刑法没有规定有劳动能力的拘役犯在服刑期间，都必须参加劳动，这与有期徒刑罪犯的规定不同[1]。但是，《刑法》第 43 条第 2 款规定，在执行期间，被判处拘役的罪犯参加劳动的，可以酌量发给报酬。当然，从教育矫正罪犯，提高罪犯适应社会生活能力的角度出发，应当创造条件，提倡和鼓励有劳动能力的拘役刑罪犯参加劳动。

（五）拘役刑罪犯的权利和义务

1. 拘役刑罪犯的权利

刑罚执行期间的拘役刑罪犯，除享有人身权和健康权、申诉权，控告权、检举权等各项权利外，还享有以下权利。

（1）每月可以回家 1 天至 2 天，路途较远或者交通不便的，还可以集中使用，且每月回家的天数，应当计算在刑期之内。实践中，究竟准不准许罪犯回家，还要根据罪犯在服刑期间的表现以及其他有关情况来决定。对此，2001 年 1

---

[1]　马克昌主编：《刑罚通论》，武汉大学出版社 1995 年版，第 198~200 页。

月31日公安部公布的《关于对被处拘役的罪犯在执行期间回家问题的批复》作了如下规定：①应当根据拘役犯在服刑期间的表现以及准许其回家是否会影响剩余刑期的继续执行等情况综合考虑，由负责执行的拘役所、看守所提出建议，报其所属的县级以上公安机关决定。对于准许回家的罪犯，如果其在决定机关辖区内有固定住处的，可允许回固定住处，没有固定住处的，可在决定机关为其指定的居所每月与其家人团聚1天至2天。②对于被判处拘役的外国籍罪犯提出回家申请的，由地级以上公安机关决定，并由决定机关将有关情况报上级公安机关备案。对于准许回家的，应当发给回家证明，告知其应当按时返回监管场所和不按时返回将要承担的法律责任，并将准许回家的决定送同级人民检察院。③拘役所、看守所根据被判处拘役的罪犯在服刑及回家期间的表现，认为不宜继续准许其回家的，应当提出建议，报原决定机关决定。对于被判处拘役的罪犯在回家期间逃跑的，应当按照《刑法》第316条的规定，以脱逃罪追究其刑事责任①。

（2）参加劳动的，可以酌量发给报酬。在拘役刑的执行中，有条件的执行机关应组织拘役犯从事力所能及的劳动，并按照刑法的规定"酌量发给报酬"。报酬的多少，要根据罪犯的劳动态度、劳动质量、劳动数量以及执行机关通过罪犯劳动所得的收入情况予以确定。

2. 拘役刑罪犯的义务

（1）遵守法律、法规和监规纪律，接受监狱管理和教育的义务。我国《监狱法》第7条第2款规定："罪犯必须严格遵守法律、法规和监规纪律，服从管理，接受教育，参加劳动。"

（2）接受劳动改造的义务。《监狱法》第69条规定："有劳动能力的罪犯，必须参加劳动。"虽然我国刑法没有明确规定拘役犯在服刑期间必须参加劳动，但提倡和鼓励有劳动能力的拘役刑罪犯参加劳动。

（3）爱护国家财产，保护监狱公共设施的义务。

（4）维护正常改造秩序，自觉接受改造的义务。

（5）检举违法犯罪活动的义务。

（6）遵守《监狱服刑人员行为规范》的义务。

---

① 侯国云主编：《刑罚执行问题研究》，中国人民公安大学出版社2005年版，第204～205页。

三、徒刑的执行

徒刑的执行包括有期徒刑的执行和无期徒刑的执行。

（一）徒刑的执行主体和场所

根据《刑事诉讼法》第264条规定，对被判处无期徒刑、有期徒刑的罪犯，由公安机关依法将该罪犯送交监狱执行刑罚。对被判处有期徒刑的罪犯，在被交付执行刑罚前，剩余刑期在三个月以下的，由看守所代为执行。对未成年犯应当在未成年犯管教所执行刑罚。

应当注意的是，在监狱执行有期徒刑的罪犯，如果具备《刑事诉讼法》第265条规定的情形之一的，应暂予监外执行。这就出现了执行场所的变更问题，执行机关也相应发生变更。

在交付执行前，暂予监外执行由交付执行的人民法院决定；在交付执行后，暂予监外执行由监狱或者看守所提出书面意见，报省级以上监狱管理机关或者设区的市一级以上公安机关批准。

（二）徒刑执行的期间计算

《刑法》第47条的规定，有期徒刑的刑期从判决执行之日起计算。判决执行以前先行羁押的，羁押1日折抵刑期1日。无期徒刑无先行羁押时间的折抵问题。

（三）徒刑执行的程序

根据监狱法的规定以及刑罚执行的实践要求，很多省份也都制定了本省的《监狱法实施细则》，明确了徒刑执行的程序如下。

1. 收监

（1）对于被判处徒刑的罪犯，在收监时存在两种情形，一是在判决、裁定生效时在押的，人民法院应当在判决、裁定生效后10日内，将判决书、裁定书、起诉书副本、自诉状复印件、执行通知书、结案登记表送达看守所，再由公安机关将罪犯交付执行；二是判决、裁定生效前未被羁押的，人民法院应当根据生效的判决书、裁定书先将罪犯送交看守所羁押，再按照第一种情形交付执行。

（2）看守所自收到执行通知书、判决书之日起 1 个月内将该罪犯送交监狱执行刑罚。剩余刑期在 3 个月以下的，由看守所代为执行。

（3）收监执行刑罚。①监狱要审查收监罪犯的法律文件是否齐全。收监罪犯必须具有交付执行的人民法院将人民检察院的起诉书副本、人民法院的判决书、执行通知书、结案登记表，与罪犯同时送达监狱。监狱没有收到上述文件的，不得收监；上述文件不齐全或者记载有误的，作出生效判决的人民法院应当及时补充齐全或者作出更正；对其中可能导致错误收监的，不予收监。②对收监罪犯检查身体。如有不符合收监情况的罪犯，监狱应当书面说明理由，由公安机关将执行通知书退回人民法院，人民法院经审查认为监狱不予收监的罪犯符合《刑事诉讼法》第 265 条规定的暂予监外执行条件的，裁定暂予监外执行。③检查收监罪犯人身和所携带的物品。非生活必需品，由监狱代为保管或者征得罪犯同意退回其家属，违禁品予以没收。女犯由女性人民警察检查。④做好入监登记，详细填写《罪犯收监登记表》。填写时，要重点对罪犯个人情况如姓名、曾用名、籍贯、简历、同案犯的基本情况等进行核对，并对罪犯进行拍照，提取指纹，建立指纹档案，同时对罪犯明显的体貌特征也要进行详细记载。⑤通知罪犯家属。监狱应当在罪犯收监之日起 5 日内，将罪犯收监的日期、服刑所在监狱的地址、通信地址、接见日期等通知罪犯家属。

2. 狱政管理

监狱先要对罪犯进行入监教育、服刑改造教育、服刑改造生活指导、心理测试、适应性训练等新入监的管理工作，以保证罪犯了解监狱管理的内容及规定，在狱政管理的过程中要做到对罪犯实行严格的管理，对罪犯实行劳动和教育改造，开展狱内管理的各项活动，依法执行刑罚。

3. 临近刑释人员的教育和管理

罪犯在临近刑满释放时，心理会产生很大的波动，新入监时期和刑满释放之前的一段时间是罪犯最容易出现心理问题并产生难以管理行为的时间段，因此，这段时间的管理和教育尤为关键，对于保证监狱的安全和刑释人员顺利融入社会有着重要的作用。临近刑释人员的教育管理工作主要包括以下几点。

（1）做好出监教育。尤其对于长期刑的罪犯，他们长期与社会隔绝，对于刑释之后的生活既有期待，更多的是担心、恐惧和不安，此时要对罪犯进行有针对性的出监教育，让罪犯了解社会现状，解除他们的不安，并为他们未来的生活提出建议。

（2）帮助做好刑释后的安置准备。监狱应在罪犯刑满前 1 个月，将包含罪犯改造评估意见、刑满释放时间、本人职业技能情况、回归社会择业意向、帮教建议等内容的《刑满释放人员通知书》，寄送至服刑人员原户籍所在地的县级公安机关和司法行政机关，并帮助协调服刑人员的安置和生活等问题。

4. 刑满释放

在罪犯刑期届满之日办好释放手续，宣告释放。具体包括以下几点。

（1）办理释放审批手续。监狱释放罪犯时，要进行出监鉴定，并填写《罪犯出监鉴定表》。

（2）发放回家的路费与伙食费。同时，如在罪犯入监时有个人物品由监狱代为保管，监狱应当归还给罪犯本人。

（3）出具《释放证明书》。该释放证明书分为正本、副本与存根。正本发给释放人员本人，作为刑释人员合法释放的法律证明，副本送刑满释放人员安置落户所在地的公安机关，存根由监狱保留。

（四）徒刑执行的内容和方法

1. 对罪犯进行严格的管理

在监狱中服刑罪犯除死刑缓期执行外，均是被判处有期徒刑、无期徒刑的罪犯，相比较于其他限制自由刑的罪犯，其罪行相对严重，犯罪后果恶劣，为了维护监狱的监管秩序，更是为了刑罚目的的实现，让这些罪犯改过自新，不再具有社会危害性，在刑罚执行的过程中就必须对他们进行严格的管理，要严格按照法律法规以及监规监纪进行监督和管理。

2. 对罪犯进行劳动改造

《监狱法》第 69 条规定："有劳动能力的罪犯，必须参加劳动。"劳动改造是刑罚执行中最基本的内容，对罪犯进行劳动改造，能够让他们明白一衣一食得来不易，矫正他们好逸恶劳、好吃懒做的恶习，养成良好的行为习惯，有效地转化罪犯的思想，使之树立自食其力的正确人生观、价值观和道德观。同时，在劳动改造的过程中，可以根据罪犯的特点进行技能培训，使罪犯在监狱中能够学到一技之长，监狱还会联合相关劳动部门，允许罪犯在监狱服刑期间参加考试，获得社会承认的一些职业证书，为罪犯刑满释放后回归社会，自食其力提供基础和条件。

3. 对罪犯进行教育改造

《监狱法》第 3 条规定："监狱对罪犯实行惩罚和改造相结合、教育和劳动相结合的原则，将罪犯改造成为守法公民。"因此，教育改造和劳动改造一样，都是刑罚执行的基本方式之一。对于罪犯进行改造的最终目标是使罪犯能够真正认识到自己的罪行，真心悔过，能够通过改造成为守法公民。监狱教育改造包括思想教育、文化教育和技术教育三大方面，具体的还包括法治教育、道德教育、心理辅导等内容。教育改造最大的特点是使罪犯在提高认识的基础上主动转变思想，自觉接受改造，并能够掌握一定的文化知识和劳动技能，这个过程中最重要的是使罪犯"自觉、主动"，这也是教育改造的最大难点。近年来，监狱也越来越重视监区文化建设、心理矫治等内容，以提高罪犯教育改造的质量。

4. 依照法律规定对罪犯进行减刑、假释

在有期徒刑和无期徒刑的执行过程中，监狱要注意对服刑罪犯的考察，凡是符合减刑条件的，应当及时予以减刑；凡是符合假释条件的，应当在严格掌握的前提下予以假释，以促进他们自我改造的主动性的发挥，维护监狱的正常监管秩序的稳定。

（五）徒刑执行期间罪犯的权利和义务

徒刑执行期间，罪犯依法享有的权利包括：（1）人格权。主要指身份权、姓名权、名誉权、肖像权等。（2）人身安全权。包括生命权、健康权，但罪犯的人身自由权和通信自由权则受到严格的限制。（3）合法财产权。（4）辩护权和上诉权。（5）申诉权、控告权、检举权。（6）基于罪犯身份所具有的权利。包括获得减刑、假释权；获得保外就医权；未成年罪犯、女犯、老弱病残犯、少数民族罪犯、外籍罪犯等特殊罪犯依法享有特殊待遇的权利；与外界保持一定联系的权利；获得释放证书的权利；刑满释放后享有获得安置和就业的权利。（7）其他权利。除上述权利外，罪犯还享有其他未被剥夺的权利，如没有附加剥夺政治权利的罪犯享有的选举权、受教育权、文化权利、休息权、娱乐权、劳动权等。

罪犯在服刑期间的义务包括：（1）服从国家刑事制裁的义务；（2）遵守国家宪法、法律、法规的义务；（3）接受监督和改造的义务；（4）积极参加劳动生产和工作的义务；（5）其他义务，是指除上述所列义务外，罪犯还必须履行国家法律及有关规定中的其他义务，如爱护公物、讲究卫生、揭发检举违法犯罪行为、同不良现象作斗争等。

第三节 财产刑的执行

一、罚金刑的执行

（一）罚金刑的执行主体

《刑事诉讼法》第 271 条规定："被判处罚金的罪犯，期满不缴纳的，人民法院应当强制缴纳；如果由于遭遇不能抗拒的灾祸等原因缴纳确实有困难的，经人民法院裁定，可以延期缴纳、酌情减少或者免除。"最高法院《解释》第 522 条规定："刑事裁判涉财产部分和附带民事裁判应当由人民法院执行，由第一审人民法院负责执行的机构执行。"据此，我国罚金刑的执行主体是第一审人民法院。

（二）罚金刑的执行方式

罚金刑的执行以犯罪人具有一定金钱为前提，因此罚金刑的执行必须考虑两方面的因素：一是裁量罚金刑时必须考虑犯罪人的履行能力，否则判决只会是"一纸空文"；二是罚金刑只有切实得到执行，才能给予犯罪人强大震慑，实现其惩罚和教育犯罪人的目的。根据我国《刑法》第 53 条的规定，执行的方式主要有主动缴纳、强制缴纳、随时追缴、延期缴纳、酌情减免五种方式。

1. 主动缴纳

主动缴纳又可以分为一次缴纳和分期缴纳两种形式，根据不同犯罪人的具体情况加以适用。对经济情况良好的犯罪人适用一次缴纳，不仅有利于及时执行罚金刑，强化刑罚的威慑功能，还能够减少人民法院执行罚金刑时的工作量。而对暂时经济困难的犯罪人，经过一段时间后完全有能力缴纳全额罚金的，一般采用分期缴纳的方式。

2. 强制缴纳

强制缴纳是指犯罪人有能力支付但超过缴纳期限仍不主动缴纳时，由人民法院强制执行。强制缴纳的形式主要有：一是强制执行犯罪人的劳动所得；二是变卖犯罪人的财产，将获得的金钱用以缴纳罚金；三是若犯罪人利用各种非法手段逃避罚金刑的执行情节严重的，可以以拒不执行判决、裁定罪追究其刑事责任。

3. 随时追缴

随时追缴是指犯罪人在不能全部缴纳罚金的情况下，人民法院在任何时候，发现被执行人有可以执行的财产，应当随时追缴。适用随时追缴同时必须符合下列三种情形：一是犯罪人确有可被执行的财产；二是犯罪人不能全额缴纳罚金；三是犯罪人不适用延期缴纳或减免罚金。随时缴纳制度可以有效解决犯罪人通过非法手段逃避罚金执行的问题，从而充分发挥罚金刑的教育改造功能，对维护法律的尊严和司法的公信力起到了很好的促进作用。

4. 延期缴纳

延期缴纳是指受刑人在规定的期间内不能缴纳罚金时，允许其延续一定的时间缴纳的执行方式。根据《刑法》第 53 条规定，延期缴纳要具备遭遇不能抗拒的灾祸等原因，缴纳确实有困难的前提条件。

5. 酌情减免

酌情减免是指犯罪人确因合理事由造成无法缴纳罚金的，人民法院可以依法裁定酌情减少罚金或免除罚金。犯罪人申请罚金刑的酌情减免必须满足两个条件：一是犯罪人遭遇的灾祸必须给犯罪人的经济情况以重大打击，令其失去缴纳罚金的能力，才可依法对其作出减免罚金的决定；二是犯罪人遭遇的灾祸必须是不以人的主观意志为转移的，如自然灾害、车祸、严重疾病等。倘若犯罪人为了逃避罚金刑的执行，蓄意制造灾祸，则不能对其减免罚金。罚金刑的酌情减免充分保障了犯罪人的人权，体现了以人为本的原则。

在国外，罚金刑的执行方式还有罚金易科。罚金易科是指因非客观不可抗力的原因不能缴纳罚金时，以其他方法如自由刑、训诫等替代罚金刑的执行方式。从各国立法例来看，罚金易科形式有如下几种：一是罚金刑易科训诫，即以训诫方式代替缴纳罚金。二是罚金刑易科劳役，即指受刑人不能缴纳罚金时，易科不剥夺自由的劳动改造以代替罚金的缴纳。三是罚金易科自由刑，是指受刑人不能缴纳罚金时，以自由刑代替罚金。四是以自由劳动偿付罚金，是指在受刑人不能缴纳罚金的情况下，允许受刑人从事一定的不剥夺自由的劳动，以劳动工资来抵偿罚金。

（三）罚金刑的执行期限

《刑事诉讼法》第 259 条规定，"判决和裁定在发生法律效力后执行"。据此，罚金刑的执行开始时间是判决和裁定发生法律效力的时间。最高人民法院

2008 年 12 月颁布的《关于严格执行案件审理期限制度的若干规定》第 5 条规定：“刑事案件罚金刑，应当在判决、裁定发生法律效力后 3 个月内执行完毕，至迟不超过 6 个月。”

（四）罚金刑的执行程序

人民法院在判处罚金时，应当同时规定缴纳的期限，并明确是一次缴纳还是分期缴纳，以便于执行。审判庭根据判决确定的罚金数额、缴纳期限等内容制作执行通知书，连同罚金判决书副本移送法院的执行部门执行。如果出现受刑人没有法定减免事由不按期缴纳罚金的，人民法院应当强制缴纳。强制执行时，法院执行部门要制作强制缴纳决定书送达被执行人，然后在决定书所通知的时间依法采取必要的强制执行措施。如果受刑人出现延期缴纳、减免缴纳的事由，由受刑人及时向法院提出申请，说明理由，申请减免。法院经调查核实，根据具体的情况，作出延期缴纳、减免缴纳的裁定。另外，最高法院《解释》第 530 条规定，被执行财产在外地的，第一审人民法院可以委托财产所在地的同级人民法院执行。

（五）罚金刑执行中存在的问题

我国的罚金刑在执行过程中，存在很多问题，导致罚金刑执行困难，甚至出现执法不规范和违规的情形，主要表现在以下几点。

1. 裁决不合理

许多财产刑犯罪中仅规定罚金刑而无数额上的明确限制，造成审判人员在确定罚金数额时主观随意性比较大，再加上法官缺乏对受罚者财产状况的了解和掌握，使得罚金数额与受罚者支付能力脱节，是采用一次性缴纳还是分期缴纳以及分期缴纳的具体期限难以科学界定，从而造成罚金刑执行困难。

2. 犯罪分子经济状况恶化，造成罚金刑执行困难

有的犯罪分子一贫如洗，没有任何财产可执行；有的犯罪分子及其家属为逃避法律的惩罚，在判决前就把自己的财产转移或隐匿他处，当判决罚金刑后，已无财产可供执行。

3. 执行随意性较大

具体表现有：其一，很多法院根本没有开展罚金刑的执行工作，即使开展了这项工作的也未能将其制度化，因而不具有连续性和稳定性。其二，执行机关不够积极主动，造成部分罚金刑未能及时执行。《刑法》第 53 条规定，对于不能全

部缴纳罚金的，法院在任何时候发现被执行人有可供执行的财产，应当随时追缴。从实践中看，执行机关为了追求结案率，大多是对未发现有财产可供执行的，裁定中止执行。其三，由于法律及司法解释没有规定罚金刑执行的具体程序，各地法院都在自行探索罚金刑的执行方式，在具体做法上难免各行其是，呈现出很大的随意性。

要解决我国罚金执行难的问题，首先，立法机关应尽快完善罚金刑刑事立法中存在的不足，出台相应的司法解释，建立配套和完备的法律法规，从根源上解决执行难问题。如建立对犯罪嫌疑人或被告人财产状况随卷移送制度；完善对犯罪嫌疑人财产调查保全制度等。其次，应当借鉴世界各国关于罚金刑执行制度的先进经验，建立起科学的、符合我国实际的罚金易科制或罚金的替代措施。再有，要灵活运用随时追缴制度，对于处于控制范围内的犯罪分子，可由执行机关请求当地派出所和其所在单位协助监督；对处于非控制范围（主要是跨省或市）的犯罪分子，如果是迁居的，可将判决书移交其迁入地法院监督执行；如果基于工作外出的，可责令在一定期限内报告其收益情况，再由执行机关请示其所在单位及派出所或当地法院协助监督执行。

二、没收财产刑的执行

（一）没收财产刑的执行主体

《刑事诉讼法》第 272 条规定："没收财产的判决，无论附加适用或者独立适用，都由人民法院执行；在必要的时候，可以会同公安机关执行。"据此，没收财产刑由人民法院执行，公安机关辅助执行。

（二）没收财产刑的执行期限

《刑事诉讼法》第 259 条规定："判决和裁定在发生法律效力后执行。"据此，没收财产刑的执行从判决和裁定发生法律效力之时开始。根据最高法院《解释》第 525 条规定，判处没收财产的，判决生效后，应当立即执行。

（三）没收财产刑的执行程序

（1）在判决或裁定生效后，由审判庭制作相关的执行通知书连同判决书副本直接移送法院的执行部门执行，不需要被害人或者其他部门提起申请。必要时，可以会同公安机关执行。

（2）执行时，执行人员要严格区分罪犯的个人财产和其他财产，不能没收属于罪犯亲属和有关的其他人的财产；在没收罪犯的全部财产时，应当对罪犯个人及其扶养的家属保留必需的生活费用。

（3）偿还债务优于没收财产。当罪犯还负有债务，且罪犯被判处没收全部财产或者没收部分财产后剩余财产不足以支付债务时，就要注意执行的顺序，即先偿还债务，再没收财产。《刑法》第 60 条规定："没收财产以前犯罪分子所负的正当债务，需要以没收的财产偿还的，经债权人请求，应当偿还。"因此没收财产执行中，对没收财产以前犯罪分子所负的正当债务，需要以没收的财产偿还的，经债权人请求，应当偿还。

（4）赔偿经济损失优于没收财产。根据《刑法》第 36 条规定："承担民事赔偿责任的犯罪分子，同时被判处罚金，其财产不足以全部支付的，或者被判处没收财产的，应当先承担对被害人的民事赔偿责任。"

（四）没收财产刑执行中存在的问题

1. 调查罪犯的财产难

由于罪犯在拘捕之前，往往将本人所有的财产加以转移、隐匿或者转让给其他家庭成员所有，即使罪犯在拘捕前忘记转移财产的，罪犯的亲属也会把罪犯的财产隐藏起来，这样，要想查清罪犯的财产，实际上很难做到。而且，我国法律对调查财产的主体是公安机关，还是人民法院，法律并未作出规定。如果由执行机关法院单方面进行调查，不仅在人力上难以保证，而且对于调查取证特别在异地进行调查取证的难度也更加明显。

2. 分割罪犯的财产难

我国刑法规定没收财产不得没收犯罪分子家属所有或应有的财产，这对于防止株连无辜具有积极的意义。但是，家庭成员共同生活，财产一般难以分开，特别是对于不动产及其他财产权益的分割，如房屋、共同投资的企业等，要分割出罪犯所有的那一部分财产并非易事，更不可能去指望共同生活人用金钱去替代清偿罪犯的没收财产刑。

3. 执行的实际效益差

由于法院在没收财产时，要保留罪犯本人及其扶养的家属的必需的生活费用，又要偿还正当债务，再加上罪犯可能会隐藏和转移财产等诸多因素，真正留给法院可供执行的财产数量很少，甚至还不如法院为执行而花费的司法费用，因此，许多执行人员不去清查罪犯的财产，也不去执行没收财产刑。

解决上述问题，可考虑以下途径。

（1）在量刑前，建立财产调查制度，为是否适用财产刑提供依据；同时，对隐匿或转移财产的，司法机关及时采取保全措施，暂时冻结或查封犯罪嫌疑人的财产，以保障将来有财产可供执行。

（2）完善财产保全制度。最高人民法院《适用财产刑规定》中第9条明确规定，人民法院认为应当判处被告人财产刑的，可以在案件审理过程中，决定扣押或者冻结被告人的财产。这实际上就是财产保全制度，应当考虑在案件的侦查阶段就开始进行，以保证将来的没收财产刑的实际执行。

（3）完善相关法律制度。如对没收的财产在查封后，对没收的财产所有权实行公开宣告，规定一定的期限，规定财产的所有人提出异议的权利与程序；规定财产共有人协助执行的义务并有提出异议的权利；对于执行完毕的没收财产刑，规定执行错误的补救措施，实施民事上的执行回转制度，如果不能返回原物，应当作出适当的补偿等。

第四节　资格刑的执行

资格刑的执行，是指刑罚执行机关根据人民法院判处的剥夺犯罪分子资格刑的生效判决、裁定，予以实施的步骤与程序。我国的资格刑执行专指剥夺政治权利的执行，驱逐出境的执行仅针对在我国的外国人。

一、剥夺政治权利的执行

党的二十大报告提出，要健全人民当家作主制度体系，扩大人民有序政治参与，保证人民依法实行民主选举、民主协商、民主决策、民主管理、民主监督，发挥人民群众积极性、主动性、创造性，巩固和发展生动活泼、安定团结的政治局面。而政治权利就是人民当家作主的最重要的权利。政治权利的实现是人民充分体现主体地位，保障人民意志的过程。而剥夺政治权利就是剥夺罪犯参政议政、体现个人意志、参与民主、对国家进行管理等权利，剥夺政治权利既是对罪犯权利的剥夺，也是对罪犯的惩罚手段。

（一）剥夺政治权利的执行主体

《刑事诉讼法》第 270 条规定："对于被判处剥夺政治权利的罪犯，由公安机关执行。"该刑罚具体由罪犯居住地的派出所负责执行。最高法院《解释》第520 条规定，对单处剥夺政治权利的罪犯，人民法院应当在判决、裁定生效后 10日以内，将判决书、裁定书、执行通知书等法律文书送达罪犯居住地的县级公安机关，并送达罪犯居住地的县级人民检察院。据此，单处剥夺政治权利的执行主体是罪犯居住地的县级公安机关。

对于判处死缓、无期徒刑、有期徒刑等主刑附加剥夺政治权利的，其执行施用于主刑执行期间，因此，对于死缓及徒刑附加剥夺政治权利的，监狱等管理机关是事实上的剥夺政治权利的执行主体。

（二）剥夺政治权利的执行程序

根据刑法、刑事诉讼法和 2020 年 9 月 1 日施行的公安部关于《公安机关办理刑事案件程序规定》，剥夺政治权利的执行程序如下。

（1）人民法院应将被判处独立适用剥夺政治权利的罪犯，在判决、裁定生效后 10 日以内，交由罪犯居住地公安机关执行。移交时应将判决书、裁定书、起诉书副本、结案登记表和执行通知书同时移交。

（2）负责执行剥夺政治权利的派出所应当按照人民法院的判决，向罪犯及其所在单位、居住地基层组织宣布其犯罪事实、被剥夺政治权利的期限，以及罪犯在执行期间应当遵守的规定。

（3）公安机关应当向被剥夺政治权利的罪犯宣布，在执行期间应当遵守下列规定：第一，遵守国家法律、行政法规和公安部制定的有关规定，服从监督；第二，不得享有选举权和被选举权；第三，不得组织或者参加集会、游行、示威、结社活动；第四，不得出版、制作、发行书籍、音像制品；第五，不得接受采访、发表演说；第六，不得在境内外发表有损国家荣誉、利益或者其他具有社会危害性的言论；第七，不得担任国家机关职务；第八，不得担任国有公司、企业、事业单位和人民团体的领导职务。

公安机关负责对被剥夺政治权利的罪犯的监督、考察，被剥夺政治权利的罪犯如违反上述规定，尚未构成新的犯罪的，由公安机关依法给予治安管理处罚。

（4）被剥夺政治权利的罪犯，执行期满时，公安机关应当书面通知本人及其所在单位、居住地基层组织。

(三) 剥夺政治权利执行中存在的问题

(1) 犯罪分子在剥夺政治权利刑罚执行期间，如违反国家法律、行政法规和国务院公安部门有关监督管理的规定，但未构成犯罪的，法律并无相应的惩罚性、强制性规定。因此，需要增加有关违反剥夺政治权利行为的制约性规定，强化刑罚的惩罚性和威慑力，维护法律尊严。如对犯罪分子在剥夺政治权利刑罚执行期间，违反法律、行政法规和国务院公安部门有关监督管理的规定，不服从监督管理或故意脱管、严重失控的，区别不同情况，给予不同的处罚。对情节较轻、事后又有悔改表现的，作出延长原判执行期限决定；对情节严重、影响恶劣的，由执行机关提请后，人民法院改判拘役或有期徒刑的规定。

(2) 被判处附加剥夺政治权利刑罚的犯罪分子主刑执行完毕释放后，监狱机关和审判机关未将有关法律文书及时传递、送达罪犯居住地的公安机关和检察院，导致执行机关不能掌握犯罪分子还需执行剥夺政治权利附加刑的情况，故很难落实监管执行措施。为此，需要完善法律文书的传递送达罪犯居住地公安机关的程序、时间，以及判决后需执行剥夺政治权利刑罚的犯罪分子到当地公安机关报到的时间期限等问题的规定，以防止犯罪分子逍遥法外，保证刑罚的执行落到实处。

(3) 法律对附加剥夺政治权利刑期先于主刑假释考验期届满的情形，以及假释被撤销时，其附加剥夺政治权利刑期如何认定等问题没有规定，导致实践中遇到具体问题时无法可依。故而，需要完善对判处附加剥夺政治权利刑罚罪犯假释期间的法律规定。如规定，对于判处剥夺政治权利期间与主刑考验期相同的，可以同步进行考察、执行，考验期满同时宣布主刑和剥夺政治权利执行完毕；对于罪犯主刑假释考验期限低于剥夺政治权利附加刑的，主刑执行完毕先行宣告，剥夺政治权利刑罚余刑继续执行；对于罪犯主刑假释考验期限高于剥夺政治权利附加刑的，主刑假释考验期满一并宣告考验、执行期满的规定。这样，既便于操作执行，又能解决剥夺政治权利刑罚期限难以确定的现状。

二、驱逐出境的执行

(一) 驱逐出境的执行主体及执行期限

根据 1992 年 7 月 31 日最高人民法院、最高人民检察院、公安部、外交部、司法部、财政部等颁布的《关于强制外国人出境的执行办法的规定》（以下简称六部门《强制外国人出境规定》），执行和监视强制外国人出境的工作，由公安机关依据有关法律文书或者公文进行。具体为以下几点。

（1）对判处独立适用驱逐出境刑罚的外国人，人民法院应当自该判决生效之日起15日内，将对该罪犯的刑事判决书、执行通知书的副本交所在地省级公安机关，由省级公安机关指定的公安机关执行。

（2）对被判处徒刑的外国人，其主刑执行期满后应执行驱逐出境附加刑的，应在主刑刑期届满的1个月前，由原羁押监狱的主管部门将该罪犯的原判决书、执行通知书副本或者复印本送交所在地省级公安机关，由省级公安机关指定的公安机关执行。

应当注意的是，负责具体执行的公安机关，应当按照交付机关确定的期限立即执行。如有特殊情况，需要延期执行的，报省、自治区、直辖市公安厅、局核准。

（二）驱逐出境的执行程序

关于驱逐出境的执行程序，我国当前主要是根据六部门作出的《强制外国人出境规定》执行。

（1）对被强制出境的外国人持有的准予在我国居留的证件，一律收缴。对护照上的签证应当缩短有效期，加盖不准延期章，或者予以注销。

（2）将被驱逐出境的外国人，列入不准入境者名单，并且，公安机关在执行前向被强制出境的外国人宣布不准入境年限。

（3）对被强制出境的外国人，执行机关必须查验其本人的有效护照或者其他替代护照的身份证件，以及过境国家或者地区的有效签证。具备上述签证或者证件的，应事先同其本国驻华使、领馆联系，由使、领馆负责办理。在华有接待单位的，由接待单位同使、领馆联系。没有接待单位的，由公安部出入境管理局或者使、领馆所在地公安机关同使、领馆联系。在华无使、领馆或者使、领馆不予配合的，应层报外交部或公安部，通过外交途径解决。对与我毗邻国家的公民从边境口岸或者通道出境的，可以不办理对方的证件或者签证。

（4）被强制出境的外国人应当办妥离境的机票、车票、船票，费用由本人负担。本人负担不了的，也不属于按协议由我有关单位提供旅费的，须由其本国使、领馆负责解决（同使、领馆联系解决的办法，与前项相同），对使、领馆拒绝承担费用或者在华无使、领馆的，由我国政府承担。

（5）对已被决定强制出境的外国人，事由和日期是否需要通知其驻华使、领馆，可由当地外事部门请示外交部决定。

（6）对有可能引起外交交涉或者纷争的案件，主管机关应及时将有关案情和商定的对外表态的口径等通知当地外事部门。需对外报道的，须经公安部、外交部批准。

（7）对被强制出境的外国人，其出境的口岸，应事先确定，就近安排；如果被强制出境的外国人前往与我国接壤的国家，也可以安排从边境口岸出境。执行机关应当事先与出境口岸公安机关和边防检查站联系，通报被强制出境人员的情况，抵达口岸时间、交通工具班次，出境乘用的航班号、车次、时间，以及其他与协助执行有关的事项。出境口岸公安机关和边防检查站应当协助安排有关出境事项。出境时间应当尽可能安排在抵达口岸的当天。无法在当天出境的，口岸所在地公安机关应当协助采取必要的监护措施。

（8）被人民法院判决独立适用驱逐出境的外国人，由公安机关看守所武警和外事民警共同押送；对主刑执行期满后再驱逐出境的外国人由原羁押监狱的管教干警、看守武警和公安机关外事民警共同押送。对上述两类人员押送途中确有必要时，可以使用手铐。执行人员的数量视具体情况而定，原则上应不少于 2 人。押送人员应提高警惕，保障安全，防止发生逃逸、行凶、自杀、自伤等事故。

（9）边防检查站凭对外国人强制出境的执行通知书、决定书或者裁决书以及被强制出境人的护照、证件安排放行。

（10）执行人员要监督被强制出境的外国人登上交通工具并离境后方可离开。从边境通道出境的，要监督其离开我国境后方可离开。

（11）对被驱逐出境的外国人出境交通工具等具体情况，应拍照，有条件的也可录像存查。

 思 考 题

1. 生命刑的执行程序？

2. 徒刑执行的具体内容？

3. 罚金刑的执行方式？

4. 没收财产刑执行存在的问题？

5. 剥夺政治权利的执行程序是什么？

案例分析[①]

杨某，男，50 岁，因严重刑事犯罪被判处有期徒刑 9 年。结合危机干预三维评估体系评估结果，某监狱干警分析出杨某处于情境性危机与生存性危机的叠加状态，显示出杨某情感和行为高度受损，认知严重受损，自杀风险为极高危险。攻坚小组从最迫切的问题入手，分四个阶段循序渐进开展工作。

一是防止病情恶化，解决当务之急。监区干警克服困难对杨某加大救治力度，疫情期间先后 4 次转诊社会医院，终于杨某开始与干警沟通交流病情，这虽是他配合治疗的一小步，却是教育转化取得成效的一大步。

二是落实规范管理，建立改造信心。干警开展系统的团体心理辅导，引导杨某真正融入改造集体，通过综合运用政策解读、规范管理、处遇变更、悔罪教育、谈话疏导、人文关怀等手段，使杨某逐步回到正常改造轨道。

三是着力修复亲情，点燃改造希望。干警通过查阅档卡、与属地司法部门沟通、寻求社区协助等不懈努力，最终取得了与其儿子的通信方式，并鼓励杨某寄去家书。半个多月后，杨某终于收到了孩子回信。杨某捧着来信反复阅读，他对修复亲情的渴望彻底被点燃了。

四是强化悔罪教育，加快改造步伐。干警安排杨某学习思想政治和文化教育课，还通过灵活多样的方式开展颂党、爱国、崇法、敬民主题教育，定期开展普法教育、文化课教育等，对杨某进行教育改造。

经过干警长期的努力，杨某的改造心态明显好转，主动写出悔罪书，自觉遵守监规、服从管理，配合治疗，承担起了组内做卫生的任务。中秋国庆双节期间，杨某积极参加了监区的主题活动及罪犯红歌赛，得到了在场所有干警和罪犯的认可和鼓励。

结合案例，试分析徒刑的执行应着重关注哪些方面，相应采取哪些方式？

[①] 司法部发布《监狱工作指导案例》之"众志成城化危情　真情教转挽灵魂——西青监狱对罪犯杨某的管理和干预实例"。

刑罚执行制度

学习要点

刑罚执行制度包括减刑、假释等制度。对于符合条件的罪犯，依法实行社区矫正。减刑、假释由刑罚执行机关提出建议，中级以上的人民法院作出裁定。

重点问题

1. 社区矫正期限的计算
2. 社区矫正工作的内容
3. 减刑的适用条件
4. 假释的条件及适用程序

第一节　社区矫正

党的二十大报告中指出：我们要坚持走中国特色社会主义法治道路，建设中国特色社会主义法治体系、建设社会主义法治国家，围绕保障和促进社会公平正义，坚持依法治国、依法执政、依法行政共同推进，坚持法治国家、法治政府、法治社会一体建设，全面推进科学立法、严格执法、公正司法、全民守法，全面推进国家各方面工作法治化。社区矫正作为我国重要的刑事司法制度，是中国特色社会主义法治体系的重要组成部分。社区矫正工作制度化、法治化、规范化，是推进国家治理体系和治理能力现代化建设的必然要求。

一、社区矫正的概念

社区矫正，是指将符合条件的罪犯放置于社区内，由专门国家机关在相关社会团体和民间组织以及社会志愿者的协助下，在判决、裁定或决定确定的期限内，矫正其犯罪心理和行为恶习，并促进其顺利回归社会的非监禁刑罚执行活动。它是与监禁矫正相对的一种行刑方式，也是人类为克服监狱行刑罪犯易交叉感染、重报应惩罚的局限性而作出的理性选择。

二、社区矫正试点与确立

我国的社区矫正工作从 2003 年起在北京、江苏等 6 个省（市）开始试点。2005 年，试点扩大到 18 个省（区、市），另有吉林等 9 个省（区）主动开展了试点；2009 年 9 月，经中央批准，最高人民法院、最高人民检察院、公安部、司法部在北京召开全国社区矫正工作会议，并联合下发《关于在全国试行社区矫正工作的意见》，部署社区矫正在全国范围内的试行工作；2010 年社区矫正工作在各省、自治区、直辖市稳步推进。2010 年 12 月底，社区矫正工作已覆盖全国 65% 的乡镇（街道）；北京、上海、江苏、内蒙古、海南等 12 个省（区、市）已经在全辖区开展社区矫正工作，工作覆盖所有乡镇（街道）。

2011 年 2 月 25 日，第十一届全国人大常委会第十九次会议审议通过《中华人民共和国刑法修正案（八）》，明确规定了对判处管制、缓刑以及假释的罪犯依法实行社区矫正，标志着我国社区矫正法律制度的确立，为改革完善我国刑罚执行制度奠定了重要基础。2019 年 12 月 28 日，第十三届全国人民代表大会常务委员会第十五次会议通过了《中华人民共和国社区矫正法》（以下简称《社区矫正法》）。《社区矫正法》的出台，使社区矫正工作纳入法治化轨道，完善了我国刑事立法与司法体系，弥补了我国社区矫正刑事执行法的空白。

三、社区矫正的意义

社区矫正作为一种全新的矫正模式，使罪犯在正常社会的主导价值观和文化影响下生活，有助于罪犯的改造。

1. 社区矫正有利于降低行刑成本

监禁矫正成本之高早已成为不争的事实，社区矫正与监禁刑罚相比较，国家在财力、人力、物质装备设施的投入均会节约许多。降低矫正成本，减轻国家财政负担，有利于国家把有限的资金投入到更需要的方面。

2. 社区矫正符合社会文明进步和刑罚人道化的发展趋势

现代刑罚的价值导向或者基本理念是刑罚人道主义，社区矫正在保护罪犯人身权利、财产权利等方面，体现了刑罚人道化的精神，有助于矫正对象人格的重塑和重返社会目标的实现。

3. 社区矫正有利于克服监禁刑罚的弊端

监禁刑的适用不可避免地会造成罪犯之间的交叉感染，社区矫正避免了一些罪过较轻、主观恶性不大、恶习不深的罪犯在监禁刑罚条件下，与恶习较深的罪犯混合关押而导致的交叉感染，这样有利于罪犯的更好改造，也为社会减少了许多不安定隐患。

4. 有利于与国际通行做法接轨

目前全世界范围内，对于轻型犯、缓刑犯和假释犯均适用社区矫正，这已经成为一种通例。我国对符合条件的罪犯实行社区矫正，实现了与世界通行做法的接轨，符合国际条约精神，也有利于我国开展国际合作。

四、社区矫正的适用范围

根据《刑事诉讼法》第 269 条、第 270 条、第 265 条的规定，社区矫正主要适用于以下五种罪犯：被判处管制的罪犯；被宣告缓刑的罪犯；被暂予监外执行的罪犯；被裁定假释的罪犯；被剥夺政治权利，并在社会上服刑的罪犯。

五、社区矫正的执行主体

社区矫正需要多主体参与，多主体配合。根据《社区矫正法》和《中华人民共和国社区矫正实施办法》（以下简称《社区矫正实施办法》），社区矫正有下列机关参与。

1. 社区矫正的主管机关

《社区矫正法》第 8 条规定，国务院司法行政部门主管全国的社区矫正工作。县级以上地方人民政府司法行政部门主管本行政区域内的社区矫正工作。

2. 社区矫正的协同机关

《社区矫正法》第8条规定，人民法院、人民检察院、公安机关和其他有关部门依照各自职责，依法做好社区矫正工作。

3. 社区矫正的监督机关

人民检察院依法对社区矫正工作实行法律监督。

4. 社区矫正的协调机关

地方人民政府根据需要设立社区矫正委员会，负责统筹协调和指导本行政区域内的社区矫正工作。

5. 社区矫正的具体实施机关

县级以上地方人民政府根据需要设置社区矫正机构，负责社区矫正工作的具体实施。司法所根据社区矫正机构的委托，承担社区矫正相关工作。

六、社区矫正的工作内容

1. 建立社区矫正档案和工作档案

执行地县级社区矫正机构接收社区矫正对象后，应当建立社区矫正档案，包括以下内容：（1）适用社区矫正的法律文书；（2）接收、监管审批、奖惩、收监执行、解除矫正、终止矫正等有关社区矫正执行活动的法律文书；（3）进行社区矫正的工作记录；（4）社区矫正对象接受社区矫正的其他相关材料。接受委托对社区矫正对象进行日常管理的司法所应当建立工作档案。

2. 确定矫正小组

执行地县级社区矫正机构、受委托的司法所应当为社区矫正对象确定矫正小组，与矫正小组签订矫正责任书，明确矫正小组成员的责任和义务，负责落实矫正方案。矫正小组主要开展下列工作：（1）按照矫正方案，开展个案矫正工作；（2）督促社区矫正对象遵纪守法，遵守社区矫正规定；（3）参与对社区矫正对象的考核评议和教育活动；（4）对社区矫正对象走访谈话，了解其思想、工作和生活情况，及时向社区矫正机构或者司法所报告；（5）协助对社区矫正对象进行监督管理和教育帮扶；（6）协助社区矫正机构或者司法所开展其他工作。

3. 组织入矫宣告

执行地县级社区矫正机构接收社区矫正对象后，应当组织或者委托司法所组织入矫宣告。入矫宣告包括以下内容：（1）判决书、裁定书、决定书、执行通知书等有关法律文书的主要内容；（2）社区矫正期限；（3）社区矫正对象应当遵守的规定、被剥夺或者限制行使的权利、被禁止的事项以及违反规定的法律后果；（4）社区矫正对象依法享有的权利；（5）矫正小组人员组成及职责；（6）其他有关事项。

4. 实施分类管理、教育帮扶

社区矫正机构应当根据社区矫正对象被判处管制、宣告缓刑、假释和暂予监外执行的不同裁判内容和犯罪类型、矫正阶段、再犯罪风险等情况，进行综合评估，划分不同类别，实施分类管理。

社区矫正机构对不同类别的社区矫正对象，在矫正措施和方法上应当有所区别，有针对性地开展监督管理和教育帮扶工作。

5. 制订矫正方案

执行地县级社区矫正机构、受委托的司法所要根据社区矫正对象的性别、年龄、心理特点、健康状况、犯罪原因、悔罪表现等具体情况，制订矫正方案，有针对性地消除社区矫正对象可能重新犯罪的因素，帮助其成为守法公民。矫正方案应当包括社区矫正对象基本情况、对社区矫正对象的综合评估结果、对社区矫正对象的心理状态和其他特殊情况的分析、拟采取的监督管理、教育帮扶措施等内容。

6. 建立考核奖惩制度

社区矫正机构应当根据有关法律法规、部门规章和其他规范性文件，建立内容全面、程序合理、易于操作的社区矫正对象考核奖惩制度。社区矫正机构、受委托的司法所应当根据社区矫正对象认罪悔罪、遵守有关规定、服从监督管理、接受教育等情况，定期对其考核。对于符合表扬条件、具备训诫、警告情形的社区矫正对象，经执行地县级社区矫正机构决定，可以给予其相应奖励或者处罚，作出书面决定。对于涉嫌违反治安管理行为的社区矫正对象，执行地县级社区矫正机构可以向同级公安机关提出建议。社区矫正机构奖励或者处罚的书面决定应当抄送人民检察院。

7. 开展教育矫正活动

社区矫正机构、受委托的司法所应当充分利用地方人民政府及其有关部门提供的教育帮扶场所和有关条件，按照因人施教的原则，有针对性地对社区矫正对象开展教育矫正活动。包括根据社区矫正对象的矫正阶段、犯罪类型、现实表现等实际情况，对其实施分类教育；结合社区矫正对象的个体特征、日常表现等具体情况，进行个别教育；采用集中教育、网上培训、实地参观等多种形式开展集体教育；组织社区矫正对象参加法治、道德等方面的教育活动；根据社区矫正对象的心理健康状况，对其开展心理健康教育、实施心理辅导等等。

8. 组织社区矫正对象参加公益活动

执行地县级社区矫正机构、受委托的司法所按照符合社会公共利益的原则，可以根据社区矫正对象的劳动能力、健康状况等情况，组织社区矫正对象参加公益活动。

9. 提出处理意见和撤销建议

发现社区矫正对象有违反监督管理规定或者人民法院禁止令等违法情形的，执行地县级社区矫正机构应当调查核实情况，收集有关证据材料，提出处理意见。社区矫正机构发现社区矫正对象有撤销缓刑、撤销假释或者暂予监外执行收监执行的法定情形的，应当组织开展调查取证工作，依法向社区矫正决定机关提出撤销缓刑、撤销假释或者暂予监外执行收监执行建议，并将建议书抄送同级人民检察院。

10. 宣告解除矫正

社区矫正对象矫正期限届满，且在社区矫正期间没有应当撤销缓刑、撤销假释或者暂予监外执行收监执行情形的，社区矫正机构依法办理解除矫正手续。执行地县级社区矫正机构或者受委托的司法所可以组织解除矫正宣告。

解矫宣告包括以下内容：（1）宣读对社区矫正对象的鉴定意见。（2）宣布社区矫正期限届满，依法解除社区矫正。（3）对判处管制的，宣布执行期满，解除管制；对宣告缓刑的，宣布缓刑考验期满，原判刑罚不再执行；对裁定假释的，宣布考验期满，原判刑罚执行完毕。

七、社区矫正时间的计算

（1）管制的矫正期限与管制期限相等，矫正期从判决执行之日起计算；判处管制附加剥夺政治权利的，剥夺政治权利的期限与管制的期限相等，同时执行。矫正期至管制期满为止。

（2）缓刑的矫正期限与缓刑考验期限相等，矫正期从判决确定之日起计算，至缓刑考验期满为止。

（3）假释的矫正期限与假释考验期限相等，矫正期从假释之日起计算，至假释考验期满为止。

（4）暂予监外执行的矫正期限与暂予监外执行期限相等。人民法院决定的，矫正期从暂予监外执行决定生效之日起计算；公安机关、监狱管理机关批准的，矫正期从出监所之日起计算，矫正期至暂予监外执行期满为止。

（5）单处剥夺政治权利的矫正期限与剥夺政治权利的期限相等，矫正期从判决执行日起计算；附加剥夺政治权利的，矫正期限与剥夺政治权利的期限相等，矫正期从徒刑、拘役执行完毕之日起或者从假释之日起计算，矫正期至剥夺政治权利期满为止。

第二节　减刑

一、减刑制度概述

（一）国外的减刑制度概况

国外许多国家刑法上存在着虽无减刑之名确有减刑之实的类似中国大陆减刑制度的行刑制度，一些国家除了刑事政策性减刑外，还有赦免性或者恩赦性减刑[①]。

1. 美国的善行折减制度

美国刑法中减刑与善行折减并存，前者是基于各种主客观原因而对原判刑期缩短的制度，但并不同于我国的减刑制度。与我国刑法中减刑制度类似的是善行折减制度（善时制度）。美国的善行折减制度发祥于1817年纽约州的善时法，该法规定监狱当局可以对表现良好、服刑5年以上的罪犯实行减刑（对短期监禁犯不适用该法），并规定减去的刑期总数不得超过原判刑期的1/4[②]。这一制度很快在美国各地得到推行。目前在美国，除了五六个州外都实行类似的善行折减制，有的与假释相结合适用，更多的州把善行折减制当作独立的减刑制度实行。但美国各个州，善行折减的适用情况及其条件是不同的。

2. 英国的减刑制度

在英国，减刑是作为行刑过程中因表现良好的一种宽赦。英国《1952年监狱法条例》规定服监禁刑的囚犯的劳动和行为表现可作为其减刑的根据，即减去部分监禁刑期。第532条规定："被判处监禁的已决犯，不论是执行一次判决还

---

①②　袁登明：《国外减刑制度的立法例及中外比较》，载《中国监狱学刊》2001年第4期。

是与前合并执行，刑期在 1 个月以下的，可因特别勤劳和良好行为，取得不超过整个刑期的 1/6 的刑期减刑。"第 1185 条规定："服监禁刑的囚犯的劳动和行为表现可作为其减刑的依据。在执行减刑过程中刑期届满正式出狱。服监禁刑的囚犯，在实际执行刑期超过 5 天后，根据其劳动和行为，有特殊表现的也可被减刑。但减刑后实际执行的刑期不得少于 5 天。"条例中还特意作了下列规定：第一，减刑后实际执行刑期不得少于总刑期的 1/3 以及根据 1967 年刑事审判法案而决定的刑期；第二，判决时被加刑的，或年龄不满 21 岁的，或假释后被重新收监，收监时刑期未满 1/3 的犯人，减刑后，其实际执行的刑期不得少于总刑期的 1/3。

通过以上的规定来看，英国的减刑主要是看重罪犯在服刑期间的表现，对表现良好的予以减刑，并且规定了对减刑期的限制，在这些方面与我国的减刑制度可以说是极为相似的。

3. 俄罗斯的减刑制度

《俄罗斯联邦刑法典》规定了"将未服完的部分刑罚改判为较轻的刑种"的特殊减刑制度。该法第 80 条第 1 款规定"对由于实施轻罪和中等严重犯罪而已在服剥夺自由刑的被判刑人，法院可以根据他在服刑期间的表现将尚未服完的那部分刑罚改判较轻的刑种。在这种情况下可以完全或部分免予服刑。"将未服完的部分刑罚改判较轻的刑种的根据是被判刑人的改造达到了可以在不剥夺自由，而在另种更轻刑种的服刑条件下可能得到改造的程度。这种可能性取决于被判刑人的表现和他履行义务的态度证明他改造过程顺利。这种改造过程即使在比剥夺自由更少惩罚的条件下服刑也能继续。代替未服完的部分剥夺自由的刑种由法院根据被判刑人的改造程度选择。根据《俄罗斯联邦刑法典》，其刑罚种类包括从罚金到死刑共十三种，其中属剥夺自由刑的由轻至重依次是为拘役、军纪营管束、一定期限的剥夺自由和终身剥夺自由。这种减刑既可改判为较轻的剥夺自由刑，也可改判为限制自由、劳动改造，强制性工作、限制军职等非剥夺自由刑，而且服较轻刑种的期限不超过尚未服完的那部分刑期，也不超过该较轻刑种的法定上限。可见，《俄罗斯联邦刑法典》所规定的这种将未服完的部分刑罚改判较轻的刑种是与其他国家不同的一种特殊减刑制度，有的学者称之为"易科较轻的刑罚制度"，但其仍符合减刑的实质特征。

4. 法国的减刑制度

法国法律规定的减刑有一般减刑和特殊减刑两种。一般减刑是剥夺自由刑的罪犯在服刑期间表现良好且服刑期间超过 3 个月，可以减刑。一般减刑在法国的司法实践中，适用面非常广，占在押犯的 90% 以上。特殊减刑包括例外减刑和辅助减刑。例外减刑是对通过学校或者职业考试的在押犯给予的例外缩短刑期，这种例外是为给予再次减刑的机会。辅助减刑是对那些有长久就业地点、住处和得到有关组织帮助的罪犯予以减刑。但特殊形式的减刑适用率很低①。

5. 其他国家的减刑规定

还有许多国家规定了减刑制度，如日本的"恩赦"制度、意大利的免罪性或免刑性赦免制度、法国的"有条件特赦"制度等，这些减刑制度均是按照本国情况进行规定，有各个国家的特色，且各个国家减刑的适用情况不一。有的规定和我国的规定比较相似，有的相差甚远，我们可以借鉴其中一些先进合理行之有效的理论和做法，用以完善我国的减刑制度。

（二）我国减刑制度的初创与发展

新民主主义革命时期，我国就对减刑的实施进行了探索。根据地及解放区的减刑制度，已具有对罪犯进行实质化改造的特点。1942 年，晋察冀边区委员会就作出过"对确有悔改表现，且执行徒刑满原判刑期 1/2 以上者，可请示本会提前释放"的规定。1949 年 1 月，《华北人民政府为清理已决及未决案犯的训令》规定，遵守监规、承认错误、积极从事劳动及经常学习帮助他人的罪犯的减刑由监所呈报原判司法机关减刑，转呈行署核准执行。当时的减刑制度对改造罪犯起到了良好的作用，也为新中国减刑制度的建立积累了宝贵的经验。

新中国成立后，以《中华人民共和国劳动改造条例》为基础，再加以各种单行条例及司法解释为补充体系，我国的减刑制度开始正式创立。如 1952 年 10 月 3 日中央公安部、司法部关于各地监所移转后，明确法院、公安部门对监所的职责和工作关系的联合指示规定，犯人的假释及减刑，监所应依据法令规定，提出意见，报同级法院核转各该上级审核执行。1953 年最高人民法院西北分院关于减刑问题的批复规定，减刑要经过一定的程序，即首先由主管人犯的机关提出减刑意见，经同级法院同意报请上级法院决定。但同时也认可使用行政命令的形式。这些单行法律法规奠定了新中国减刑程序的基本模型，但对减刑的对象、条件、后果等均未予明确。

1979 年我国颁布了第一部刑法和刑事诉讼法，使我国的减刑制度以法律的形式确认下来，减刑制度得到了恢复并且有了进一步的发展。后来国家又颁布了

---

① （法）卡斯东·斯特法尼等：《意大利刑法学原理》，罗结珍译，法律出版社 1998 年版，第 368～371 页。

一系列的法律和规定，使减刑制度的规定更加细化。最高人民法院《全国法院减刑、假释工作座谈会纪要》（1989 年）规定，审理减刑案件，要认真审查罪犯确有悔改或立功表现的具体事实；1990 年司法部出台了《关于计分考核奖罚罪犯的规定》的通知，构建了监狱量化减刑实质条件的基本方式；1994 年颁布了监狱法，对减刑案件的审限作了规定。这一系列法律法规的出台，有力地推进了我国减刑制度的完善和发展。

1997 年刑法修订实施后，减刑制度在实践中得到了普遍的应用，且增大了减刑程序的监督力度。在狱内推进狱务公开，以聘请执法监督员等方式加强对监狱矫正工作的监督。2001 年《最高人民检察院关于监所检察工作若干问题的规定》、2007 年《最高人民检察院关于减刑、假释法律监督工作的程序规定》及 2008 年《最高人民检察院监狱检察办法》三个司法解释极大细化了检察监督程序，在稳定调查权范围的基础上扩大了调查途径，补充了对应减刑假释而监狱未提请的案件的检察建议监督方式，加快了减刑制度法治化的进程。

二、我国现行的减刑制度概述

（一）减刑的概念及适用对象

减刑是对原判刑期适当减轻的一种刑罚执行活动。减刑适用于被判处管制、拘役、有期徒刑、无期徒刑的罪犯。

（二）减刑的方式

减刑是依法减轻原判刑期的刑罚变更制度。主要有以下两种方式。

1. 刑罚种类的变更

即将原判决的较重的刑罚种类改为较轻的刑罚种类，如将原判的无期徒刑改为有期徒刑。

2. 刑期的变更

通俗地说就是缩短刑罚时间。如将有期徒刑罪犯的刑期 5 年缩减为 4 年。

（三）减刑的目的

1. 减刑具有促进罪犯积极改造的激扬功能

服刑罪犯最普遍和最基本的愿望是能够缩短服刑的刑期，这是人性的必然。

这种心态决定了调节罪犯的改造态度，促进其自觉改造和自力救助的最有效的手段就是调节其服刑期的长短。对于确有悔改表现的罪犯予以适当的减刑有利于鞭策其自律自励，激发其努力改造的内在力量。因为是否能够减刑完全取决于罪犯的改造表现，而使罪犯明确改造好坏与刑期奖罚的因果关系，他们便会从内心真诚地自觉接受改造，这样就会更加迅速地将罪犯改造成无社会危险性的新人。

2. 减刑对罪犯改造具有鼓舞功能

减刑对罪犯的改造有明显的正反馈效应，这种效应不仅在于给真诚改造的罪犯予以肯定和鼓舞，而且在于通过这种肯定和鼓舞使罪犯明确努力的方向。对真诚改造的罪犯予以减刑，同时也会感召和影响其他的罪犯，使之确信只有真诚改造才是唯一的出路，继而达到全体悔罪认真改造的目的。

3. 减刑具有变更原判刑罚的调控功能

从我国的刑罚观来看，刑罚不仅与犯罪的客观危害相适应，而且还要与罪犯的主观恶性、社会危险性相适应。在法院判决时，所判的刑期是与其所犯罪行和主观恶性相适应的，但当罪犯在服刑期间通过改造确有悔改表现而主观恶性和社会危险性显著降低时，刑罚目的的实现就不需要原判刑罚所判处的那么长的刑期了。这时，对罪犯予以减刑不仅会充分发挥减刑的激扬和鼓舞功能，而且还可以最大限度地防止刑罚的浪费而节约监管改造的成本。

三、减刑的条件

减刑的条件是指罪犯在刑罚执行期间要获得减刑而必须达到的法定标准。根据《刑法》第78条第1款的规定，被判处管制、拘役、有期徒刑、无期徒刑的犯罪分子，在执行期间，如果认真遵守监规，接受教育改造，确有悔改表现的，或者有立功表现的，可以减刑；有重大立功表现的，应当减刑。据此，减刑可分为可以减刑和应当减刑两种情形。由于被判处管制的罪犯在社会上服刑，被判处拘役的罪犯在拘役所或者看守所服刑且刑期较短，所以刑法规定的减刑条件主要是针对被判处有期徒刑、无期徒刑的罪犯。这里，我们重点介绍被判处有期徒刑、无期徒刑的罪犯的减刑条件。

（一）可以减刑的条件

根据《刑法》第78条、《监狱法》及2017年1月1日施行的《最高人民法院关于办理减刑、假释案件具体应用法律的规定》（以下简称《减刑假释规定》）

的相关规定，被判处无期徒刑、有期徒刑的罪犯，在执行期间，如果认真遵守监规，接受教育改造，确有悔改表现的，或者有立功表现的，可以减刑。

罪犯的"确有悔改表现"，是指罪犯必须同时具备以下四个方面的情形，缺一不可：（1）认罪悔罪；（2）遵守法律法规及监规，接受教育改造；（3）积极参加思想、文化、职业技术教育；（4）积极参加劳动，努力完成劳动任务。

对职务犯罪、破坏金融管理秩序和金融诈骗犯罪、组织（领导、参加、包庇、纵容）黑社会性质组织犯罪等罪犯，不积极退赃、协助追缴赃款赃物、赔偿损失，或者服刑期间利用个人影响力和社会关系等不正当手段意图获得减刑、假释的，不认定其"确有悔改表现"。罪犯在刑罚执行期间的申诉权利应当依法保护，对其正当申诉不能不加分析地认为是不认罪悔罪。

罪犯的"立功表现"，通常是指罪犯具有下列情形之一：（1）阻止他人实施犯罪活动的；（2）检举、揭发监狱内外犯罪活动，或者提供重要的破案线索，经查证属实的；（3）协助司法机关抓捕其他犯罪嫌疑人的；（4）在生产、科研中进行技术革新，成绩突出的；（5）在抗御自然灾害或者排除重大事故中，表现积极的；（6）对国家和社会有其他较大贡献的。

第（4）、第（6）项中的技术革新或者其他较大贡献应当由罪犯在刑罚执行期间独立或者为主完成，并经省级主管部门确认。

可以减刑的条件，相关的法律法规都非常明确地进行了规定，监狱在执行刑罚的过程中要严格按照规定进行考核和确认，以保证减刑工作能够真正公正地进行，起到其应有的作用。

（二）应当减刑的条件

根据刑法、监狱法及《减刑假释规定》的相关规定，对于交付监狱执行刑罚的被判处无期徒刑、有期徒刑的罪犯，在刑罚执行期间，有重大立功表现的，应当减刑。

所谓罪犯的重大立功表现，是指罪犯有下列情形之一：（1）阻止他人实施重大犯罪活动的；（2）检举监狱内外重大犯罪活动，经查证属实的；（3）协助司法机关抓捕其他重大犯罪嫌疑人的；（4）有发明创造或者重大技术革新的；（5）在日常生产、生活中舍己救人的；（6）在抗御自然灾害或者排除重大事故中，有突出表现的；（7）对国家和社会有其他重大贡献的。

第（4）项中的发明创造或者重大技术革新应当是罪犯在刑罚执行期间独立或者为主完成并经国家主管部门确认的发明专利，且不包括实用新型专利和外观设计专利；第（7）项中的其他重大贡献应当由罪犯在刑罚执行期间独立或者为主完成，并经国家主管部门确认。

四、减刑的限度

《刑法》第78条第2款规定，经过一次或者几次减刑以后，实际执行的刑期，判处管制、拘役、有期徒刑的，不能少于原判刑期的1/2；判处无期徒刑的，不能少于13年；对限制减刑的死刑缓期执行的犯罪分子，缓期执行期满后依法减为无期徒刑的，不能少于25年，缓期执行期满后依法减为25年有期徒刑的，不能少于20年。未被限制减刑的死刑缓期执行罪犯经过一次或几次减刑后，其实际执行的刑期不能少于15年，死刑缓期执行期间不包括在内。

被判处管制、拘役的罪犯，以及判决生效后剩余刑期不满2年有期徒刑的罪犯，符合减刑条件的，可以酌情减刑，减刑起始时间可以适当缩短，但实际执行的刑期不得少于原判刑期的1/2。被判处有期徒刑罪犯减刑时，对附加剥夺政治权利的期限可以酌减。酌减后剥夺政治权利的期限，不得少于1年。

被判处死刑缓期执行、无期徒刑的罪犯减为有期徒刑时，应当将附加剥夺政治权利的期限减为7年以上10年以下，经过一次或者几次减刑后，最终剥夺政治权利的期限不得少于3年。

被判处拘役或者3年以下有期徒刑，并宣告缓刑的罪犯，一般不适用减刑。但是罪犯在缓刑考验期内有重大立功表现的，可以予以减刑，同时应当依法缩减其缓刑考验期。缩减后，拘役的缓刑考验期限不得少于2个月，有期徒刑的缓刑考验期限不得少于1年。

五、减刑的幅度

减刑幅度是指对犯罪分子每一次可以减少的刑罚量。根据《减刑假释规定》，被判处有期徒刑的罪犯在刑罚执行期间，符合减刑条件的，减刑幅度为：（1）确有悔改表现的，或者立功表现的，一般一次减刑不超过9个月有期徒刑；（2）确有悔改并有立功表现的，一次减刑不超过1年有期徒刑；（3）有重大立功表现的，一次减刑不超过1年6个月有期徒刑；（4）确有悔改表现并有重大立功表现的，一次减刑不超过2年有期徒刑。

对符合减刑条件的职务犯罪罪犯，破坏金融管理秩序和金融诈骗犯罪罪犯，组织、领导、参加、包庇、纵容黑社会性质组织犯罪罪犯，危害国家安全犯罪罪犯，恐怖活动犯罪罪犯，毒品犯罪集团的首要分子及毒品再犯，累犯，确有履行能力而不履行或者不全部履行生效裁判中财产性判项的罪犯，被判处 10 年以下有期徒刑的，执行 2 年以上方可减刑，减刑幅度应当比照本规定第 6 条从严掌握，一次减刑不超过 1 年有期徒刑，两次减刑之间应当间隔 1 年以上。

对被判处 10 年以上有期徒刑的前款罪犯，以及因故意杀人、强奸、抢劫、绑架、放火、爆炸、投放危险物质或者有组织的暴力性犯罪被判处 10 年以上有期徒刑的罪犯，数罪并罚且其中两罪以上被判处 10 年以上有期徒刑的罪犯，执行 2 年以上方可减刑，减刑幅度应当比照有期徒刑规定从严掌握，一次减刑不超过 1 年有期徒刑，两次减刑之间应当间隔 1 年 6 个月以上。

被判处无期徒刑的罪犯在刑罚执行期间，符合减刑条件的，执行 2 年以上，可以减刑。减刑幅度为：确有悔改表现或者有立功表现的，可以减为 22 年有期徒刑；确有悔改表现并有立功表现的，可以减为 21 年以上 22 年以下有期徒刑；有重大立功表现的，可以减为 20 年以上 21 年以下有期徒刑；确有悔改表现并有重大立功表现的，可以减为 19 年以上 20 年以下有期徒刑。无期徒刑罪犯减为有期徒刑后再减刑时，减刑幅度依照有期徒刑的规定执行。两次减刑间隔时间不得少于 2 年。

对被判处无期徒刑的职务犯罪罪犯，破坏金融管理秩序和金融诈骗犯罪罪犯，组织、领导、参加、包庇、纵容黑社会性质组织犯罪罪犯，危害国家安全犯罪罪犯，恐怖活动犯罪罪犯，毒品犯罪集团的首要分子及毒品再犯，累犯以及因故意杀人、强奸、抢劫、绑架、放火、爆炸、投放危险物质或者有组织的暴力性犯罪的罪犯，确有履行能力而不履行或者不全部履行生效裁判中财产性判项的罪犯，数罪并罚被判处无期徒刑的罪犯，符合减刑条件的，执行 3 年以上方可减刑，减刑幅度应当比照本规定第 8 条从严掌握，减刑后的刑期最低不得少于 20 年有期徒刑；减为有期徒刑后再减刑时，减刑幅度比照有期徒刑规定从严掌握，一次不超过 1 年有期徒刑，两次减刑之间应当间隔 2 年以上。

被判处死刑缓期执行的罪犯减为无期徒刑后，符合减刑条件的，执行 3 年以上方可减刑。减刑幅度为：确有悔改表现或者有立功表现的，可以减为 25 年有期徒刑；确有悔改表现并有立功表现的，可以减为 24 年以上 25 年以下有期徒刑；有重大立功表现的，可以减为 23 年以上 24 年以下有期徒刑；确有悔改表现并有重大立功表现的，可以减为 22 年以上 23 年以下有期徒刑。

被限制减刑的死刑缓期执行罪犯，减为有期徒刑后再减刑时，比照《减刑假释规定》第 8 条的规定办理。

六、减刑的起始时间和间隔时间

根据《减刑假释规定》的规定，被判处有期徒刑罪犯的减刑起始时间和间隔时间为：不满 5 年有期徒刑的，应当执行 1 年以上方可减刑；5 年以上不满 10 年有期徒刑的，应当执行 1 年 6 个月以上方可减刑；10 年以上有期徒刑的，应当执行 2 年以上方可减刑。有期徒刑减刑的起始时间自判决执行之日起计算。被判处不满 10 年有期徒刑的罪犯，两次减刑间隔时间不得少于 1 年；被判处 10 年以上有期徒刑的罪犯，两次减刑间隔时间不得少于 1 年 6 个月。减刑间隔时间不得低于上次减刑减去的刑期。

对符合减刑条件的职务犯罪罪犯，破坏金融管理秩序和金融诈骗犯罪罪犯，组织、领导、参加、包庇、纵容黑社会性质组织犯罪罪犯，危害国家安全犯罪罪犯，恐怖活动犯罪罪犯，毒品犯罪集团的首要分子及毒品再犯，累犯，确有履行能力而不履行或者不全部履行生效裁判中财产性判项的罪犯，被判处 10 年以下有期徒刑的，执行 2 年以上方可减刑，两次减刑之间应当间隔 1 年以上。

对被判处 10 年以上有期徒刑的前述罪犯，以及因故意杀人、强奸、抢劫、绑架、放火、爆炸、投放危险物质或者有组织的暴力性犯罪被判处 10 年以上有期徒刑的罪犯，数罪并罚且其中两罪以上被判处 10 年以上有期徒刑的罪犯，执行 2 年以上方可减刑，两次减刑之间应当间隔 1 年 6 个月以上。

被判处无期徒刑的罪犯在刑罚执行期间，符合减刑条件的，执行 2 年以上，可以减刑。两次减刑间隔时间不得少于 2 年。

被判处无期徒刑的职务犯罪罪犯，破坏金融管理秩序和金融诈骗犯罪罪犯，组织、领导、参加、包庇、纵容黑社会性质组织犯罪罪犯，危害国家安全犯罪罪犯，恐怖活动犯罪罪犯，毒品犯罪集团的首要分子及毒品再犯，累犯以及因故意杀人、强奸、抢劫、绑架、放火、爆炸、投放危险物质或者有组织的暴力性犯罪的罪犯，确有履行能力而不履行或者不全部履行生效裁判中财产性判项的罪犯，数罪并罚被判处无期徒刑的罪犯，执行 3 年以上方可减刑。两次减刑之间应当间隔 2 年以上。

被判处死刑缓期执行的罪犯减为无期徒刑后，符合减刑条件的，执行 3 年以上方可减刑。对被判处死刑缓期执行的职务犯罪罪犯，破坏金融管理秩序和金融诈骗犯罪罪犯，组织、领导、参加、包庇、纵容黑社会性质组织犯罪罪犯，危害国家安全犯罪罪犯，恐怖活动犯罪罪犯，毒品犯罪集团的首要分子及毒品再犯，累犯以及因故意杀人、强奸、抢劫、绑架、放火、爆炸、投放危险物质或者有组织的暴力性犯罪的罪犯，确有履行能力而不履行或者不全部履行生效裁判中财产性判项的罪犯，数罪并罚被判处死刑缓期执行的罪犯，减为无期徒刑后，符合减刑条件的，执行 3 年以上方可减刑，两次减刑之间应当间隔 2 年以上。被限制减刑的死刑缓期执行罪犯，减为无期徒刑后，符合减刑条件的，执行 5 年以上方可减刑。

七、减刑的禁止和限制

《刑法》第 383 条和第 386 条规定，贪污数额特别巨大或者有其他特别严重情节被判处死刑缓期执行的，人民法院根据犯罪情节等情况可以同时决定在其死刑缓期执行二年期满依法减为无期徒刑后，终身监禁，不得减刑、假释。据此，对被判处终身监禁的罪犯，在死刑缓期执行期满依法减为无期徒刑的裁定中，应当明确终身监禁，不得再减刑。终身监禁不是独立刑种，仅适用于情节特别严重的贪污罪、受贿罪。

《刑法》第 50 条第 2 款：对被判处死刑缓期执行的累犯以及因故意杀人、强奸、抢劫、绑架、放火、爆炸、投放危险物质或者有组织的暴力性犯罪被判处死刑缓期执行的犯罪分子，人民法院根据犯罪情节等情况可以同时决定对其限制减刑。

八、减刑的程序

（一）管制减刑的程序

根据最高法院《解释》的规定，对于被判处管制的罪犯，符合减刑条件的，由社区矫正机构提出减刑建议书，由社区矫正执行地的中级以上人民法院在收到社区矫正机构减刑建议书后 30 日以内作出裁定。

（二）拘役减刑的程序

根据《公安机关办理刑事案件程序规定》和最高法院《解释》，对依法留看守所执行拘役刑的罪犯，符合减刑条件的，由看守所制作减刑建议书，经设区的市一级以上公安机关审查同意后，报请所在地中级以上人民法院审核裁定。罪犯服刑地的中级人民法院在收到同级执行机关审核同意的减刑建议书后1个月以内作出裁定。

（三）死刑缓期二年执行、无期徒刑、有期徒刑减刑的程序

对死刑缓期二年执行罪犯、无期徒刑罪犯和有期徒刑罪犯〔余刑在3个月以下罪犯（除外）〕的减刑，由监狱向人民法院提出减刑建议，人民法院予以审核裁定。

1. 监狱建议

对有期徒刑罪犯的减刑建议由监狱作出（余刑在3个月以下罪犯的减刑建议由看守所作出）。对死刑缓期二年执行罪犯、无期徒刑罪犯的减刑，由监狱提出减刑建议，报经省、自治区、直辖市监狱管理局审核。

司法部2014年12月1日起施行的《监狱提请减刑假释工作程序规定》，进一步规范监狱的减刑提请工作。根据此规定，监狱提请减刑工作程序为：

监狱提请减刑，应当根据法律规定的条件和程序进行，遵循公开、公平、公正的原则，严格实行办案责任制。

省、自治区、直辖市监狱管理局和监狱分别成立减刑评审委员会，由分管领导及刑罚执行、狱政管理、教育改造、狱内侦查、生活卫生、劳动改造、政工、监察等有关部门负责人组成，分管领导任主任。监狱管理局、监狱减刑评审委员会成员不得少于9人。

监狱提请减刑，应当由分监区或者未设分监区的监区人民警察集体研究，监区长办公会议审核，监狱刑罚执行部门审查，监狱减刑评审委员会评审，监狱长办公会议决定。省、自治区、直辖市监狱管理局刑罚执行部门审查监狱依法定程序提请的减刑建议并出具意见，报请分管副局长召集减刑评审委员会审核后，报局长审定，必要时可以召开局长办公会议决定。

监狱提请减刑，应当根据法律规定的条件，结合罪犯服刑表现，由分监区人民警察集体研究，提出提请减刑建议，报经监区长办公会议审核同意后，由监区报送监狱刑罚执行部门审查。

直属分监区或者未设分监区的监区，由直属分监区或者监区人民警察集体研究，提出提请减刑、假释建议，报送监狱刑罚执行部门审查。

分监区、直属分监区或者未设分监区的监区人民警察集体研究以及监区长办公会议审核情况，应当有书面记录，并由与会人员签名。

监区或者直属分监区提请减刑，应当报送下列材料：（1）《罪犯减刑审核表》；（2）监区长办公会议或者直属分监区、监区人民警察集体研究会议的记录；（3）终审法院裁判文书、执行通知书、历次减刑裁定书的复印件；（4）罪犯计分考核明细表、罪犯评审鉴定表、奖惩审批表和其他有关证明材料；（5）罪犯确有悔改表现或者立功、重大立功表现的具体事实的书面证明材料。

监狱刑罚执行部门收到监区或者直属分监区对罪犯提请减刑的材料后，应当就下列事项进行审查：（1）需提交的材料是否齐全、完备、规范；（2）罪犯确有悔改或者立功、重大立功表现的具体事实的书面证明材料是否来源合法；（3）罪犯是否符合法定减刑的条件；（4）提请减刑的建议是否适当。经审查，对材料不齐全或者不符合提请条件的，应当通知监区或者直属分监区补充有关材料或者退回；对相关材料有疑义的，应当提讯罪犯进行核查；对材料齐全、符合提请条件的，应当出具审查意见，连同监区或者直属分监区报送的材料一并提交监狱减刑假释评审委员会评审。

监狱减刑评审委员会应当召开会议，对刑罚执行部门审查提交的提请减刑建议进行评审，提出评审意见。会议应当有书面记录，并由与会人员签名。评审后，应当将提请减刑的罪犯名单以及减刑意见在监狱内公示。公示内容应当包括罪犯的个人情况、原判罪名及刑期、历次减刑情况、提请减刑的建议及依据等。公示期限为5个工作日。公示期内，如有监狱人民警察或者罪犯对公示内容提出异议，监狱减刑评审委员会应当进行复核，并告知复核结果。减刑评审委员会完成评审和公示程序后，将提请减刑建议送人民检察院征求意见。征求检察院意见后，监狱减刑评审委员会应当将提请减刑建议和评审意见连同人民检察院意见，一并报请监狱长办公会议审议决定。

监狱长办公会议决定提请减刑的，由监狱长在《罪犯减刑审核表》上签署意见，加盖监狱公章，并由监狱刑罚执行部门根据法律规定制作《提请减刑建议书》，连同有关材料一并提请人民法院裁定。人民检察院对提请减刑提出的检察意见，应当一并移送受理减刑案件的人民法院。

对被判处死刑缓期二年执行、被判处无期徒刑罪犯决定提请减刑的，监狱应当将《罪犯减刑审核表》连同有关材料报送省、自治区、直辖市监狱管理局审核。

监狱提请人民法院裁定减刑，应当提交下列材料：（1）《提请减刑建议书》；（2）终审法院裁判文书、执行通知书、历次减刑裁定书的复印件；（3）罪犯计分考核明细表、评审鉴定表、奖惩审批表；（4）罪犯确有悔改或者立功、重大立功表现的具体事实的书面证明材料；（5）根据案件情况需要提交的其他材料。

对被判处死刑缓期二年执行、被判处无期徒刑罪犯提请减刑的，应当同时提交省、自治区、直辖市监狱管理局签署意见的《罪犯减刑审核表》。

省、自治区、直辖市监狱管理局刑罚执行部门收到监狱报送的提请减刑建议的材料后，应当进行审查。审查中发现监狱报送的材料不齐全或者有疑义的，应当通知监狱补充有关材料或者作出说明。审查无误后，应当出具审查意见，报请分管副局长召集评审委员会进行审核。监狱管理局分管副局长主持完成审核后，应当将审核意见报请局长审定；分管副局长认为案件重大或者有其他特殊情况的，可以建议召开局长办公会议审议决定。

监狱管理局审核同意对罪犯提请减刑的，由局长在《罪犯减刑审核表》上签署意见，加盖监狱管理局公章。

2. 法院受理、审理和裁定

法院受理减刑案件，应当审查执行机关移送的材料是否包括下列内容：（1）减刑建议书；（2）原审法院的裁判文书、执行通知书、历次减刑裁定书的复制件；（3）证明罪犯确有悔改、立功或者重大立功表现具体事实的书面材料；（4）罪犯评审鉴定表、奖惩审批表等；（5）刑事裁判涉财产部分、附带民事裁判的执行、履行情况；（6）根据案件情况需要移送的其他材料。人民检察院对报请减刑案件提出意见的，执行机关应当一并移送受理减刑案件的人民法院。经审查，材料不全的，应当通知提请减刑的执行机关在 3 日以内补送；逾期未补送的，不予立案。

法院审理减刑、假释案件，应当在立案后 5 日以内对下列事项予以公示：（1）罪犯的姓名、年龄等个人基本情况；（2）原判认定的罪名和刑期；（3）罪犯历次减刑情况；（4）执行机关的减刑建议和依据。公示应当写明公示期限和提出意见的方式。

法院审理减刑案件，应当组成合议庭，可以采用书面审理的方式，但下列案件应当开庭审理：（1）因罪犯有重大立功表现提请减刑的；（2）提请减刑的起始时间、间隔时间或者减刑幅度不符合一般规定的；（3）被提请减刑罪犯系职务犯罪罪犯，组织、领导、参加、包庇、纵容黑社会性质组织罪犯，破坏金融管理秩序罪犯或者金融诈骗罪犯的；（4）社会影响重大或者社会关注度高的；（5）公示期间收到不同意见的；（6）人民检察院提出异议的；（7）有必要开庭审理的其他案件。

经开庭审理或者书面审理后，由法院作出裁定。对被判处死刑缓期执行的罪犯的减刑，服刑地高级人民法院在收到同级监狱管理机关审核同意减刑建议书之日起 1 个月内作出裁定；对被判处无期徒刑的罪犯的减刑，服刑地高级人民法院在收到同级监狱管理机关审核同意的建议书后 1 个月以内作出裁定，案情复杂或者情况特殊的，可以延长 1 个月；对被判处有期徒刑和被减为有期徒刑的罪犯的减刑，罪犯服刑地的中级人民法院在收到执行机关提出的减刑建议书后 1 个月以内作出裁定，案情复杂或者情况特殊的，可以延长 1 个月。

3. 送达

人民法院作出减刑裁定后，应当在 7 日以内送达提请减刑的执行机关、同级人民检察院以及罪犯本人。人民检察院认为减刑裁定不当，在法定期限内提出书面纠正意见的，人民法院应当在收到意见后另行组成合议庭审理，并在 1 个月以内作出裁定。

九、我国减刑制度存在的问题

减刑制度虽然有利于激励罪犯积极改造重返社会，但由于其适用对象和条件的特殊性，适用不当可能会起到与宽严相济刑事政策不相符合的负面作用。从我国减刑制度的司法实践来看，我国的减刑制度存在的问题主要有以下几点。

（一）减刑权的错位

从世界各国的规定来看，减刑权的归属有两种模式：一是由法院即审判机关决定减刑，我国和苏联、意大利、法国等国家都采取这种模式。二是由监狱行刑机关或特定的行政机关决定减刑，英国、美国、加拿大、澳大利亚、缅甸等世界上大多数的国家和地区都采用第二种模式，中国香港特别行政区、台湾地区也都采取这种模式。

从刑罚理论上看，减刑权是行刑权。刑罚结构理论表明，刑罚权由制刑权、求刑权、量刑权、行刑权四个方面内容构成。制刑权是国家创制刑罚的权力；求刑权是请求对犯罪人处以刑罚的权力，一般表现为公诉的形式，由检察机关行使；量刑权是审判机关依据求刑而决定是否定罪科刑和科处什么刑罚的权力；行刑权是监狱等行刑机关执行刑罚的权力，它们共同构成国家刑事司法权的重要内容，彼此联系，相互依存，相互制约，有机结合。其中，行刑权是使刑罚付诸实施，是以包括减刑等活动的刑罚执行为内容。因此，减刑权其实是行刑权中一个重要的组成部分。

从减刑的目的来看，减刑是为了鼓励罪犯真诚悔过认真改造，这项工作是一项融刑法学、矫正学、生理学、心理学、社会学等科学为一体的十分复杂、专业化程度极高的系统工程，并非只是判断是否符合法定条件那么简单。它关系到罪犯是否把减刑看作是对积极改造的奖励，并把它作为努力改造的驱动力，关系到罪犯改造的质量，必须由专家负责。监狱是国家专门的行刑机关，对于改造工作有着长期的经验积累、丰富的专业知识，他们掌握罪犯改造的规律，能够根据罪犯的改造表现判断其是否真正具有悔改的决心，并可以随时监控罪犯的行为，及时根据其行为做出奖惩决定，激励罪犯积极改造。监狱最了解罪犯的改造情况，却无权对罪犯作出减刑决定。而法院是国家的审判机关，对于改造工作是陌生的，它只根据书面材料掌握罪犯减刑与否的大权，这势必给改造工作带来了重重的束缚。

从减刑的效率方面来看，对罪犯予以减刑必须是及时的。奖励越是迅速及时，对罪犯的刺激就越强烈，留在他们心里的印象就越深刻，就越能激励罪犯的改造潜能使之快速被矫正。我国的减刑由监狱整理材料提出意见后层层上报到法院的整个过程已是十分繁杂，且每一个中级人民法院所辖的监狱都不止一个，有的甚至十几个，因此，每个法院处理的减刑案件数量偏多，从而导致减刑案件得不到及时处理。人民法院是国家的审判机关，其根本任务是审判，大量的审判事项本已繁重，很难保证有足够的精力来处理减刑事务，致使在实践中，减刑案件的办理往往久拖不决，严重影响了减刑质量和效果，使得减刑这样一个好的法律制度的作用没有充分发挥，且也浪费了审判资源。

从减刑的实质来看，减刑只是根据罪犯在服刑期间的良好表现，在法定的限度内缩短其刑罚执行的刑期，是行刑调控的手段，它并不影响原判决的效力，不涉及审判权的问题，只是对表现良好的罪犯的刑事奖励，属于行刑权。它与审判有着本质的区别：二者适用的对象、任务与适用程序有着明显的不同。因此，减刑权不应属于审判权的范畴之内。从另一个角度看，刑事诉讼过程的不同阶段，权能行使的机关都不相同，他们分工负责，互相配合、互相制约。监狱作为我国的行刑机关之一，负责行刑中的各项事务，正是刑事诉讼本身的要求。而我国现行法律规定减刑权由法院行使，这就造成刑罚执行机关与决定机关的分离，使减刑工作的正常运作遇到了障碍。所以，就必须从合理分工的角度出发，把行刑工作统一交由司法行政机关负责进行，将减刑权回归刑罚执行机关，从而更好地发挥减刑应有的作用，使刑罚执行工作更加完善。由此看来，将减刑权划归行刑权的范畴更合乎理论与实践的要求。

（二）减刑条件设置不合理

1. 减刑的适用条件过于笼统

刑法和《减刑假释的规定》中虽已明确规定了减刑的条件，但是"确有悔改表现或者有立功表现、重大立功表现"的规定过于笼统。为了实现对罪犯的定量评价，我国 20 世纪 80 年代末开始实行记分考核奖惩罪犯的办法，将减刑与罪犯的得分直接挂钩，减刑按奖分的考核结果决定。1990 年为了统一和完善罪犯的考核奖励制度，司法部颁布实施了《司法部关于计分考核奖罚罪犯的规定》，明确了对罪犯的计分考核制度。2016 年 7 月司法部又印发了《关于计分考核罪犯的规定》，明确了对罪犯的计分考核的内容、标准、组织、方法和运用。2021 年 8 月司法部关于印发《监狱计分考核罪犯工作规定》，进一步细化了计分考核的内容和标准，将计分考核结果作为对罪犯实施分级处遇、依法提请减刑的重要依据。现在全国各地监狱对罪犯减刑的报请都依据罪犯的有效奖分和相应表扬决定。但各监狱的具体情况不同，奖分条件的把握可能会不一样，有可能使减刑过程中的操作上出现偏差。为此，需要严格执行减刑的定量评价标准，实现减刑的公平公正。

2. 减刑的限度条件不尽合理

《刑法》第 78 条规定，减刑后实际执行的刑期，判处管制、拘役、有期徒刑的，不能少于原判刑期的 1/2；判处无期徒刑的，不能少于 13 年；限制减刑的死刑缓期执行的犯罪分子，缓期执行期满后依法减为无期徒刑的，不能少于 25 年；缓期执行期满后依法减为 25 年有期徒刑的，不能少于 20 年。这一规定表明罪犯经过一次或几次减刑后必须符合法定的最低服刑期，该规定难以制约减刑后刑期已经接近法定服刑期的罪犯。

另外，从我国的法律规定来看，一次减刑一般为半年到 1 年，最多可以 1 年到 2 年，这是明显的少次多量。而国外大多数国家都是按月减刑，每次减去几天，最后累计计算，可谓少量多次。而减刑是促进罪犯自觉改造的刺激因素，应该少量多次地适用才能保证刺激因素的长期效应，从而真正实现减刑的目的。

（三）减刑程序方面存在的问题

1. 罪犯在减刑中的权利得不到保障

首先，罪犯在减刑案件中没有辩护权。我国法律规定了犯罪嫌疑人、被告人在刑事诉讼中享有辩护的权利，但罪犯在减刑过程中却没有这样的权利，这不利于维护罪犯的合法权益。

其次，罪犯对减刑没有上诉权。对于罪犯的所有处理都应当留有救济途径，这是维护公正、保障人权的基本要求。在我国的减刑程序中，人民法院在不听取罪犯的意见的情况下，只是在审查执行机关一方提出的材料后就作出决定，并且，罪犯对减刑裁定不服的，也没有有效的救济途径。这就缺少了对权力滥用的制约力量。

因此，明确获得减刑是符合减刑条件罪犯的一项权利，并从立法上建立一套罪犯减刑权利的保障制度实属必要。

2. 减刑决定权缺乏必要的制约

《刑事诉讼法》第274条规定："人民检察院认为人民法院减刑、假释的裁定不当，应当在收到裁定书副本后二十日以内，向人民法院提出书面纠正意见。人民法院应当在收到纠正意见后一个月以内重新组成合议庭进行审理，作出最终裁定。"这一法律规定无疑会对防止和及时纠正减刑裁定不当的案件发生起到积极的作用，但是就人民检察院对减刑工作的监督制约的效能而言，存在以下问题。

第一，人民检察院作为国家的法律监督机关，根据法律相关规定，仅限于对减刑裁定不当的案件提出纠正意见，而对于减刑裁定作出之前的环节——减刑的考核与呈报（减刑建议的提出）、减刑案件的审理过程如何进行监督，法律却未作出明确的规定，这难以发挥检察机关强大的监督职能，亦很难保证对减刑工作的监督效果。

第二，程序公开是保证结果公正的重要条件，而我国的减刑呈报程序完全是书面式的不公开的审批程序，是由司法机关行使却按行政程序进行的。这与法院的裁判权不相符合，也与正当程序的要求不相符合。

故而，需要改革现有检察监督方式，让检察机关直接参与减刑决定程序，加大人民检察院对减刑整个环节的监督力度。

（四）减刑配套制度不健全

1. 减刑没有设立考验期

在我国，罪犯减刑数年被释放后，对于因减刑而提前释放的数年不设有考验期，不附加任何的监督和考察，容易使因减刑而提前释放的犯罪人放纵自己，毫无顾忌地重新犯罪。

2. 减刑没有设立撤销制度

我国的减刑有"可以减刑"和"应当减刑"两种，是法律授予其"确有悔改表现"或"立功表现"，或"重大立功表现"的刑事奖励。但是如果减刑后发生或者发现有法律规定的与减刑适用条件相悖的，例如，弄虚作假骗取减刑或者严重违规、重新犯罪和发现漏罪，说明罪犯确无悔改，减刑适用错误，应当有减刑撤销制度予以纠正，然而实际操作中却没有撤销制度或规定可以依据。

第三节 假释

一、假释制度的缘起

假释起源于英属殖民地澳大利亚。18 世纪，澳洲作为英国殖民地，接收了很多从英国本土送来的被判处流放刑的罪犯，对于有悔改表现的罪犯，对其附条件释放，这就是假释制度的原始形态。19 世纪初叶，英国推出一种"释放票"，是指对有"悔悟表现"的罪犯，在监视条件下恢复其自由。

19 世纪中叶以后，西方各国纷纷效仿英国的假释制度。到 20 世纪 20 年代之后，假释制度在欧美得到了广泛的发展。随着假释制度在各国的广泛采用，各国也开始在刑法典中进行了规定，但其中具体规则不尽一致，也出现了各国假释制度的标准不统一，假释制度在适用中出现了各种问题。1950 年，国际刑法及监狱会议在海牙召开并通过决议，确立了假释制度的国际标准，为改进、完善和统一各国的假释制度奠定了基础，具有重大的历史和现实意义。

在我国，假释制度源于清末。1910 年，清政府颁布的《大清新刑律》中首次规定了假释制度，其关于假释的规定包括了假释的对象、条件（包括形式条件和实质条件）、假释程序、假释机关、假释的效力及撤销。清王朝覆灭后，南京临时政府也基本沿袭了清朝的假释制度。新中国成立后，法制尚不健全，而对假释并没有全国性的统一规定，这时的假释都是散见于各地颁行的立法文件之中。1954 年，政务院颁布的《中华人民共和国劳动改造条例》是新中国第一部监狱行政法规，也是国家第一次以统一的立法形式规定假释制度。1979 年，我国颁布的首部刑法用了 3 个条文对假释制度作出了明确规定，与现在的假释较接近。1980 年实施的刑法、刑事诉讼法设专节规定了假释制度的实体条件和适用程序。

在以上基础上，国家立法机关制定了监狱法，1997 年修订的刑法对假释制度作了进一步的完善。如今，1997 年关于假释制度实施的规定已经有二十几年，这些年间我国社会形势发生了许多变化，原有规定有些已经不能适应构建和谐社会历史任务和新形势下宽严相济刑事政策的要求。2010 年，《刑法修正案（八）》对有关内容作了重大修改并且已经实施。习近平总书记在党的二十大报告第三部分"新时代新征程中国共产党的使命任务"中也明确指出，到 2035 年，我国发展的总体目标……基本建成法治国家、法治政府、法治社会，作为对于罪犯改造进行激励方式的假释制度，在未来也必须按照法治的要求进行修正和改进，以更好地适应罪犯改造的要求。

二、假释的概念及特点

假释是指被判处有期徒刑、无期徒刑的犯罪分子，在执行一定刑期之后，因遵守监规，接受教育改造，确有悔改表现，没有再犯罪的危险，而附条件地予以提前释放的一种刑罚执行制度。

其特点为：（1）假释以受刑人在考验期的表现为条件；（2）假释以执行一定期限的刑罚为前提；（3）假释以受刑人在服刑期间的悔改为根据。对罪犯假释时，同时依法宣告假释考验期。如果考验期满，被假释罪犯在考验期间没有犯新罪，没有发现漏罪和没有违反监督管理规定行为的，就认为原判刑罚已经执行完毕。

三、假释的条件

根据《刑法》第 81 条规定，适用假释必须同时符合以下四个条件。

（一）假释适用于被判处有期徒刑、无期徒刑的罪犯

被判处死刑缓期二年执行的罪犯，减为无期徒刑或者有期徒刑后，符合假释条件的，也可以适用假释。但累犯以及因故意杀人、强奸、抢劫、绑架、放火、爆炸、投放危险物质或者有组织的暴力性犯罪被判处 10 年以上有期徒刑、无期徒刑的犯罪分子除外。适用假释必须以犯罪分子被关押为前提。判处死刑立即执行的、判处死刑缓期执行的、判处 3 年以下有期徒刑或者拘役同时宣告缓刑的情形等，不存在假释问题。

（二）假释适用于已经执行了一定刑期的罪犯

被判处有期徒刑的，必须执行原判刑期 1/2 以上，其时间从判决执行之日起计算。判决执行以前先行羁押的，羁押一日折抵刑期一日。被判处无期徒刑的，必须执行 13 年以上，其时间从无期徒刑判决确定之日起计算。判决生效以前先行羁押的时间不予折抵。如果有特殊情况，经最高人民法院核准，可以不受上述执行刑期的限制。"特殊情况"是指有国家政治、国防、外交等方面特殊需要的情况。

被判处死刑缓期执行的罪犯减为无期徒刑或者有期徒刑后，实际执行 15 年以上，方可假释，该实际执行时间应当从死刑缓期执行期满之日起计算。死刑缓期执行期间不包括在内，判决确定以前先行羁押的时间不予折抵。

（三）假释只适用于确有悔改表现、没有再犯罪的危险的罪犯

所谓"确有悔改表现"，是指罪犯同时具备以下四个方面的情形：（1）认罪悔罪；（2）遵守法律法规及监规，接受教育改造；（3）积极参加思想、文化、职业技术教育；（4）积极参加劳动，努力完成劳动任务。所谓没有再犯罪的危险，是指除符合《刑法》第 81 条规定的情形外，还应根据犯罪的具体情节、原判刑罚情况，在刑罚执行中的一贯表现，罪犯的年龄、身体状况、性格特征，假释后生活来源以及监管条件等因素综合考虑。在理解和掌握假释的实质条件时，必须注意《刑法》第 81 条第 2 款的规定，即对累犯以及因故意杀人、强奸、抢劫、绑架、放火、爆炸、投放危险物质或者有组织的暴力性犯罪被判处 10 年以上有期徒刑、无期徒刑的犯罪分子，不得假释的规定，这不仅是对假释适用对象的限制，也是对适用假释实质条件的补充。根据《减刑假释规定》规定，因该种情形和犯罪被判处死刑缓期执行的罪犯，被减为无期徒刑、有期徒刑后，也不得假释。当然，上述两种犯罪分子如果符合减刑条件，可以减刑。

（四）假释适用于假释后对所居住社区的没有不良影响的罪犯

《刑法》第 81 条第 3 款规定，对犯罪分子决定假释时，应当考虑其假释后对所居住社区的影响。也就是说，如果犯罪分子假释后，会对所居住的社区带来重大不良影响的，可以决定不假释，这是假释适用的一个限制条件，实际上是严格了假释的适用。

四、假释的禁止

根据《刑法》第81条的规定，以下情形不得假释：（1）无论对罪犯所判处的是什么刑种与刑期，对累犯不得假释；（2）对实施了故意杀人、强奸、抢劫、绑架、放火、爆炸等暴力性犯罪，并且被判处10年以上有期徒刑、无期徒刑的犯罪人，不得假释；（3）对于被判处10年以上有期徒刑、无期徒刑的有组织的暴力性犯罪人，即使减刑后其刑期低于10年有期徒刑，也不得假释。

五、假释的程序

根据《刑法》第82条规定，对犯罪分子的假释，依照本法第79条规定的程序进行。非经法定程序不得假释。具体程序同前述减刑程序。

六、假释考验期限

根据《刑法》第83条的规定，被判处有期徒刑的犯罪分子，其假释的考验期为原判刑罚没有执行完毕的刑期，即宣告假释时原判刑罚的剩余时期。被判处无期徒刑的犯罪分子，其假释的考验期限为10年。假释的考验期限，从假释之日起计算，即从人民法院依法裁定假释之日起计算。然而，假释并不影响附加刑的执行。犯罪分子被宣告假释后，若原判决有附加刑，附加刑仍需执行。原判决对罪犯附加剥夺政治权利的，从假释之日起计算。

七、对假释犯的矫正

根据《刑法》第85条的规定，被假释的犯罪分子，在假释考验期内，依法实行社区矫正。在社区矫正期间，被宣告假释的犯罪分子需要遵守《刑法》第84条的规定，具体要求为：（1）遵守法律、行政法规，服从监督；（2）按照监督机关的规定报告自己的活动情况；（3）遵守监督机关关于会客的规定；（4）离开所居住的市、县或者迁居，应当报经监督机关批准。

八、假释的撤销

《刑法》第86条规定，被假释的犯罪分子在假释考验期限内，如果再犯新罪或者发现漏罪以及具有违反法律、行政法规或者国务院有关部门关于假释的监督管理规定的行为，尚未构成新的犯罪的，就应撤销假释。据此，假释撤销有三种情形，即又犯新罪；发现漏罪；有违法行为。

九、适用假释时应注意的问题

（1）对于死缓犯减刑后能否适用假释的问题，司法实践中一般认为，对于死缓犯减为无期徒刑或者有期徒刑后，符合假释条件的，可以适用假释。但是因累犯以及因故意杀人、强奸、抢劫、绑架、放火、爆炸、投放危险物质或者有组织的暴力性犯罪被判处死刑缓期执行的罪犯，被减为无期徒刑、有期徒刑后，也不得假释。

（2）对于假释后的罪犯能否再减刑的问题，司法实践中认为，除有特殊情况，经假释的罪犯一般不得减刑，其假释考验期也不能缩短。

（3）根据《减刑假释规定》，罪犯减刑后又假释的，间隔时间不得少于1年；对一次减去1年以上有期徒刑后，决定假释的，间隔时间不得少于1年6个月。

罪犯减刑后余刑不足2年，决定假释的，可以适当缩短间隔时间。

（4）对于下列情形的罪犯适用假释时可以从宽掌握：过失犯罪的罪犯、中止犯罪的罪犯、被胁迫参加犯罪的罪犯；因防卫过当或者紧急避险过当而被判处有期徒刑以上刑罚的罪犯；犯罪时未满18周岁的罪犯；基本丧失劳动能力、生活难以自理，假释后生活确有着落的老年罪犯、患严重疾病罪犯或者身体残疾罪犯；服刑期间改造表现特别突出的罪犯；具有其他可以从宽假释情形的罪犯。

（5）罪犯既符合法定减刑条件，又符合法定假释条件的，可以优先适用假释。

十、目前我国假释制度在执行中存在的问题

在我国，假释制度是激励罪犯认罪悔罪、积极改正的极为有力的执行制度，体现了我国惩罚与教育相结合，根据实际情况进行奖惩的原则。但任何一种制度，在具备其优点和作用的同时，也都会存在一定的问题：

1. 假释制度的相关法律规定还不完善

虽然我国刑法、监狱法等法律对假释制度作了一些完善规定，但规定依然过于笼统和零散，特别是长期以来一直没有制定出一部调整假释和社区矫正活动乃至整个刑罚执行的，并与刑法、刑事诉讼法相互协调、配套和衔接的《刑事执行法》，使假释的决定、程序和监督管理、假释后的社区矫正，以及对违规违法的假释人员的收监执行等一系列工作既缺乏法律依据，也缺乏可操作性，随意性较大，从而影响到刑罚执行的效果和刑罚目的的实现。因此，需要细化假释制度的相关法律规定，使假释的决定、实施程序及监督、社区矫正等环节有法可依。

2. 假释决定权的归属不合理

西方各国的假释决定权大都由法律授权给刑罚执行的主管机关——司法行政机关（有些国家是内政部或称内务部）行使而不是由法院行使，我国则把假释决定权视为审判权的延续而交给法院行使。并且，按照现行法律的规定，服刑人员假释是由监狱所在地的中级人民法院或者高级人民法院裁定，也就是说，大部分服刑人员的假释并不由原审法院办理，这就意味着负责假释裁定的法院既不了解服刑人员入狱前的表现情况，也不了解其在狱内的改造表现，往往难以在假释裁定上做到完全准确。为此，需要合理解决假释权的归属问题，使假释制度公正、高效运行。

3. 适用比例普遍偏少

在世界各国大量适用假释和实行社区矫正罪犯的当今时代，我国假释的服刑人员只占到服刑人员总数的 2%～3%。这种状况，造成法律资源的闲置，使假释制度在刑罚理论和实践的意义都显得微乎其微。造成这种状况的主要原因是，一方面，假释的建议机关——监狱机关担心被假释的罪犯，在假释考验期内可能又犯罪，进而"反证"了假释建议意见的错误，为避免担负责任，不愿适用假释，而多以减刑取而代之；另一方面，假释的决定机关——人民法院，基于同样的考虑，顾虑也较多，因而从严控制假释的适用，而亦以裁定减刑取而代之，从而出现假释适用率低的现象，使本来负担沉重的监狱雪上加霜。大量可以假释而没有假释的罪犯，特别是那些老、弱、病、残者和相当一部分丧失劳动能力者，只能在监狱里"坐吃闲饭"，再加上昂贵的医疗费，使原本就经费紧张的监狱不堪重负。再者，刑罚执行中存在重监禁刑、轻非监禁刑的倾向。当今西方国家已进入了以矫治刑为主的时代，自由刑在刑罚体系中的中心地位已经发生了根本动摇。随着行刑社会化、开放化的制度的建立，各国逐步形成了行刑多元化的格局，自由刑执行的方式也出现了重大的变革，带有明显的非监禁刑倾向。监狱已不是刑事执行的中心部分，包括假释在内的各种非监禁刑及社会矫正已成为惩罚和矫正犯罪的主要形式。假释等非监禁刑被视为与监禁刑同等重要的矫正手段而大量使用。但是，我国仍然比较看重监禁刑的作用，认为只有把罪犯关在监狱里才是最安全的，因而对假释等非监禁刑的适用重视得不够。解决此问题，需要转变司法理念，依法落实假释制度，取消假释比例，扩大假释适用率，只要符合假释条件的，应该予以假释，以充分发挥假释制度的激励作用。

4. 假释后的帮教措施还不完善

由于我国正处于社会转型时期，社区预防和社区矫正犯罪的能力还很脆弱，服刑人员假释后的跟进措施不完善，假释的监管措施难以落实到位，假释实际等于"释放"，从而导致假释难以适用。因此，借鉴国外先进经验，为假释犯的重新社会化提供社会援助，以减少他们再次犯罪就成为必要。

 思考题

1. 我国社区矫正的内容？
2. 减刑幅度是如何规定的？
3. 假释的执行条件和程序？
4. 如何解决我国假释制度中存在的问题？
5. 如何保证我国的社区矫正制度真正发挥作用？

 案例分析①

罪犯方某某，因犯伪造货币罪，出售、购买假币罪，出售假币罪，于2011年10月8日被广州市中级人民法院判处有期徒刑20年，并处罚金人民币160000元。判决生效后交付执行，服刑期间减刑三次。刑罚执行机关于2022年5月以罪犯方某某在服刑考核期间确有悔改表现为由报请对其减刑。经审理查明，罪犯方某某在服刑考核期间能认罪悔罪；认真遵守法律法规及监规纪律，接受教育改造；积极参加思想、文化和职业技术教育；积极参加生产劳动，努力完成生产任务。本次考核期间获得表扬8次，缴纳罚金44000元。

① 梅州市中级人民法院《减刑案件十个典型案例》。

　　梅州中院经审理认为，罪犯方某某在服刑考核期间主观上认罪悔罪，客观改造上取得良好的考核成绩，能主动履行财产刑，符合确有悔改表现的减刑条件。依照法律有关规定，对确有悔改表现的罪犯，一次减刑不超过 9 个月有期徒刑，但该犯系破坏金融管理秩序类的罪犯，数罪并罚且其中两罪以上被判处 10 年以上有期徒刑，具有多个法定从严减刑情节，应对其从严减刑。综合考察影响减刑的各种因素，裁定对该犯减去有期徒刑 4 个月。

　　结合案例思考减刑的程序、幅度以及限制性规定。

第十五章

刑罚消灭

学习要点

刑罚消灭包括求刑权、量刑权、行刑权的消灭以及刑罚后遗效果的消灭。我国刑法只规定了超过追诉时效和经特赦免除刑罚两种刑罚消灭事由。时效分为追诉时效和行刑时效。我国刑法只规定了追诉时效。赦免包括大赦和特赦两种。我国只规定了特赦。

重点问题

1. 刑罚消灭的事由
2. 追诉时效的期限与计算
3. 我国特赦的特点

第一节　刑罚消灭概述

一、刑罚消灭的概念与特征

刑罚消灭，是指由于法定的或事实的原因，致使代表国家的司法机关不能对犯罪人行使具体的刑罚权。刑罚消灭具有以下特征。

（1）刑罚消灭是以行为人的行为构成犯罪为前提，以应当适用或执行刑罚或正在执行刑罚为前提。刑罚是犯罪的主要法律后果，因此，刑罚消灭的直接前提是应当适用或执行刑罚或正在执行刑罚，但其根本前提在于行为人的行为构成犯罪。如果行为人的行为不构成犯罪，则不存在刑罚消灭的问题。具体说，刑罚消灭存在于以下三种情况：一是行为人的行为已构成犯罪，司法机关对犯罪人应当适用刑罚；二是人民法院已经对犯罪人判处刑罚而尚未执行但依法应当执行；三是犯罪人正在被执行刑罚之中。

（2）刑罚消灭意味着代表国家的司法机关丧失对犯罪人行使具体的刑罚权。换言之，刑罚消灭即是一定刑罚权的消灭。如前所述，刑罚权包括制刑权、求刑权、量刑权和行刑权。由于制刑权由立法机关行使，因此刑罚消灭不可能导致制刑权的消灭，而只能导致求刑权、量刑权和行刑权的消灭。详言之，在对犯罪人应当适用刑罚但已过追诉时效等情况下，刑罚消灭意味着求刑权的消灭，量刑权和行刑权也随着消灭；在司法机关已经行使了求刑权而被告人死亡等情况下，刑罚消灭意味着量刑权的消灭，行刑权也随着消灭；在已经适用刑罚但国家宣告特赦等情况下，刑罚消灭意味着行刑权的消灭。

（3）刑罚消灭必须基于一定的原因。引起刑罚消灭的原因可分为两类：一类是法定原因，即法律所规定的能够引起刑罚消灭的原因，如超过追诉时效、因犯罪情节轻微而不起诉、免除刑罚处罚、赦免、减刑等。在此情况下，虽然司法机关事实上能够行使刑罚权，但法律规定不得行使刑罚权。另一类是事实上的原因，即某种特定事实的出现自然地导致刑罚的消灭，如正在执行刑罚的犯罪人死亡，使刑罚执行的对象不存在，自然导致刑罚执行权的消灭。

二、刑罚消灭事由的种类

关于刑罚消灭事由的种类，理论上观点不一，计有三种：其一认为，刑罚消灭的事由仅指刑罚执行权的消灭事由。其二认为，刑罚消灭事由分为两类：刑罚请求权消灭的事由和刑罚执行权消灭的事由。其三认为，刑罚消灭事由也分为两类：求刑权（即刑罚请求权）与量刑权（即刑罚裁量权）消灭的事由；行刑权消灭的事由（刑罚执行权消灭的事由）。

上述三种观点中，前两种观点关于刑罚权消灭事由种类的主张我们认为不妥。如前所述，刑罚消灭，虽不能导致制刑权的消灭，却能够导致求刑权、量刑权和行刑权的消灭。既然如此，每类权力的丧失也必基于一定的事由，因此，第一种观点忽略求刑权、量刑权的消灭事由是不妥的。第二种观点忽略量刑权的消灭事由也是不当的。第三种观点虽然包含了量刑权，但却将求刑权和量刑权的消灭事由合二为一，与行刑权的消灭事由并列，从而导致逻辑上的不平衡。因为，就逻辑上而言，求刑权的消灭事由、量刑权的消灭事由、行刑权的消灭事由应是相互并列的关系。

此外，理论上还有在"刑罚权的消灭"之后，专门探讨"刑罚后遗效果的消灭"①。即刑罚权消灭以后，行为人以前受过一定刑罚处罚的事实仍然存在（刑罚的后遗效果），从而在该人以某一资格为必要的场合（如公职选举或从事律师、医生等一定职业），该处罚事实（资格欠缺）影响行为人权利行使的情形。不可否认，刑罚的后遗虽然可对受刑人起一种警示和惩罚作用，但是，如任何时候都认定该处罚事实，就不利于促进受刑人尽快回归社会。这其实正是刑罚"双刃剑"性质的明显反映。因此，某种情况下，为促使犯罪人早日复归社会，消灭刑罚的后遗效果，可能是必要的。

据此，刑罚消灭的事由分为以下四类：求刑权消灭的事由；量刑权消灭的事由；行刑权消灭的事由；刑罚后遗效果消灭的事由②。

三、刑罚消灭的事由

（一）求刑权消灭的事由

在我国，求刑权消灭事由主要包括以下几种。

（1）超过追诉时效。犯罪发生后，司法机关超过法律规定的追诉时效而未追诉，从而使求刑权因追诉期满而归于消灭。

（2）犯罪人死亡。如果犯罪人在起诉前死亡，则起诉对象便不存在，求刑权也自然归于消灭。

（3）告诉才处理的犯罪，有权告诉的人不予告诉。依照刑法规定属于"告诉乃论"之罪的，如果有权告诉的人没有告诉，即使追诉期限未满，求刑权亦随之消灭。

（4）行为已构成犯罪，但在起诉前法律已废止其为犯罪。若某种行为依照行为时法已构成犯罪，但在起诉前依照新法则不构成犯罪，则对该行为的求刑权自行消灭。

另外，在实行大赦的国家，大赦也是求刑权消灭的事由。即在犯罪人所犯之罪未被追诉时即被大赦的，则司法机关不再对其行追诉，求刑权归于消灭。

① 马克昌主编：《刑罚通论》，武汉大学出版社2006年版，第660页。
② 马克昌主编：《刑罚通论》，武汉大学出版社2006年版，第660~664页；冯殿美主编：《刑法学》（上），山东大出版社2004年版，第390~392页。

（二）量刑权消灭的事由

在我国，量刑权消灭事由主要包括以下几种。

（1）犯罪人死亡。犯罪人在被起诉后、判决确定前死亡的，由于刑罚裁量之对象消失，再对其进行量刑已无任何意义，量刑权归于消灭。

（2）告诉才处理的犯罪，告诉人撤回告诉的。对于"告诉乃论"的犯罪，如自诉人基于某种原因又撤回其告诉的，则审判机关不得再行审理该案，量刑权随之消灭。

（3）因犯罪已被起诉，但判决确定前法律已废止其为犯罪。某种行为依行为时法已构成犯罪，且正在审判过程中，但在判决确定前，新法规定该种行为不构成犯罪，那么，司法机关就不得对行为人予以量刑，刑罚裁量权即告消灭。

（4）因犯罪情节轻微而不起诉。在行为人因犯罪情节轻微而不被起诉的情况下，基于"不告不理"的原则，量刑权亦随之归于消灭。

另外，在实行大赦的国家，大赦也是量刑权消灭的事由。即犯罪人已被起诉，但在判决确定前被大赦的，则审判机关不得再对犯罪人裁量刑罚，量刑权归于消灭。

前科消灭是当今世界各国广泛采用的一项刑罚消灭事由，但在前科的规定上，各国的规定不尽相同。有的将前科规定为被法院认定犯有罪行并被科刑的事实，有的将前科规定为曾被判决有罪宣告的事实。我国刑法没有规定前科消灭制度，仅规定了针对未成年人的免除前科报告义务，但是对于前科的法条用语是"受过刑事处罚"。理论上和实践中，各国规定对前科的理解也不一致，我们认为，前科是指曾经被宣告犯有罪行的事实，至于是免予刑罚处罚，还是执行刑罚，对前科的认定没有影响。前科消灭是指当曾受过有罪宣告的人具备法定条件时，注销其犯罪记录的制度。这里的法定条件，包括时间条件和个人表现条件。前科消灭使得有前科的人在具备法定条件时撤销其前科，不至于永远承受实际上的惩罚和巨大的精神负担，符合人道主义的要求。同时，前科消灭有助于消除犯罪标签，预防其再次犯罪，使其顺利回归社会。因此，就应然而言，我国刑法可考虑规定前科消灭制度，但不可否认的是，一旦规定了前科消灭制度会对累犯制度构成冲击。

（三）行刑权消灭事由

在我国，行刑权消灭事由主要包括以下几种。

（1）特赦。犯罪人被宣布特赦时，其残余刑期不再执行，行刑权亦归于消灭。

（2）判决已经确定，但刑罚尚未执行或未执行完毕前，法律已废止其刑罚的。某种刑罚在法律上一经废止，无论受刑人被执行与否，该刑罚权亦自行消灭，不得再被执行。

（3）刑罚免除。犯罪人已判决确定有罪但免除刑罚处罚的，因无刑罚可执行，行刑权归于消灭。

（4）刑罚执行完毕。刑罚执行完毕后，行刑权自然归于消灭。

（5）缓刑考验期满。被宣告缓刑的犯罪人，在缓刑考验期限内没有法定撤销缓刑的情形，缓刑考验期满后，原判刑罚即不再执行，行刑权便归于消灭。

（6）假释考验期满。被假释的犯罪人，在假释考验期限内没有法定撤销假释的情形，假释考验期满，即视为刑罚已经执行完毕，行刑权归于消灭。

（7）减刑。被宣告减刑的犯罪人，减去的那部分刑罚便不再执行，则该部分的刑罚权归于消灭。

（8）减免刑罚执行。《刑法》第53条规定，犯罪人如果由于遭遇不能抗拒的灾祸等原因缴纳罚金确实有困难的，经人民法院裁定，可以酌情减少或者免除。当罚金被依法减少或免除缴纳时，部分或者全部的罚金刑的执行权即行消灭。

在国外，行刑权消灭的事由还有以下几种。

（1）大赦。犯罪人被宣布大赦时，其罪与刑均归于消灭；其原判刑罚或残余刑期均不再执行，行刑权亦归于消灭。

（2）行刑时效届满。刑罚宣告以后，司法机关超过法定执行时效而未执行的，行刑权归于消灭。

（3）复权。复权是指对宣告资格刑的犯罪人，当其具备法律规定的条件时，审判机关提前恢复其被剥夺的权利或资格的制度[1]。被剥夺权利或资格的犯罪人，一旦具备法律规定的条件时，在刑罚尚未执行完毕时即恢复其权利或资格，则权利刑或资格刑的执行权归于无效。

（四）刑罚后遗效果的消灭事由

在我国，刑罚后遗效果的消灭事由主要表现为战时军人宣告缓刑后确有立功表现的情形。《刑法》第449条规定，"在战时，对被判处三年以下有期徒刑没

---

① 马克昌主编：《刑罚通论》，武汉大学出版社2006年版，第716页。

有现实危险宣告缓刑的犯罪军人，允许其戴罪立功，确有立功表现时，可以撤销原判刑罚，不以犯罪论处。"即罪刑宣告丧失效力，不再认为是犯罪。

在国外，该类事由主要有以下几项。

1. 大赦

当行为人的犯罪和刑罚均被大赦时，罪刑宣告便成为无效，刑罚的后遗效果便不再发生。

2. 复权

复权使刑罚执行终了或免除的人，根据法律规定丧失或停止的某种资格得以恢复，即刑罚的后遗效果消灭。

上述刑罚消灭的事由中，我国刑法作出明确规定的，主要有：（1）超过追诉时效的；（2）经特赦免除刑罚的。

第二节　时效

一、时效的概念

时效，是指经过一定期限，对犯罪不得追诉或者对所判刑罚不得执行的一种制度。分为追诉时效和行刑时效。

所谓追诉时效，是指刑法规定的，对犯罪人追究刑事责任的有效期限。在追诉时效内，司法机关有权追究犯罪人的刑事责任；超过追诉时效，司法机关就不能再追究其刑事责任。因此，追诉时效对刑罚权中的求刑权、量刑权具有重要意义：在追诉时效内，司法机关具有求刑权和量刑权；超过追诉时效，司法机关的求刑权、量刑权即告消灭，刑罚亦随之消灭。

所谓行刑时效，是指刑法规定的，对被判处刑罚的人执行刑罚的有效期限。在行刑时效内，刑罚执行机关有权执行刑罚；超过行刑时效，刑罚执行机关就不能再执行刑罚。因此，行刑时效对刑罚权中的行刑权具有重要意义。超过行刑时效，即使已作出罪刑宣告，司法机关也不能行使行刑权，刑罚随之消灭。

各国刑法一般既规定追诉时效，也规定行刑时效。但我国刑法只规定了追诉时效，而没有规定行刑时效。尽管理论上也有学者提出我国刑法应确立行刑时效制度，但通常认为，判处刑罚而没有执行的原因主要有战争或重大的自然灾害、审判机关或刑罚执行机关的疏漏、罪犯脱逃。前两种情况没有出现过，后一种情况可能出现，但不应成为刑罚消灭的正当事由。因为，如果因脱逃超过一定期限就不再执行已经判处的刑罚，无疑对判刑后的犯罪分子脱逃起到激励作用。

二、追诉时效规定的意义

我国刑法关于追诉时效的规定，具有以下意义。

1. 有利于实现刑罚目的

我国刑罚的目的是预防犯罪，如果犯罪人实施犯罪后，在一定期限内没有受到追诉并没有再犯新罪，说明其人身危险性已经消除。若这时再对其进行追诉，从特殊预防的角度来看，已无必要；从一般预防的角度而言，在犯罪行为对社会的危害性已经消失的情况下，也很难收到适用刑罚的效果。因此，对犯罪分子不再追诉完全符合我国刑罚目的的要求。

2. 有利于司法机关集中精力办理现行刑事案件

现行犯罪对社会具有极大的危害性，因此，打击现行犯罪是司法机关的第一要务。而一些旧案，随着时间推移和环境变迁，各种证据可能消失，和案件有关的材料也不易收集，这就会给侦查、起诉和审判带来一定的困难。刑法规定追诉时效，就可以使司法机关摆脱陈年旧案，集中精力办理现行的刑事案件，以更好地保护国家和人民的利益。

3. 可以节省司法资源

惩治犯罪是一项庞大而艰巨的工作，需要大量的人力、物力和财力。对那些经过一定期限不再犯罪的犯罪人不予追诉，可以使司法机关节省大量的人力、物力和财力，从而使我们国家有限的司法资源用在最需要的地方。

4. 有利于社会的安定和团结

犯罪行为经过一定时期后，因犯罪行为而遭受破坏的社会秩序以及因犯罪而引起的人们心理的失衡状态已经得到恢复，在此情形下，如果重新追诉旧案，必将使各种矛盾死灰复燃，破坏已经恢复的社会宁静，从而引起社会的不稳定。

三、追诉时效的期限

根据《刑法》第 87 条的规定，犯罪经过下列期限不再追诉：（1）法定最高刑为不满 5 年有期徒刑的，经过 5 年；（2）法定最高刑为 5 年以上不满 10 年有期徒刑的，经过 10 年；（3）法定最高刑为 10 年以上有期徒刑的，经过 15 年；（4）法定最高刑为无期徒刑、死刑的，经过 20 年。如果 20 年以后认为必须追诉的，须报请最高人民检察院核准。

上述根据犯罪的法定最高刑而确定的追诉时效期限有两个方面的根据：一是罪责刑相适应原则在追诉时效期限上的具体体现。犯罪行为的社会危害性越重，犯罪人所应承担的刑罚也就越重，犯罪的法定最高刑也就越高，追诉时效期限也就越长；反之，犯罪行为的社会危害性程度越低，犯罪人所应承担的刑罚也就越轻，犯罪的法定最高刑也就越低，其追诉时效期限也就越短。二是体现了犯罪人人身危险性的大小对追诉期限长短的作用。犯罪人所犯罪行的轻重在很大程度上反映了其人身危险性的大小，犯罪行为越重，其人身危险性也就越大，追诉期限就越长；犯罪行为越轻，其人身危险性就越小，追诉期限相应较短。

此外，理解第 87 条还要注意以下几个问题。

（1）我国刑法所规定的追诉时效是以法定刑的轻重不同作为划分标准，而不是以宣告刑的轻重为划分依据，也不是以犯罪的轻重分类或者以罪和刑的混合标准进行确立。近几年，有学者提出应为过失犯罪确立有别于故意犯罪的追诉时效。我们认为，根据罪责刑相适应的原则，刑罚的轻重与犯罪的轻重是正比例关系，既然过失犯罪比故意犯罪的主观恶性要轻，刑法设置时，在法定刑上过失犯罪已经轻于故意犯罪，因此，根据法定刑轻重决定追诉时效的长短，已经涵盖了过失犯罪，没有必要单独为过失犯罪规定追诉时效制度。另外，我国刑法所规定的追诉时效是以自由刑和生命刑的法定最高刑为标准的，显然只适用于自然人犯罪，而不能适用于只判处罚金的单位犯罪，这就需要对单位犯罪的追诉时效的期限单独作出规定。目前，单位犯罪的追诉时效可以变通适用：在单罚制的情况下，由于只处罚单位的主管人员和直接责任人员，因此，可以单位的主管人员和直接责任人员的法定刑轻重决定单位犯罪的追诉时效；在双罚制的情况下，单位中的主管人员和直接责任人员的追诉时效，则以其法定刑的轻重确定即可。但是对于判处罚金的单位，如何确立追诉时效？能否套用其主管人员和直接责任人员的追诉时效？我们认为，单位犯罪的主体是单位，如果说，主管人员和直接责任人员套用单位的追诉时效尚有一定的道理的话，那么，单位套用其主管人员和直接责任人员的追诉时效则有所欠妥。另外，单位犯罪的刑事责任大小与其主管人员和直接责任人员应负的刑事责任也并非总是具有一致性。因此，判处罚金的单位的追诉时效直接适用其主管人员或直接责任人员的追诉时效并不恰当。但在刑法没有对单位犯罪的追诉时效作出单独规定的情况下，权宜之计，只能套用其主管人员和直接责任人员的追诉时效。

（2）"法定最高刑"的含义。对此，理论上有两种观点：一种认为，《刑法》第87条所规定的"法定最高刑"，是指刑法分则相应条文的最高刑，而不是同条中某款某项的最高刑。另一种观点认为，《刑法》第87条中的"法定最高刑"，是指刑法分则相应条款规定的最高刑。有关司法解释也肯定了第二种观点。1985年5月21日最高人民法院《关于人民法院审判严重刑事犯罪案件中具体应用法律的若干问题的答复（三）》指出："《刑法》第七十六条（1979年刑法）按照罪与刑相适应的原则，将追诉期限分别规定为长短不同的四档，因此，根据所犯罪行的轻重，应当分别适用刑法规定的不同条款或相应的量刑幅度，按其法定最高刑来计算追诉期限。如果所犯罪行的刑罚，分别规定有几条或几款时；即按其罪行应当适用的条或款的法定最高刑计算；如果是同一条文中，有几个量刑幅度时，即按其罪行应当适用的量刑幅度的法定最高刑计算；如果只有单一的量刑幅度时，即按此条的法定最高刑计算。"1998年1月13日公布起施行的最高人民法院《关于适用〈刑法〉第十二条几个问题的解释》第2条规定再次重申："如果刑法规定的某一犯罪只有一个法定刑幅度，法定最高刑或者最低刑是指该法定刑幅度的最高刑或者最低刑；如果刑法规定的某一犯罪有两个以上的法定刑幅度，法定最高刑或者最低刑是指具体犯罪行为应当适用的法定刑幅度的最高刑或者最低刑。"从坚持罪责刑相适应原则出发，第二种观点更为可取，即法定最高刑应指刑法相应条款规定的最高刑。这样理解，不仅符合我国刑法关于追诉时效期限的立法精神，而且能使我国的追诉时效制度收到积极的效果。据此，追诉时效期限的确定有以下几项内容。

①行为人所犯之罪的刑罚，分别由几条或几款规定时，按照罪行应当适用的条或款所规定的法定最高刑确定追诉时效期限。例如，根据《刑法》第116条的规定，犯破坏交通工具罪，尚未造成严重后果的，处3年以上10年以下有期徒刑。根据《刑法》第119条的规定，犯破坏交通工具罪，造成严重后果的，处10年以上有期徒刑、无期徒刑或者死刑。当犯罪人所犯破坏交通工具罪符合《刑法》第116条的规定时，其犯罪的法定最高刑为10年有期徒刑，应按此条来确定对其追诉时效期限为15年。如果犯罪人所犯破坏交通工具罪符合《刑法》第119条的情况时，其犯罪的法定最高刑则是死刑，则应按第119条确定对其追诉时效期限为20年。

②行为人所犯之罪由同一条文规定了几个量刑幅度时，按照罪行应当适用的量刑幅度的最高刑确定追诉时效期限。如《刑法》第128条对非法持有、私藏枪

支、弹药罪规定了两个量刑幅度，即一般情况下处 3 年以下有期徒刑、拘役或者管制；情节严重的，处 3 年以上 7 年以下有期徒刑。当犯罪人的犯罪情况应当适用第一个量刑幅度时，应按法定最高刑 3 年有期徒刑确定对其追诉时效期限为 5 年；如果犯罪人的犯罪行为应适用上述第二个量刑幅度，那么，就应按 7 年有期徒刑这一法定最高刑来确定对其追诉时效期限为 10 年。

③行为人所犯之罪的刑罚只有一个量刑幅度时，则只能按该量刑幅度的最高刑确定追诉时效期限。例如，根据《刑法》第 261 条的规定，犯遗弃罪的，处 5 年以下有期徒刑、拘役或者管制。这里的 5 年有期徒刑是遗弃罪的法定最高刑，那么，对犯该罪者，则一律按这一刑期确定对其追诉时效期限为 10 年。

（3）法定最高刑为无期徒刑或者死刑的犯罪，什么情形才属于"经过 20 年以后必须追诉的"。如果 20 年以后还必须追诉，则表明此类案件系社会危害性极其严重，犯罪人的人身危险性特别大，所造成的社会影响极恶劣，经过 20 年以后仍然未被社会遗忘的重大犯罪案件。从司法实践来看，所犯罪行特别严重的，潜伏于社会伺机再犯罪的，20 年以后又犯罪的等，都应属于经过 20 年以后必须追诉的范围。但是，如果 20 年以后认为必须追诉的，须报请最高人民检察院核准。不能将适用这种追诉时效期限的犯罪的范围随意扩大化。

为了促进祖国和平统一大业，最高人民法院与最高人民检察院先后于 1988 年 3 月 14 日和 1988 年 9 月 7 日就去台人员（包括犯罪后去台或者其他地区和国家的人员）去台前的犯罪追诉问题发布了两个公告，这两个公告现在仍然有效。第一，去台人员在中华人民共和国成立前在大陆犯有罪行的，根据刑法关于追诉时效规定的精神，对其当时所犯罪行不再追诉。第二，对去台人员在中华人民共和国成立后、犯罪地地方人民政权建立前所犯罪行，不再追诉。第三，去台人员在中华人民共和国成立后、犯罪地地方人民政权建立前犯有罪行，并连续或继续到当地人民政权建立后的，追诉期限从犯罪行为终了之日起计算。凡超过刑法规定的追诉时效期限的，不再追诉。

四、追诉期限的计算

根据《刑法》第 88、第 89 条的规定，追诉期限的计算有以下四种情况。

（一）一般犯罪追诉期限的计算

所谓一般犯罪，此处是指没有连续与继续犯罪状态的犯罪。这种犯罪的"追诉期限从犯罪之日起计算"。关于"犯罪之日"的含义，理论上有不同的观点：有的说是犯罪成立之日，有的说是犯罪行为实施之日；有的说是犯罪行为发生之日；有的说是犯罪行为完成之日；有的说是犯罪行为停止之日。我们认为，犯罪之日应是指犯罪成立之日，即行为符合犯罪构成之日[①]。由于刑法对各种犯罪规定的构成要件不同，因而认定犯罪成立的标准也就不同。对行为犯、危险犯、结果犯来讲，实施行为之日就是犯罪成立之日；对过失犯罪、间接故意犯罪，以及要求以危害结果的发生作为犯罪必要要件的直接故意犯罪而言，危害结果发生之日才是犯罪成立之日；对于预备犯，犯罪预备行为被迫停止之日为犯罪成立之日；对于未遂犯，实行行为被迫停止之日是犯罪成立之日；对于中止犯，自动放弃犯罪行为之日或自动有效地防止犯罪结果发生之日为犯罪成立之日；对共同犯罪而言，共犯人中的最终的行为终了之日就是共同犯罪的成立之日。

上述所言只是追诉期限的起点时间，那么，从犯罪成立之日起计算到何时为止？例如，某犯罪分子的犯罪期限如从犯罪成立之日计算到开始侦查之日，就没有超过追诉期限，如从犯罪成立之日计算到起诉之日，那就过了追诉期限，到审判之日就更不用说了。所以，计算追诉期限的终点时间非常重要。个别学者认为，"追诉"不只是起诉的意义，更重要的是具有追究刑事责任的意义，而追究刑事责任表现为给予刑罚处罚、给予非刑罚处罚或单纯宣告有罪，而这都是经过审判才能确定的。所以，追诉期限应从犯罪之日计算到审判之日为止[②]。我们认为，"追诉"应是指追查、提起诉讼，只要行为人所犯之罪经过的时间到案件开始进入刑事诉讼程序时尚未过追诉期限，对其就可以追诉。将计算追诉期限的终点时间确定在审判之日，有放纵犯罪之嫌。

（二）连续或继续犯罪追诉期限的计算

《刑法》第 89 条第 1 款后半段规定："犯罪行为有连续或者继续状态的，从犯罪行为终了之日起计算。"犯罪行为有连续状态的，属于连续犯；犯罪行为有继续状态的，属于继续犯。"犯罪行为终了之日"，就连续犯而言，是指最后一个独立的犯罪行为完成之日；就继续犯而言，是指处于持续状态的一个犯罪行为的结束之日。

[①]　需要说明的是，犯罪成立之日与犯罪既遂成立之日并非同一概念，行为犯、危险犯、结果犯都是犯罪既遂的形态，因此，它们犯罪既遂的成立标准分别是行为完成时、危险状态存在时和危害结果发生时，但是，它们的犯罪成立之日均是犯罪行为实施之日。例如，故意杀人罪是典型的结果犯，当被害人死亡时，成立故意杀人既遂；当被害人未死时，不成立故意杀人既遂，但仍然成立故意杀人罪。

[②]　张明楷著：《刑法学》（第六版），法律出版社 2021 年版，第 833 页。

（三）追诉时效的延长

追诉时效的延长，是指在追诉时效进行期间，因为发生法律规定的事由，而使追诉期限无限延伸的制度。我国刑法规定了两种追诉时效延长的情况。

（1）《刑法》第88条第1款规定："在人民检察院、公安机关、国家安全机关立案侦查或者人民法院受理案件以后，逃避侦查或者审判的，不受追诉期限的限制。"据此，这种情况的追诉时效的延长必须具备以下条件：一是追诉时效延长的事由发生在人民检察院、公安机关、国家安全机关已经立案侦查或者人民法院已经受理的案件之后。在刑事诉讼中，立案是指公安司法机关对于报案、控告、举报、自首等材料进行审查后，认为有犯罪事实发生并需要追究刑事责任时，决定将其作为刑事案件的一种诉讼活动。立案是一个独立、必经的诉讼阶段，是刑事诉讼活动开始的标志。侦查是指公安机关、人民检察院对于刑事案件，依照法律进行的收集证据、查明案情的工作和有关的强制性措施。侦查是公诉案件立案后必须进行的一个独立的诉讼阶段。对于本条中的"立案侦查"，理论上有两种不同的解释：有人认为是指立案并侦查，如果只是立案但还没有开始侦查，就不存在着追诉时效延长的问题；有人认为是指立案。我们赞同后一种观点。"立案侦查"，从刑事诉讼角度上看是两个不同的诉讼阶段，刑法将两个不同的诉讼阶段并列在一起，从字面上理解是指立案和侦查二者兼备，但由于立案后行为人也可能实施逃避侦查的行为，因此，从有利于追诉犯罪的角度来讲，将立案侦查解释为立案则较为恰当。所谓"人民法院已经受理案件"，是指人民法院已经接受自诉人的自诉案件或人民检察院提起的公诉案件。二是追诉时效的事由为行为人实施了逃避侦查或者审判的行为。所谓"逃避侦查或审判的行为"，是指逃跑或者藏匿，使侦查或者审判无法进行的行为。对于行为人在立案侦查或者案件受理后，仅仅实施了串供、毁灭犯罪证据等行为，但没有逃跑或者藏匿的，不能适用追诉时效的延长。虽然这些行为也具有妨碍侦查或者审判的性质，但并未使侦查或者审判无法进行，因此，该类行为不属于《刑法》第88条第1款中所说的"逃避侦查或者审判的"行为。

（2）《刑法》第88条第2款规定："被害人在追诉期限内提出控告，人民法院、人民检察院、公安机关应当立案而不予立案的，不受追诉期限的限制。"据此规定，适用这种情况追诉时效的延长应该具备以下条件：一是追诉时效延长的事由为被害人在追诉期限内向人民法院、人民检察院、公安机关提出了控告。对此，需要把握三点：其一，被害人提出了控告。刑事诉讼中的被害人仅指受到犯罪行为直接侵害的人，在有些侵犯生命权利的犯罪中，被害人一旦死亡，则无法行使控告权利，因此，本条的这一规定可谓一大疏漏。从应然的角度而言，应赋予被害人的近亲属和监护人提出控告的权利。其二，被害人应当向人民法院、人民检察院、公安机关提出控告。如果向其他机关提出控告的，不能引起追诉时效的延长。其三，被害人必须在追诉期限内提出控告。一旦超过了追诉期限，也不会引起追诉时效的延长。需要注意的是，只要被害人在追诉期限内向上述任何机关提出了控告，而不管该机关是否具有管辖权，都可以引起诉讼时效的延长。因为，一方面，被害人不是法律专家，不知道何种案件由何种机关管辖，要求被害人准确地向有管辖权的机关提出控告，是不符合情理的；另一方面，法律并没有要求被害人必须向对案件有管辖权的机关提出控告，而只是笼统地规定要向人民法院、人民检察院、公安机关提出控告，从法律的字面意义上理解，被害人在追诉期限内向上述三机关中任何一个机关提出控告都可以引起追诉时效的延长。二是追诉时效的延长发生在人民法院、人民检察院、公安机关应当立案而不予立案之后。所谓"应当立案"，是指根据刑法和刑事诉讼法的规定，被控告人的行为已构成犯罪，需要追究刑事责任，应当对其进行立案侦查或者受理案件。对此应客观判断，而不能由收到被告人控告的机关和提出控告的被害人予以确定。"不予立案"，是指人民法院、人民检察院、公安机关在接到被害人的控告后本应决定立案但却决定不立案。至于不予立案的原因可能多种多样，有的是因为有关人员的业务水平不够，导致错误判断；有的是明知应当受理，但为了徇私或者徇情而故意不予受理等。不予立案的具体原因如何，不影响此种追诉时效延长的适用。

需要注意的是，被人民法院、人民检察院、公安机关立案侦查或者受理的案件，以及被害人提出的控告有关机关应当立案而不予立案的案件，虽然不受追诉期限的限制，但行为人以后又犯新罪仍然受追诉时效的限制。例如，被强奸的被害人向有关机关提出了控告，有关机关应当立案而没有立案；该行为人以后又犯了故意伤害罪。此种情形下，虽强奸罪不受追诉时效的限制，但其后所犯的故意伤害罪仍然受追诉时效的限制。

（四）追诉时效的中断

追诉时效的中断，也称追诉时效的更新，是指在追诉时效进行期间，因发生法律规定的事由，而使以前所经过的时效期间归于无效，法律规定的事由终了之时，时效重新开始计算。

我国《刑法》第 89 条第 2 款规定："在追诉期限以内又犯罪的，前罪追诉的期限从犯后罪之日起计算。"这表明，在追诉期限内又犯罪的，不管所犯之罪为何种犯罪，应受何种刑罚处罚，前罪的追诉期限便中断，前罪的追诉期限从后罪成立之日起重新开始计算。例如，行为人于 1995 年 6 月 3 日犯故意杀人罪，其情节较轻，根据《刑法》第 232 条的规定，其法定最高刑是 10 年有期徒刑，追诉时效期限为 15 年，如果不犯后罪，其追诉期限至 2010 年 6 月 4 日就结束。但行为人于 2010 年 3 月 5 日又犯故意伤害罪（轻伤），其法定最高刑为 3 年有期徒刑。在这种情况下，行为人所犯故意杀人罪的追诉期限因实施故意伤害罪而中断，其追诉期限从 2010 年 3 月 5 日起重新计算，也就是说，行为人所犯故意杀人罪的追诉期限从故意伤害罪成立之日重新计算至 2025 年 3 月 6 日才能结束。

刑法之所以规定追诉时效的中断，是因为行为人在前罪的追诉期间又犯新罪，表明其并无悔改之意，前罪所体现出的人身危险性并没有消除，从刑罚特殊预防的目的出发，需要对前罪的追诉期限从犯后罪之日起计算。

需要注意的是，在对前罪的追诉期限从犯后罪之日起计算的情况下，不能忽略后罪的追诉期限。一方面，在前罪的追诉期限未满而后罪的追诉期限届满时，只能追诉前罪而不能追诉后罪；另一方面，在前后罪的追诉期限都没有届满时，不能只注意追诉前罪而忽略了对后罪的追诉。另者，在追诉时效的中断与追诉时效的延长相竞合时，应适用追诉时效延长的规定。例如，行为人于 2020 年 2 月 1 日犯故意伤害罪，在公安机关立案侦查后，随即逃跑，并于 2022 年 3 月 1 日又犯盗窃罪。在这种情况下，对故意伤害罪不适用追诉时效中断的规定，而应适用追诉时效延长的规定。

第三节　赦免

一、赦免的概念

赦免，是指国家宣告对犯罪人免除其罪、免除其刑的一种法律制度。

赦免相较于缓刑、减刑、假释等，是一种比较灵活的刑罚消灭制度，它可以对国家政治、经济形势以及刑罚本身起调节作用，可以弥补法律之不足，可以更好地满足统治阶级的政治需要，因此，各国大都规定赦免制度。

现代各国的赦免制度一般由宪法或行政法所规定，而不在刑法中规定，赦免一般由国家元首或政府首脑根据其行政权而命令实施。由此，赦免作为一种刑罚消灭制度，与其他刑罚消灭制度的显著区别在于，赦免一般是由于行政命令使刑罚消灭，对何种犯罪及哪些犯罪人赦免其罪或刑，赦免之前一般无明文规定。但缓刑、假释、超过时效期限致使刑罚消灭，则是由于刑法的明文规定或司法机关的裁判[①]。

二、赦免的种类

赦免包括大赦和特赦两种。

大赦，是国家对某一时期内犯有一定罪行的不特定犯罪人免予追诉和免除刑罚执行的制度。大赦的对象既可能是国家某一时期的各种犯罪人，国家某一时期犯有特定罪行的犯罪人，也可能是某一地区的全体犯罪人，还可能是参与某一重大事件的所有犯罪人。大赦的特点是既赦其罪，亦赦其刑。也就是被赦免的犯罪人既不受刑事追究和处罚，也不存在犯罪的记录。

特赦，是指国家对特定的犯罪人免除执行全部或者部分刑罚的制度。特赦的对象是特定的犯罪人，特赦的效果是只免除刑罚的执行而不消灭犯罪记录。

大赦和特赦都属于赦免的范畴，二者的区别在于：第一，赦免对象的范围不同。在大赦的情况下，涉及的犯罪人的人数一般要比特赦所涉及的犯罪人的人数多。第二，效果不同。大赦既赦犯罪人之罪，也赦犯罪人之刑；而特赦则只赦犯罪人之刑，而不赦犯罪人之罪。

我国1954年宪法对大赦和特赦均作了规定，并将大赦的决定权赋予全国人民代表大会，将特赦决定权赋予全国人民代表大会常务委员会，大赦令和特赦令均由国家主席发布。但以后的宪法包括现行的宪法都只规定了特赦，而没有规定大赦。由于宪法没有规定大赦，相应地，我国《刑法》第65、66条中所说的"赦免"即仅指特赦。我国现行宪法规定的特赦，由全国人大常委会决定，由国家主席发布特赦令。

三、我国的特赦概况

自1959年以来，我国先后实行了九次特赦。

---

① 马克昌主编：《刑罚通论》，武汉大学出版社2006年版，第693页。

第一次是 1959 年 9 月 17 日，在新中国成立 10 周年大庆前夕，对确实改恶从善的蒋介石集团和伪满洲国的战争罪犯、反革命罪犯和普通刑事罪犯实行特赦。这是特赦面最广的一次。

第二、第三次特赦分别于 1960 年 1 月 19 日和 1961 年 12 月 16 日两次对确实改恶从善的蒋介石集团和伪满洲国战争罪犯实行特赦。

第四、第五、第六次特赦分别于 1963 年 3 月 30 日、1964 年 12 月 12 日、1966 年 3 月 29 日进行，其特赦对象是确实改恶从善的蒋介石集团、伪满洲国和伪蒙疆自治政府的战争罪犯。

第七次是 1975 年 3 月 17 日对经过较长期间关押和改造的全部战争罪犯实行特赦。

第八次是 2015 年 8 月 29 日为纪念中国人民抗日战争暨世界反法西斯战争胜利 70 周年，体现依法治国理念和人道主义精神，对依据 2015 年 1 月 1 日前人民法院作出的生效判决正在服刑，释放后不具有现实社会危险性下列罪犯实行特赦：（1）参加过中国人民抗日战争、中国人民解放战争的（共特赦 50 人）；（2）中华人民共和国成立以后，参加过保卫国家主权、安全和领土完整对外作战的，但犯贪污受贿犯罪，故意杀人、强奸、抢劫、绑架、放火、爆炸、投放危险物质或者有组织的暴力性犯罪，黑社会性质的组织犯罪，危害国家安全犯罪，恐怖活动犯罪的，有组织犯罪的主犯以及累犯除外（共特赦 1428 人）；（3）年满 75 周岁、身体严重残疾且生活不能自理的（共特赦 122 人）；（4）犯罪的时候不满 18 周岁，被判处 3 年以下有期徒刑或者剩余刑期在 1 年以下的，但犯故意杀人、强奸等严重暴力性犯罪，恐怖活动犯罪，贩卖毒品犯罪的除外（共特赦 29927 人）。

第九次是 2019 年 6 月 29 日为庆祝中华人民共和国成立 70 周年，体现依法治国理念和人道主义精神，对依据 2019 年 1 月 1 日前人民法院作出的生效判决正在服刑的下列罪犯实行特赦：（1）参加过中国人民抗日战争、中国人民解放战争的；（2）中华人民共和国成立以后，参加过保卫国家主权、安全和领土完整对外作战的；（3）中华人民共和国成立以后，为国家重大工程建设做过较大贡献并获得省部级以上"劳动模范""先进工作者""五一劳动奖章"等荣誉称号的；（4）曾系现役军人并获得个人一等功以上奖励的；（5）因防卫过当或者避险过当，被判处 3 年以下有期徒刑或者剩余刑期在 1 年以下的；（6）年满 75 周岁、身体严重残疾且生活不能自理的；（7）犯罪的时候不满 18 周岁，被判处 3 年以下有期徒刑或者剩余刑期在 1 年以下的；（8）丧偶且有未成年子女或者有身体严重残疾、生活不能自理的子女，确需本人抚养的女性，被判处 3 年以下有期徒刑或者剩余刑期在 1 年以下的；（9）被裁定假释已执行 1/5 以上假释考验期的，或者被判处管制的。

上述九类对象中，具有以下情形之一的，不得特赦：其一，第（2）（3）（4）（7）（8）（9）类对象中系贪污受贿犯罪，军人违反职责犯罪，故意杀人、强奸、抢劫、绑架、放火、爆炸、投放危险物质或者有组织的暴力性犯罪，黑社会性质的组织犯罪，贩卖毒品犯罪，危害国家安全犯罪，恐怖活动犯罪的罪犯，其他有组织犯罪的主犯，累犯的；其二，第（2）（3）（4）（9）类对象中剩余刑期在 10 年以上的和仍处于无期徒刑、死刑缓期执行期间的；其三，曾经被特赦又因犯罪被判处刑罚的；其四，不认罪悔改的；其五，经评估具有现实社会危险性的。

四、我国的特赦特点

从我国实行的九次特赦来看，前七次特赦具有以下特点。

（1）特赦是以一类或几类犯罪分子为对象，而不是适用于个别的犯罪分子。例如，第一次特赦的罪犯包括：①关押已满 10 年，确有改恶从善表现的蒋介石集团和伪满洲国的战争罪犯；②判处 5 年以下有期徒刑（包括 5 年）、服刑时间已经 1/2 以上，确有改恶从善表现，或者判处 5 年以上有期徒刑，服刑时间 2/3 以上，确有改恶从善表现的反革命罪犯；③判处 5 年以下有期徒刑（包括 5 年）、服刑时间经过 1/3 以上，确有改恶从善表现，或者判处 5 年以上有期徒刑、服刑时间经过 1/2 以上，确有改恶从善表现的普通刑事罪犯；④判处死刑缓期二年执行的罪犯，缓刑时间已满 1 年，确有改恶从善表现的，可以减为无期徒刑或者 15 年以上有期徒刑；⑤判处无期徒刑的罪犯，服刑时间已经 7 年、确有改恶从善表现的，可以减为 10 年以上有期徒刑。其他几次特赦也是针对成批的罪犯进行的。

（2）特赦的前提是，罪犯需要经过一定时间的关押和改造，并在服刑过程中确有改恶从善的表现。这表明，虽被宣告判处刑罚但尚没有执行的罪犯不在特赦之列；同时，虽然执行了一定的刑期但没有改恶从善表现的，也不在特赦之列。

（3）对符合特赦条件的罪犯，根据其罪行的轻重和悔改表现予以区别对待，罪行较轻因而所判刑罚轻的，予以释放，予以公民权，即恢复他们的政治权利①；

---

① 这可称为"特赦复权"。我国没有规定单独的复权制度，只是在特赦令中规定，在对罪犯特赦释放时，予以公民权，即恢复他们的政治权利，但这种复权是与特赦制度同时并存的。

罪行重因而所判刑罚重的，只予减轻刑罚。

（4）特赦具有严格的程序。每次特赦都是由全国人大常委会根据中共中央或者国务院的建议作出决定，再由最高人民法院和高级人民法院负责执行，在设有国家主席期间，均由国家主席颁布特赦令。

（5）特赦的效力只及于刑而不及于罪。即特赦的效力只是免除执行剩余的刑罚或者减轻原判刑罚，而不是宣布其罪归于消灭。换言之，特赦后如果再犯新罪，则特赦之罪可以成为累犯的条件。

需要指出的是，我国的特赦大多与减刑同时实行。这种减刑只适用于一般犯罪或特定种类犯罪的全部犯罪人，根据其服刑期间的改恶从善表现，按特赦程序，在特赦令中予以减轻刑罚。特赦中的减刑是一种赦免方式，可称为特别减刑，隶属于国家赦免制度，它与作为刑罚执行制度中的减刑在性质、适用的机关和程序、适用的对象和条件上均不相同。

 思 考 题

1. 我国应否规定前科消灭制度？
2. 我国的追诉时效制度应如何完善？
3. 在新形势下，如何发挥特赦的作用？

 案 例 分 析[①]

被告人南某某，因犯盗窃罪，被判处有期徒刑 2 年 6 个月，1997 年 2 月 3 日刑满释放。因涉嫌犯盗窃罪，于 2003 年 9 月 11 日被逮捕。被告人南某男，因涉嫌犯盗窃罪，于 2003 年 9 月 11 日被逮捕。

经法院审理查明：1998 年 3 月，被告人南某某、南某男在龙井市开山屯镇光新村盗窃一头耕牛，价值人民币 2500 元。销赃后，赃款由二被告人挥霍。

1998 年 9 月，被告人南某男伙同他人（已死亡），在龙井市开山屯镇济东村盗窃一头耕牛，价值人民币 1200 元，并将耕牛屠宰后食用。

_____

① 《刑事审判参考》第 273 号案例。

2003 年 8 月 8 日，被告人南某某、南某男在龙井市东盛涌镇长南村附近盗窃 4 头耕牛，共计价值人民币 6800 元。销赃时被公安人员抓获。

请结合上述事实和法律，分析被告人南某某于 1998 年 3 月伙同他人实施的盗窃行为是否已过追诉期限？

参 考 文 献

[1] [意] 贝卡利亚:《论犯罪与刑罚》,黄风译,中国大百科全书出版社 2005 年版。

[2] 陈兴良主编:《刑种通论》,中国人民大学出版社 2007 年版。

[3] 陈兴良著:《刑法适用总论》(下卷),中国人民大学出版社 2017 年版。

[4] 陈兴良著:《刑法哲学》,中国人民大学出版社 2017 年版。

[5] 陈忠林主编:《刑法总论》,中国人民大学出版社 2016 年版。

[6] [意] 杜·帕多瓦尼:《意大利刑法学原理》,陈忠林译,法律出版社 1998 年版。

[7] 敦宁:《自由刑改革的中国路径》,人民出版社 2014 年版。

[8] 冯卫国:《行刑社会化研究》,北京大学出版社 2003 年版,

[9] 付少军、曾小滨、赵亮主编:《刑罚学》,法律出版社 2022 年版。

[10] 高铭暄、赵秉志主编:《刑罚总论比较研究》,北京大学出版社 2008 年版。

[11] 高铭暄主编:《刑法学原理》,中国人民大学出版社 2005 年版。

[12] 韩玉胜、张绍彦等主编:《刑事执行法学研究》,中国人民大学出版社 2007 年版。

[13] 洪青:《附加刑研究》,上海社会科学院出版社 2009 年版。

[14] 黄尔梅主编:《量刑规范化案例指导》,法律出版社 2012 年版。

[15] 黄永维:《中国减刑假释制度的改革与发展》,法律出版社 2012 年版

[16] 贾洛川主编:《监狱学基础理论》,广西师范大学出版社 2010 年版。

[17] 贾宇主编:《刑法学》(上册·总论),高等教育出版社 2019 年版。

[18] 贾宇:《死刑研究》,法律出版社 2006 年版。

[19] 林山田:《刑罚学》,台湾商务印书馆 1983 年版。

[20] 柳忠卫:《假释制度比较研究》,山东大学出版社 2005 年版。

[21] 马登民、徐安:《财产刑研究》,中国检察出版社 2008 年版。

[22] 马克昌主编:《近代西方刑法学史略》,中国检察出版社 2004 年版。

［23］马克昌主编：《刑罚通论》，武汉大学出版社 2015 年版。

［24］［日］木村龟二主编：《刑法学辞典》，顾肖荣、郑树周校译，上海翻译出版公司 1991 年版。

［25］蒲坚主编：《中国法制史》（第三版），光明日报出版社 2000 年版。

［26］邱兴隆、许章润：《刑罚学》，中国政法大学出版社 1999 年版。

［27］曲伶俐主编：《刑罚学》，中国民主法制出版社 2009 年版。

［28］曲伶俐主编：《刑事法律原理与实务》（第四版），中国政法大学出版社 2022 年版。

［29］屈学武主编：《刑法总论》，社会科学文献出版社 2015 年版。

［30］王启江：《罚金刑执行研究》，法律出版社 2012 年版。

［31］王志鹏：《没收财产刑研究》，法律出版社 2013 年版。

［32］王志祥主编：《财产刑适用的理论与实务》，中国人民公安大学出版社 2012 年版。

［33］王作富主编：《刑法》，中国人民大学出版社 2016 年版。

［34］吴平：《资格刑研究》，中国政法大学出版社 2000 年版。

［35］吴宗宪主编：《刑事执行法学》（第三版），中国人民大学出版社 2019 年版。

［36］［日］西原春夫：《刑法总论》（改订准备版）（下卷），成文堂 1995 年版。

［37］杨波主编：《犯罪心理学》，高等教育出版社 2015 年版。

［38］姚贝：《没收财产刑研究》，中国政法大学出版社 2011 年版。

［39］［葡］叶士朋：《欧洲法学史导论》，吕平义、苏健译，中国政法大学出版社 1998 年版。

［40］张明楷：《外国刑法纲要》（第三版），清华大学出版社 2020 年版。

［41］张明楷：《刑法学》（第六版），法律出版社 2021 年版。

［42］张明楷：《责任刑与预防刑》，北京大学出版社 2015 年版。

［43］张天虹主编：《刑法》，法律出版社 2012 年版。

［44］张小虎：《刑罚论的比较与建构》（上卷），群众出版社 2010 年版。

［45］赵秉志主编：《刑罚总论问题探索》，法律出版社 2003 年版。

［46］赵秉志总主编：《刑罚执行制度专题整理》，中国人民大学出版社 2007 年版。

［47］赵志华：《论刑罚轻缓化的实现途径》，人民法院出版社 2012 年版。

［48］左卫民主编：《中国司法制度》，中国政法大学出版社 2021 年版。

后　记

　　《刑罚学》是为我国司法警官院校和政法类开设监狱学专业院校的学生学习刑罚学专业知识而编写的教材，也可作为其他法学院校的学生和司法工作者的自学参考书。

　　刑罚学，简言之，就是研究刑罚的科学。近年来，刑罚学作为一门独立的部门法学，其学科地位已得到学界的认可，我国的司法警官院校和政法类开设监狱学专业院校也普遍将《刑罚学》开设为专业基础课程。由于《刑罚学》在内容上与《刑法学》《监狱学》《刑事诉讼法学》等均有交叉，因此，在编写本教材时，我们力求避免相关学科内容的交叉和重复，着重突出刑罚理论和强化具体适用。为了方便学生学习，我们在每章中设置了学习要点、重点问题、思考题和案例分析，书末附有主要的参考文献，便于学生和其他使用者查阅相关性资料。

　　本教材参考了许多专家学者的学术观点和研究成果，由于受教材特点的限制，未能一一注释，在此表示感谢。尤其本教材是在2009年版《刑罚学》基础上撰写而成，书中难免参考了原作者的部分智力成果，在此一并对石化东、裴玉良、卢麦芳老师表示衷心感谢！

　　《刑罚学》由曲伶俐任主编，逯星、景年红、刘晔任副主编。逯星协助校稿，全书由曲伶俐、逯星、景年红、刘晔、武士兵、李辉修改撰写，由曲伶俐统稿、定稿。由于编者水平有限，书中必有不当之处，敬请谅解和指正。

　　各章撰稿人为：（基本按撰写章节先后为序）

山东政法学院　　曲伶俐　绪论、第九、第十、第十五章

山东政法学院　　逯星　　第一、第二、第三、第四、第五、第六、第十一章

山东政法学院　　景年红　第七、第八章

山东政法学院　　刘晔　　第十二、第十三、第十四章

内蒙古警官学校　武士兵　第十二、第十四章

内蒙古警官学校　李辉　　第十三章

　　最后，对经济科学出版社对本教材出版的鼎力支持表示衷心感谢！